HEYNE <

Das Buch

Das Tarot von A.E. Waite ist das populärste Tarotdeck überhaupt. Seine Bildsprache fasziniert durch ihre scheinbare Einfachheit und ihre zugleich unerschöpfliche Tiefe und Vielfalt. Wie ein Vexierbild erlaubt jede Karte eine Vielzahl unterschiedlicher Betrachtungsweisen. Wie in einem Hologramm enthält jedes Detailsymbol bereits die Information des gesamten Bilds.

Dieses Buch macht viele Motive und Bildinhalte des Waite-Tarot sichtbar, die in den Karten von Anfang an enthalten waren, zuvor jedoch noch nie gesehen und gedeutet wurden. Mit Anmerkungen zu Geschichte und Psychologie des Tarot bietet es ein vielschichtiges Panorama, das Einsteigern die Symbolik der Waite-Karten zuverlässig vermittelt und Kennern zu einer echten Neubegegnung mit diesem Tarot verhilft.

Die Autoren

Evelin Bürger und Johannes Fiebig zählen mit mehr als einer Million verkaufter Bücher weltweit zu den erfolgreichsten Tarot-Autoren. Sie leben mit ihrer Familie in der Nähe von Kiel

EVELIN BÜRGER
JOHANNES FIEBIG

TAROT

Wege des Glücks

Die Bildersprache des Waite Tarot

WILHELM HEYNE VERLAG
MÜNCHEN

FSC
Mix
Produktgruppe aus vorbildlich bewirtschafteten Wäldern und anderen kontrollierten Herkünften
Zert.-Nr. SGS-COC-1940
www.fsc.org
© 1996 Forest Stewardship Council

Verlagsgruppe Random House FSC-DEU-0100
Das für dieses Buch verwendete FSC-zertifizierte Papier *München Super* liefert Mochenwangen.

Taschenbucherstausgabe 09/2007

Printed in Germany 2007
Umschlaggestaltung: HildenDesign, München
unter Verwendung der Karten »Die Welt«, »Der Stern« und »Rad des Schicksals« aus dem Tarot von A.E.Waite © 1993 by Königsfurt Verlag, Krummwisch bei Kiel
Kartenabbildungen aus dem Tarot von A.E. Waite:
© 1993 by Königsfurt Verlag, Krummwisch bei Kiel

Satz und Layout: Stefan Hose, Eckernförde
Druck und Bindung: GGP Media GmbH, Pößneck

ISBN 978-3-453-70066-6
www.heyne.de

Inhalt

Große Arkana/Trumpfkarten

Stäbe

Kelche

Schwerter

Münzen

Vorwort

Ein Weg zur Wirklichkeit geht über Bilder. Ich glaube nicht, daß es einen besseren Weg gibt. Man hält sich an das, was sich nicht verändert, und schöpft damit das immer Veränderliche aus. Bilder sind Netze, was auf ihnen erscheint, ist der haltbare Fang. Manches entschlüpft und manches verfault, doch man versucht es wieder, man trägt die Netze mit sich herum, wirft sie aus und sie stärken sich an ihren Fängen. Es ist aber wichtig, daß diese Bilder auch außerhalb vom Menschen bestehen, in ihm sind selbst sie der Veränderlichkeit unterworfen. Es muß einen Ort geben, wo er sie unberührt finden kann, nicht er allein, einen Ort, wo jeder, der unsicher wird, sie findet. Wenn er das Abschüssige seiner Erfahrung fühlt, wendet er sich an ein Bild. Da hält die Erfahrung still, da sieht er ihr ins Gesicht. Da beruhigt er sich an der Kenntnis der Wirklichkeit, die seine eigene ist, obwohl sie ihm hier vorgebildet wurde. Scheinbar wäre sie auch ohne ihn da, doch dieser Anschein trügt, das Bild braucht seine Erfahrung, um zu erwachen. So erklärt es sich, daß Bilder während Generationen schlummern, weil keiner sie mit der Erfahrung ansehen kann, die sie weckt.«

Diese Worte des bekannten Literaten und Nobelpreisträgers Elias Canetti über seine Erfahrungen mit Werken der Bildenden Kunst beschreiben etwas Wesentliches von der heutigen Bedeutung der Tarot-Karten. Die aktuelle Popularität des Tarot-Kartenlegens nahm ihre Ursprünge in den 1960er und 1970er Jahren, als die Hippie- und die Frauen-Bewegungen das Tarot entdeckten. Das Moment der Selbsterfahrung war und ist mit dem neuen Tarot-Kartenlegen untrennbar verbunden. Und so ist es kein Zufall, daß erst jetzt und in jüngster Vergangenheit die Tarot-Karten wirklich auch als *Bilder* und nicht bloß als orakelhafte Stichwortgeber verstanden worden sind.

Obwohl die Tarot-Karten inzwischen mehr als 550 Jahre alt sind und auch das Waite-Tarot immerhin schon auf mehr als 90 Jahre zurückblicken kann, werden aus diesem Grunde *erst heute* Inhalte der Tarot-Karten *sichtbar*, die immer schon in den Bildern enthalten waren, die bisher aber noch nicht bemerkt wurden, weil die dazu nötige Erfahrung fehlte. Hier treffen wir die von Canetti formulierte Erkenntnis wieder, »daß Bilder während Generationen schlummern, weil keiner sie mit der Erfahrung ansehen kann, die sie weckt«.

Sind die Bilder aber einmal geweckt, so können sie »laufen lernen«. Sie werden zum wirkungsvollen Spiegel der Selbsterfahrung, eröffnen ihrerseits Wege, Brücken und Zusammenhänge, trainieren den Geist als ein *Jogging für die Seele.*

In den letzten Jahren sind mehr Tarot-Bücher erschienen als je zuvor. Diese Bücher haben die selbständigen Erfahrungen von Millionen von Menschen unterstützt und angeregt, – unzählige Erfahrungen, die dazu beigetragen haben, die Tarot-Bilder aus ihrem Schlummer zu erlösen. Die bisherige Literatur hat die Tarot-Bilder nicht ausgeschöpft; sie gleicht eher einem Türöffner, der Voraussetzung für einen neuen Zugang zum Bedeutungsreichtum der Tarot-Bilder und -Symbole.

Vor diesem Hintergrund versteht sich das vorliegende Buch als Anfang. Mehr als zehn Jahre eigener Tarot-Praxis und Erfahrungen und Anregungen von und mit mehr als 10000 Kurs- und Seminar-Teilnehmer(inne)n gingen der Veröffentlichung voraus. Dennoch *und deshalb* ist es ein Buch des Anfangs für das Tarot als Bildersprache, ein heterogenes Buch, ein Kaleidoskop. Umfang und Dichte der Texte zu den einzelnen Karten sind unterschiedlich. Unsere Absicht war es, Bildinhalt und Form der Deutung in Entsprechung zu halten. Ein komplexer Inhalt wie bei den »sechs Stäben« sollte einen komplexen Text bekommen, ein »abgefahrenes« Bild wie die »acht Stäbe« einen entsprechenden Kommentar.

Zugleich stellt das Buch eine Arbeit in Entwicklung dar. Was alles in den Waite-Bildern *neu* zu entdecken ist, ist nicht abgeschlossen. Wir haben für *jedes* Bild die Vexierbildfunktion, den Wandelcharakter und die Mehrfachansicht erschlossen, haben z. B. bei den kleinen 6er Karten jeweils die vierte, vordergründig unsichtbare Kraft entdeckt, von der A. E. Waite in Andeutungen gesprochen hat, und einige hundert weitere bisher unbekannte oder unberücksichtigte Symbole und Zusammenhänge. Aber die Arbeit an und mit dem Bildmaterial des Waite-Tarot ist nicht abgeschlossen, wird es wohl auch nie sein können, weil mit zunehmender Erfahrung neue Motive und Sichtweisen in den vertrauten Bildern wachwerden, die zuvor noch »schlummern« mußten.

Heterogen ist auch das persönliche Leben (mit Tarot) und der individuelle Anteil von Autorin und Autor am vorliegenden Buch. Wie schon bei unserem Titel »Tarot – Spiegel Deiner Möglichkeiten« lag die

Abfassung der Texte fast vollständig bei Johannes Fiebig. Urheber des Buches sind wir im ideellen wie im materiellen Sinne jedoch beide. Denn das Buch hat unsere gemeinsame Lebenspraxis zur Grundlage. Obwohl wir auch da durchaus verschiedenartigen Wegen und Ansichten folgen.

Wir danken allen, die an der Entstehung des Buches direkten oder indirekten Anteil haben. Einer der großen Träume, die uns persönlich verbinden (neben ganz privaten Zielen), sind die »people in motion«: Menschen, äußerlich und innerlich in Bewegung. Ihnen widmen wir dieses Buch, und wir wünschen Ihnen allen gutes Geschick und Glück auf Ihrem Weg!

Evelin Bürger & Johannes Fiebig

Bilder, Symbole und Selbsterfahrung

»Was ist das schwerste von allem?/ Was dir am leichtesten dünket:/ Mit den Augen zu sehen,/ was vor den Augen dir liegt« (J. W. v. Goethe)

»Das visuelle Denken nähert sich dem unbewußten Vorgang mehr als das verbale Denken, es ist älter als dieses« (Sigmund Freud)

»Wenn man doch nur so filmen könnte, wie man manchmal die Augen aufmacht: Nur schauen, ohne irgend etwas beweisen zu wollen« (Wim Wenders)

Die *Volksmärchen* blicken auf eine lange Tradition zurück. Aber erst vor rund 200 Jahren werden sie gesammelt, veröffentlicht und ausgewertet. *Träume* kennt die Menschheit seit ihren Anfängen in grauer Vorzeit. Aber ebenfalls vor etwa 200 Jahren entstehen die ersten Anfänge einer modernen psychologischen Traumdeutung. Die *Tarot-Karten* als solche sind zwar nicht so alt wie Märchen und Träume, wohl aber viele der auf ihnen dargestellten Bilder und Symbole. Seit etwa 1430 gibt es Tarot-Karten. Doch auch hier: Erst vor circa 200 Jahren erschien das erste »Deutungsbuch« für Tarot-Karten. Das war 1781 – ein Schlüsseljahr auch deshalb, weil zur gleichen Zeit der Uranus entdeckt wurde, der erste neue Planet seit einigen tausend Jahren.

Heute erleben wir eine Verbreitung (und eine Anwendungsweise) des Tarot, die in der Geschichte ohne Beispiel ist. Aber auch die Traum- und die Märchendeutung verzeichnen zur selben Zeit eine Popularität, die in Quantität und Qualität alles Bisherige übersteigt. Dieser Boom, diese Neuentdeckung der Symbolsprachen beginnt Ende der 1960er Jahre und schreitet bis heute fort. Ein Schlüsseljahr für diese jüngste Entwicklung war 1968, nicht nur wegen der kolossalen gesellschaftlichen Veränderungen in jenem Jahr, nicht nur wegen des schlagartigen Anstiegs der psychologischen Literatur, sondern auch weil etwa zur gleichen Zeit der Mond betreten wurde, erstmals in der Geschichte der Menschheit.

Um zu verstehen, was Tarot heute *ist* und was es bedeutet, ist es nötig, auf die *Zusammenhänge* in der Entwicklung verschiedener Symbolsprachen und auf die Knotenpunkte der Geschichte einzugehen, die für deren heutige Gestalt maßgeblich waren.

Der Begriff »Symbolsprache« stammt dabei von Erich Fromm, der in seiner Schrift »Märchen, Mythen, Träume« u. a. ausführte: »Ich halte (...) die Symbolsprache für die einzige Fremdsprache, die jeder von uns lernen sollte. Wenn wir sie verstehen, kommen wir mit dem Mythos in Berührung, der eine der bedeutsamsten Quellen der Weisheit ist, wir lernen die tieferen Schichten unserer eigenen Persönlichkeit kennen.«

Erich Fromm, durch Schriften wie »Haben und Sein« und »Die Kunst des Liebens« bekannt, war Philosoph und Psychologe. Als Mitbegründer der sozialwissenschaftlichen »Frankfurter Schule« war er alles andere als ein Wunderprediger. Seine erwähnte Schrift trug den Untertitel »Eine Einführung in das Verständnis einer vergessenen Sprache« und war, als sie 1951 erschien, eine Pioniertat, die manches aufzeigte, was erst ab Ende der 1960er Jahre ins allgemeinere Bewußtsein vordringen sollte.

Geburt des Individuums

Was war das für eine Zeit am Ende des 18. Jahrhunderts, als die Entdeckung des Uranus das astronomische Weltbild und das astrologische System veränderte, als die Brüder Grimm und andere sich anschickten, die Märchen zu sammeln; als Franz Anton Mesmer – der geistige Großvater von Sigmund Freud und der Tiefenpsychologie – im vorrevolutionären Paris eine Massenbewegung auslöste und als Antoine Court de Gébelin ebenfalls in Paris erstmals eine symbolische Deutung des Tarot veröffentlichte?

Das Ende des 18. Jahrhunderts erlebte die Geburt des Individuums. Die Erklärung der Menschenrechte – 1776 in Nordamerika und 1789 in Paris – verkündete und beglaubigte die »unabänderlichen Rechte« des Einzelnen, darunter das Recht auf Leben, Freiheit und Entfaltung des (persönlichen) Glücks.

Das Individuum war und ist eine *Neuheit* in der Menschheitsentwicklung. Die alten Naturreligionen, aber auch der Glaube und die Philosophie der Ägypter, Juden, Griechen und Römer des Altertums kannten es nicht, das abendländische Mittelalter ebenso wenig wie das Morgenland noch bis in unser Jahrhundert. Die Entwicklung des Individuums beginnt im 15. und 16. Jahrhundert mit der Renaissance, der Reformation und den Bauernkriegen in Europa sowie mit der Eroberung der »Neuen Welt«. In diese Zeit fällt auch die Entstehung und erste Ausbreitung der Tarot-Karten.

Die Geburt des Individuums bedeutete zugleich eine *Emanzipation des Unbewußten*. Der Titel des Werkes von A. Court de Gebelin, in dessen Rahmen er seine Tarot-Deutung darlegte, war in diesem Sinne bezeichnend. Er lautete »Le Monde Primitif«: »Die primitive Welt«, was hier sowohl »unzivilisierte Welt« wie auch »ursprüngliche Welt« bedeutet. Der Begriff des Unbewußten existierte noch nicht, aber der Sache nach wurde es bereits zum Forschungsgegenstand.

Das macht auch die Bedeutung z. B. der Grimm'schen Märchensammlung aus. Märchen galten zuvor als »nicht druckfähig« und waren bis dato in der Schrift- und Kulturwelt *sprachlos*. Die Brüder Grimm und viele andere erkannten die Bedeutung dessen, was die »kleinen Leute« zu sagen hatten, und verhalfen ihnen zu einem Sprachrohr. Wie das Volk zur gleichen Zeit um seine Rechte kämpfte, so drückt das Lebenswerk der Brüder Grimm auch ein Ringen um »Luft«, um freie Rede und eigene Ausdrucksformen für das ursprünglich »Primitive« aus.

Erforschung des Unbewußten

Die Erforschung des Unbewußten ist im wesentlichen eine Errungenschaft des 20. Jahrhunderts. Als Sigmund Freud seine »Traumdeutung« 1899 veröffentlicht, datiert er sie auf 1900 vor, im Bewußtsein, ein Werk für das neue Jahrhundert vorzulegen. Hier taucht der Begriff des Unbewußten nun ausdrücklich auf, und Freud wird zum Begründer einer regelrechten *Kunst der Deutung* der Schöpfungen des Unbewußten, wie sie sich im Traum, aber auch in den Symbolen der Literatur, der Bildenden Kunst, des Alltagslebens sowie der Alltagssprache mit ihren Witzen, »Versprechern« und Sprichworten ausdrücken.

Nicht zufällig jedoch kommen dabei die Psychoanalytiker und Tiefenpsychologen immer wieder auf gesellschaftliche Fragen zurück. So etwa Sigmund Freud in seinen späten Schriften »Das Unbehagen in der Kultur« und »Die Zukunft einer Illusion« und C. G. Jung in der Behandlung des *kollektiven* Unbewußten sowie zahlreicher Zeitthemen. Denn was die Erforschung des Unbewußten einst ermöglichte – die Geburt des Individuums und die Emanzipation des Unbewußten -, dies nimmt mit der Zeit immer massenhaftere, eben kollektive Ausmaße an, die wiederum die Kenntnis vom Unbewußten vor ungeahnte Aufgaben stellen.

Wandel des Individuums

Heute leben wir in einer Massengesellschaft von Individuen. Wir müssen uns die rasante Entwicklung vor Augen halten: Als das Individuum vor rund 200 Jahren aus der Taufe gehoben wurde, blieben zunächst viele Menschen von den »Menschenrechten« ausgeschlossen. Nordamerika besaß noch Sklaverei und sollte einen Ausrottungskrieg gegen die indianischen Bewohner des Landes führen. In Europa herrschte weithin noch Leibeigenschaft, und auch in England und Frankreich, den »revolutionärsten« Ländern, waren große Teile der Bevölkerung von »Freiheit, Gleichheit und Brüderlichkeit« weit entfernt: Die ärmeren Schichten und alle Frauen!

Die Individualität als *massenhafte* Tatsache ist in Europa nicht älter als 25-30 Jahre. Die 1960er Jahre markieren den entscheidenden Einschnitt. Einer, der dies zur richtigen Zeit auf den Begriff gebracht hat, war der Freud-Anhänger und Sozialpsychologe *Alexander Mitscherlich*. In seiner 1963 erschienenen Schrift »Auf dem Weg zur vaterlosen Gesellschaft« hebt er das Neue, das Unvergleichliche der gegebenen Lage hervor: Eine Massengesellschaft von Individuen – das hat es in der Geschichte noch nicht gegeben. Nicht nur, daß das Individuum überhaupt erst einmal entdeckt und geboren werden mußte. Jetzt sind es nicht mehr einzelne, besondere Menschen, wie der in diesem Zusammenhang immer zitierte Mensch und Dichter Goethe, denen ein individuelles Leben und Selbstverwirklichung möglich sind, sondern viele! Individualität ist zum kollektiven Thema geworden, sie schafft *gemeinsame* Aufgaben und Chancen, welche die heutige Situation von früherem Einzelindividualismus unterscheiden.

Im Begriff des Individuums lebt die Erkenntnis, daß der Mensch etwas »unteilbar Eigenes« besitzt. Individualität als Massenschicksal bedeutet weiterhin, daß jeder Mensch etwas Einzigartiges und Einmaliges verkörpert. Die Erforschung des *Unbewußten* findet hier ihre eigentliche Aufgabe, insofern Einzigartigkeit und Einmaligkeit eines Menschen nicht allein an gewisse bewußte oder äußere Merkmale geknüpft sind. Von daher ist es kein Zufall, sondern von der Bedeutung her einfach treffend, wenn in den späten 1960er Jahren die Menschheit zum ersten Mal den Mond betreten hat!

Der Mond steht in der Symbolkunde für die Macht der Nacht und das Reich der Seele. Zum Mond zu fahren und insbesondere *die andere Seite des Mondes zu entdecken,* das war ein Traum, das Programm der Psychologen seit Mesmers Zeiten gewesen. Wie es nun die Raumfahrttechnik ermöglichte, den Mond zu erreichen und auch seine Rückseite zu umrunden und zu erkunden, so hatte die Psychologie dazu verholfen, die Seele des Individuums zu berühren und auch von ihrer *anderen*, ihrer unbewußten Seite her zu erschließen.

Suche nach neuen Ausdrucksformen

All das war und ist absolut neu, und so erklärt es sich, daß in vielen Teilen der Welt seit Mitte der 1960er Jahre *neue Emanzipationsbewegungen* einsetzten und daß nach neuen psychologischen und symbolischen Ausdrucksformen gesucht wurde.

Bis Mitte der 1960er Jahre waren psychologische Themen einem engen Kreis von Fachleuten – Psychiatern, Ärzten, Seelsorgern usw. -vorbehalten. *Danach* und bis heute mit steigender Tendenz setzt eine massenhafte Beschäftigung mit psychologischen Themen ein. Nicht daß wir heute ein Volk von Psychologen wären, aber alle Fragen der Lebens-, Erziehungs-, Liebes- und Familienberatung, darunter auch Themen der Traum- und der Märchendeutung, werden in Büchern und Zeitschriften in hohen Millionenauflagen verbreitet und gelesen.

Es ist diese Suche nach neuen Ausdrucksformen für neue seelische Realitäten, die u. a. auch die heutige, neuartige Begeisterung für die Tarot-Karten hervorbringt. Nicht die Rosenkreuzer, die Martinisten oder die Theosophen werden zum Urheber der Neuentdeckung des Tarot, sondern die *Hippie-Bewegung* in den 1960er Jahren.

Diese sucht und findet Hermann Hesse, Carl Gustav Jung, das I-Ging und manches mehr, so das Tarot. Die Frauenbewegung in vielen Ländern der westlichen Welt der 1970er Jahre sorgt zusätzlich für die rasche Verbreitung des Tarot. Das Interesse an Selbsterfahrung ist dabei der entscheidende Motor für die Freude am Tarot – eine Selbsterfahrung, die die Suche nach anderen Lebensformen, der eigenen Identität, nach einer zeitgemäßen Spiritualität und einem neuen Wissen einschließt.

Wandel der Symbole

Heute erleben wir nun eine weitere interessante Wandlung. Weil viele Menschen neue Wege in und mit der Psychologie und den Symbolsprachen in den letzten 25-30 Jahren *gegangen* sind, liegen neue Erfahrungen vor, welche Psychologie und Symbolkunde selber verändern. Eines der wichtigsten Merkmale dieser neueren Entwicklung liegt darin, daß wir heute für *jedes* Symbol von einer Doppel- und Mehrfachbedeutung ausgehen können. Die Zeit der formelhaften Symbolinterpretation hat ihr Ende erreicht. Das gilt für die Tarot-Bilder genauso wie für die Inhalte jeder anderen Symbolsprache.

Als Beispiel sei hier das Symbol der weißen Taube angeführt. Seit dem Altertum galt sie als Zeichen des Göttlichen (Heiliger Geist oder Bote Gottes) und der Weisheit (Sophia), ebenso als Attribut der Aphrodite und des Eros, mithin als Zeichen der göttlichen Macht der Liebe. Aus dieser Tradition entwickelte sich die weiße Taube weiter zum allseits bekannten Symbol des Friedens. – Auf der anderen Seite kennen aber die meisten Menschen hierzulande inzwischen zum Beispiel auch Hitchcocks Film »Die Vögel«, worin Vögel verschiedener Art, darunter auch weiße und Tauben, zum Zeichen der Angst, der Hysterie einer vernachlässigten Natur und eines wildgewordenen Geistes werden. So wird die weiße Taube zum Inbegriff des *blanken Entsetzens* – und die gewöhnliche Taube zum Symbol des Grauens, *der Taubheit* und der (seelischen) Betäubung, wie in der vielgelesenen Erzählung von Patrick Süskind »Die Taube«. Nehmen wir noch Georg Kreisler's Chanson »Gehen wir Tauben vergiften im Park ...« hinzu, so wird deutlich, daß in der heutigen Kultur das Symbol der weißen Taube in einem neuen Bedeutungsspektrum lebendig – und zu berücksichtigen ist, wenn dieses in Traum, Märchen oder Tarot auftaucht.

Ein weiteres Beispiel für den Symbolwandel ist die Figur des *Wolfs*. Seit Jahrhunderten hatte er sich als »böser Wolf« in den Vorstellungen der Menschen festgesetzt. Diese Vorstellung war einfach Allgemeingut, sie tauchte nicht nur im Märchen auf, sondern zum Beispiel im bekannten Spruch des Thomas Hobbes, der sagte: »Der Mensch ist des Menschen Wolf«. Inzwischen aber ist der Wolf auch zum Symbol des Eremiten, eines Suchenden und Wegweisers geworden, wie etwa im Roman »Steppenwolf« von Hermann Hesse, den dieser 1927 schrieb, der aber erst populär wurde in den späten 1960er Jahren, als er zu einem Kultbuch der Hippie-Bewegung wurde. Heute kennen Millionen Menschen – oder sie haben davon gehört – den Film oder das Buch

»Der mit dem Wolf tanzt«. Darin tritt der Wolf als Gegenüber und Gefährte bei einem Reifungsprozeß auf, der zum *eigenen* Weg führt.

Für jedes einzelne Symbol läßt sich heute in vergleichbarer Weise ein enormer Bedeutungszuwachs und also *Bedeutungsreichtum* nachweisen. Die frühere Einseitigkeit der Bestimmung des Symbols ist einer Betrachtung aus vielen, oftmals gegensätzlichen Perspektiven gewichen.

Einesteils sind dabei wirklich *neue Bedeutungen* entstanden und zu alten Vorstellungen hinzugetreten. Auf der anderen Seite verhält es sich auch so, daß die heutige Spannbreite der Symboldeutung eine Vielfalt und Komplexität nur wiederentdeckt, die in antiken Zeiten ursprünglich mit diesen Symbolen verknüpft, in der Zwischenzeit nur in Vergessenheit geraten waren:

Vögel, gerade auch in lieblicher Gestalt, kannte schon der antike Mythos als Unglücksbote oder Verhängnis. Als ein Beispiel seien die *Sirenen* erwähnt. Der Mythos beschreibt sie als Jungfrauen mit Vogelleibern, als Seelenvögel, im Hades (Schattenreich) sowie in den himmlischen Gefilden zuhause, wörtlich die »Bestrickenden«. Mit übernatürlichem Wissen und betörendem Gesang begabt, lockten sie vorüberfahrende Seeleute an ihre Insel und töteten sie. Erst als Odysseus ihnen widerstand, stürzten sie sich ins Meer ... Der Wolf wiederum geht in der Symbolik auf den Pluto zurück (vgl. die Parallelen zwischen dem Märchen Rotkäppchen und dem antiken Mythos von Kore und Demeter). *Pluto* aber ist in der Antike eine *Doppelgottheit*, er existiert in doppelter Gestalt: Einmal als Pluton (Hades), als Gott der schattenhaften Unterwelt, und zweitens als Plutos, dargestellt als kleiner Knabe mit dem Füllhorn, als Gott des guten Geschicks, des guten Gelingens und der guten Überfahrt. Wenn wir also durch die Entwicklung unserer Kultur heute etwa den Wolf *auch* als symbolischen Freund und Helfer erfahren, so ist dies wirklich neu – gegenüber einer jahrhundertealten Tradition, doch es stellt nur in neuer Form einen Zusammenhang wieder her, der in den Anfängen der Symbolgeschichte bereits einmal bestanden hat.

Neuer Sinn der Archetypen

Diese aktuellen Entwicklungen der Symboldiskussion unterstreichen nachhaltig den Ansatz von C. G. Jung, nach Archetypen, Urbildern und »seit alters vorhandenen allgemeinen Bildern« zu forschen. Denn die skizzierte Entwicklung belegt, wie sehr diese Urbilder gerade in der heutigen Zeit lebendig sind. Allerdings haben »Archetypen« heute eine weitere, zusätzliche Bedeutung gewonnen, die C. G. Jung noch nicht kannte.

Das Wort Archetyp bezeichnet im Altgriechischen nämlich nicht nur Urbild oder Erstprägung, sondern auch *Prägestock und Prägekraft!* Wenn wir also nach der Bedeutung der Archetypen in uns fragen, so führt uns die Antwort in zwei unterschiedliche Richtungen. Als Archetypen sind Prägungen, die wir über das kollektive Unbewußte ererbt haben, in uns wirksam. Aber als Archetyp ist ebenfalls die Kraft, selber Prägestock, selber Urheber oder Urheberin zu sein, wirksam. Archetypen bezeichnen auch die *Erstprägungen*, die wir kraft unserer Individualität erstmals tätigen, diejenigen Taten und Talente, mit denen wir persönlich und erstmalig einen bleibenden Eindruck hinterlassen, den es zuvor nicht gegeben hat.

In der altgriechischen Sprache war die Doppeldeutung von »Archetyp« immer schon enthalten (die Verwendung des Begriffs hat C. G. Jung auch nicht eingeführt, sondern aus der Spätantike von Philon und Plotin übernommen). Doch erst aus der heutigen Perspektive, wo die Massengesellschaft von Individuen zu einer Realität geworden ist, geht der Doppelsinn des Begriffs »Archetyp« auf. Jede Symboldeutung ist auch ein schöpferischer Akt, jede *Wahrnehmung* auch eine *Wahrgebung*. Soweit wir dabei neue Begriffe oder neue Werte prägen, werden wir selber zum Archetypen, zu einer Kraft, die die Wirklichkeit ein Stück weit neu gestaltet. Diese Fähigkeit, den persönlichen Lebensumständen ein eigenes Gesicht zu verleihen und sie in gewissen Fragen auch ohne jedes Vorbild als Urheber zu gestalten, ist unverzichtbar, wenn wir als Teil des großen Kollektivs den persönlichen Weg finden und entwickeln wollen.

Symbole als Wegweiser

Der Zuwachs an Deutungsmöglichkeiten für jedes einzelne Symbol wird von manchen als ein Verlust der Eindeutigkeit beklagt. Richtig ist, daß die früheren Deutungsformeln und -rezepte verlorengehen. Aus heutiger Sicht jedenfalls war jedoch die frühere Eindeutigkeit oft der *Einseitigkeit* der Wahrnehmung der Symbole geschuldet. Erst heute ist eine Eindeutigkeit der Symbolinterpretation möglich, die eben nicht auf Einseitigkeit beruht: Das Symbol selbst ist immer nur eines und dasselbe, egal wieviel Bedeutungen wir in es hineinlegen, und *wir selber* gewinnen eine *persönliche Eindeutigkeit, wenn wir uns mit den Symbolen wandeln!* Wer zum Beispiel die Karte »Kelch 2« nur positiv oder die »Schwert 10« rein negativ wahrnimmt, der oder die muß sich wandeln, um die jeweils enthaltene andere Seite im Bild für sich nachzuvollziehen. In dieser Beziehung gleicht die heutige Symboldeutung dem Geschehen innerhalb eines Märchens. Fast jedes der Volksmärchen hat zum Inhalt, daß – bevor das Happy-end erreicht wird – sich *jede* beteiligte Figur in irgendeiner Weise wandelt.

Die heutige Symboldeutung setzt damit ein eigenes Empfinden, eine persönliche Auseinandersetzung voraus. Gleichzeitig werden dabei Symbole überhaupt als solche ernstgenommen und nicht zu Stichwortgebern herabgewürdigt, die an sich ohne ein Bild, ein Symbol oder eine Erzählung auskommen könnten. In jedem Bild, in jedem Symbol, ja, auch in jedem Begriff ist stets *mehr* enthalten, als sich durch bestimmte Worte ausdrücken läßt. Somit bieten uns Symbole nicht nur die Möglichkeit der Wandlung, sondern auch des geistigen Wachstums und der seelischen Unmittelbarkeit.

Darin, daß wir diese Kräfte der Symbole annehmen und mit ihnen leben und arbeiten, unterscheidet sich das neue Tarot-Kartenlegen (und auch die Vorgehensweise in anderen Symbolsprachen) von der altbekannten Wahrsagerei und der klassischen Esoterik, bei denen die Bilder und Symbole oft nur zur Illustration eines zuvor festgelegten Deutungswissens benutzt wurden oder werden.

Ein bekannter Tarot-Autor erklärte in einem Zeitungsinterview:

»Wenn ich in meinen Kursen die Leute zwei Karten ziehen lasse, (...) dann komme ich mir manchmal so indiskret vor, wenn ich hinter den Reihen durchgehe: Ich seh' ja die Leute praktisch nackt«. Diese Vorstellung setzt voraus, daß der Autor oder Kursleiter endgültig alles über die Karten wisse, wodurch sich jede/r, die oder der eine Karte zieht, freiwillig oder unfreiwillig vor seinen Augen entblöße. Diese Vorstellung ist jedoch so zutreffend und sinnvoll wie die Annahme, ein Wolf müsse immer ein böser Wolf sein. Tatsächlich sind die Symbole dem Wandel und der Entwicklung unterworfen, sie leben, und eben darum können wir sie uns als *Spiegel* vorhalten, ohne geistig zu erstarren und zum Gefangenen eines wie auch immer gearteten Systems zu werden.

Aufgabe eines Kursleiters (aber auch von Freunden und Bekannten beim gemeinsamen Tarot- oder Traum-Deuten) ist es vielmehr, sowohl Wissen und Erfahrung zur Verfügung zu stellen wie auch die selbständige Entwicklung der oder des Betroffenen zu fördern. Dazu gehört die Neugier oder die Aufmerksamkeit dafür, welche Gedanken, Gefühle, Assoziationen und Erkenntnisse der oder die einzelne selbständig und unter Umständen in völlig neuer, eben individueller Weise mit einem Symbol verbindet. Nichts gegen Nacktheit zur richtigen Zeit – aber solange wir die Symbole als lebendige Ausdrucksformen und nicht als tote Zeichen begreifen, *solange wächst mit zunehmender Kenntnis unvermeidlich sehr wohl auch das Verständnis für das unerschöpfliche, eben einzigartige Geheimnis, das in jedem Symbol und in jedem Menschen zu finden ist.* Mit fortschreitender Erkenntnis und Vertrautheit wächst zugleich der Respekt für das, was am Anderen eben anders ist, als man selber bisher erfaßt hat oder jemals erfassen kann.

Der wahre Lehrmeister sind die Symbole selber. Durch Anleitung, Zusammenarbeit und wechselseitigen Austausch lernen wir nur schneller oder besser, einen eigenen, persönlichen Maßstab für die Betrachtung der Symbole zu entwickeln. Die Aufgabe und die Chance, die persönlich geeignete Deutung eines Symbols zu finden, sind unteilbar, sie lassen sich nicht auf andere abschieben oder von anderen kopieren. Die Suche nach geeigneten Bedeutungen der Symbole ist stets auch ein Spiegel für die Suche nach der eigenen Bedeutung, d. h. nach der Bedeutung der eigenen Person in der Welt. Erst wenn wir aber unseren persönlichen Weg in und mit der Welt gehen, besitzen und nutzen wir tatsächlich unser Menschenrecht auf Leben, Freiheit und Entfaltung des Glücks.

Wege des Glücks

In einer Massengesellschaft von Individuen ist ohne Klarheit über die eigene Bedeutung eine geeignete Orientierung nicht mehr möglich. Es ist nicht immer leicht, den eigenen Weg zu erkennen und sein Glück selbst zu definieren. Aber der Gang der Dinge treibt uns oftmals dazu, eigene Lösungen zu finden und Richtungen einzuschlagen, für die wir kein direktes Vorbild besitzen. Ob es die Liebesbeziehungen, den Beruf, die Kindererziehung oder anderes betrifft, es ist heute eher eine Ausnahme, wenn wir da nicht vor die Qual der Wahl und vor die Notwendigkeit gestellt werden, uns mit Entwicklungen zu befassen, auf die wir gar nicht vorbereitet (worden) sind. Dabei ist es nicht einmal wünschenswert, unter die seltene Ausnahme zu fallen und Liebe, Familie,

Beruf und Freizeit so zu belassen, wie man es entweder einstmals begonnen oder von anderen übernommen hat. Es ist auch eine *beispiellose Chance,* die Vielfalt der realen Möglichkeiten und der gangbaren Wege für sich zu nutzen und fruchtbar zu machen.

Glück bedeutet, daß uns etwas glückt. Wir tragen bestimmte Wünsche in uns, die zu wesentlich sind, als daß sie einfach untergehen dürften. Und wohl jede/r besitzt gewisse Ängste, die zu dringend sind, als daß er oder sie sie ewig mit sich schleppen möchte. Diese wesentlichen Wünsche und Ängste zu erfüllen bzw. zu erledigen, ist entscheidend für unser Glück. Wenn Sie auf dem Weg dahin in eine fremde Stadt reisen müssen, brauchen Sie eine Landkarte oder einen Stadtplan. Wenn Sie auf dem Weg des Glücks neue *seelische Räume* betreten und neue geistige Horizonte abstecken müssen oder wollen, so helfen Ihnen die Symbolsprachen wie ein Wegweiser oder eine Wanderkarte für Herz und Verstand.

Es geht nicht darum, daß jeder Mensch sich die Tarot-Karten legen müßte, um glücklich zu werden. Nur darum, daß man sich in irgendeiner Weise mit der Symbolsprache, gleich in welcher Gestalt, beschäftigt, ganz im Sinne der zitierten Empfehlung von Erich Fromm, die Symbolsprache sei die »einzige Fremdsprache, die jeder von uns lernen sollte«. Neben dem Tarot gibt es da viele Wege. Aber wer sich von Bildern und von der Bedeutung des Augen-Blicks (sowohl des Zeitmoments wie auch des Augenmerks) angesprochen fühlt, findet kaum einen besseren.

Im allgemeinen hilft es bereits sehr viel weiter, wenn wir täglich ebensoviel Aufwand wie für die Brotzeit auch für die *Traumzeit* betreiben und uns mit derselben Selbstverständlichkeit wie die tägliche Körperpflege auch eine alltägliche Seelenpflege gönnen.

Im Unterschied zur früheren formelhaften Symboldeutung brauchen wir heute ein individuelles Stück Aufmerksamkeit, Studium und Arbeit, bis der eigene Maßstab, das persönliche Verständnis der Symbole gefunden ist. Aber vergleichen Sie dies einmal damit, wenn Sie einen Krimi lesen und nach dem Täter suchen, oder wenn Sie ein Rätsel lösen wollen: Jedesmal ist dies auch *Arbeit*, Sie investieren Herz, Geist und Nerven, bis die Lösung gefunden ist – und fühlen sich dennoch (oder gerade deshalb?) *gut unterhalten.*

Die selbständige Symboldeutung gleicht der Beschäftigung mit einem Krimi, einem Rätsel, einem Gedicht und anderem mehr, mit dem einzigen Unterschied, daß Sie selber auch darin vorkommen!

Praxis des Tarot-Kartenlegens

Zum Tarot-Kartenlegen gehört die Symboldeutung, aber auch der Mut, den Gefühlen und den manchmal unbekannten Wirklichkeiten der eigenen Person ins Auge zu schauen. Man beginnt am besten mit der »Tageskarte«. Morgens oder abends wird täglich oder doch einigermaßen häufig eine Karte gezogen – als Symbol, als Motivierung oder als besinnlicher Reflex des persönlichen Tagesgeschehens. Die Bedeutungen dieser Tageskarten sollen zunächst individuell und intuitiv erfaßt werden. Später können zusätzliche Interpretationen aus der Tarot-Literatur zu Rate gezogen werden. Zwei (der zahlreichen) Muster für das weitere Tarot-Kartenlegen:

1 – Aktuelle Situation
2 – Vergangenheit oder das, was schon da ist
3 – Zukunft oder das, was neu zu beachten ist.

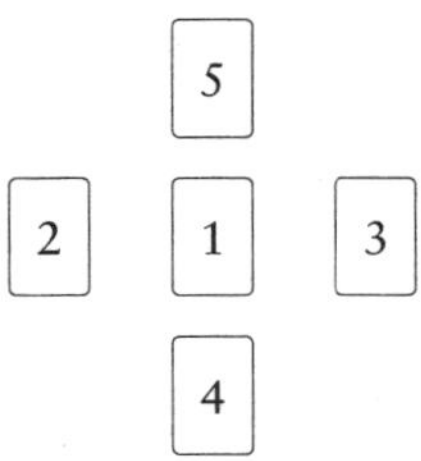

1 – Schlüssel oder Hauptaspekt
2 – Vergangenheit oder das, was schon da ist
3 – Zukunft oder das, was neu zu beachten ist
4 – Wurzel oder Basis
5 – Krone oder Chancen.

Zum praktischen Vorgehen:

- Benutzen Sie alle 78 Karten eines Tarot-Spiels. Die Sitte, nur 22 Karten zu verwenden, stammt aus der Zeit von vor 1910, als für nur 22 Karten (die Großen Arkana) Bilder existierten. Heute ist die generelle Beschränkung nicht mehr sinnvoll.

- Überlegen Sie sich Ihre Frage, die Sie nun an die Tarot-Karten richten möchten. Für die Art der Frage gibt es keine zwingenden Ge- und Verbote.

- Wichtig ist zu wissen: Die Karten wirken wie ein Spiegel. Sie können Fragen über zweite und dritte Personen stellen. Die Antwort der Karten schließt dabei stets Ihr Verständnis und Ihr Verhältnis zu diesen Personen mit ein. Wenn Sie Fragen über andere Personen stellen, sind dennoch auch Sie selbst mit im Spiel.

- Mischen Sie die Karten, wie Sie es gewohnt sind. Alle verpflichtenden Vorschriften (Kartenziehen mit links; Mischen durch Rühren auf dem Tisch usw.) sind Humbug. Nichts gegen ein persönliches Ritual. Aber keine verpflichtenden Vorschriften.

- Legen Sie nach einem Legemuster aus, das Sie zuvor ausgewählt haben. Sie können dazu Legemuster aus der Literatur benutzen, aber auch eigene entwerfen (vor einer Kartenbefragung).

- Ziehen Sie die Karten, wie Sie es gewohnt sind. Legen Sie sie verdeckt in Form des Legemusters vor sich hin.

- Die Karten werden dann (im Normalfall) einzeln aufgedeckt. Erst wenn die Betrachtung und Interpretation einer Karte beendet ist, soll die nächste aufgedeckt werden.

- Alles, was während einer Kartenbefragung geschieht, kann zum Inhalt der gesuchten Antwort gehören.

- Die Antwort auf Ihre Frage geben alle Karten einer Auslage zusammen.

Legemuster

»Der Stern«

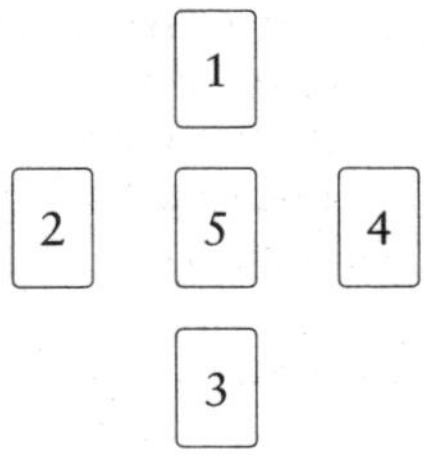

1 – Wo Sie stehen
2 – Ihre Aufgaben
3 – Ihre Schwierigkeiten
4 – Ihre Stärken
5 – Ihr Ziel

oder

1 – Wo Sie stehen
2 – Ihre Aufgaben
3 – Ihre Ängste
4 – Welche Einstellung Ihnen weiterhilft
5 – Das Ergebnis der Bemühungen

* Quellenangaben zu einzelnen Legemustern im Anmerkungsteil

»Das Pentagramm«

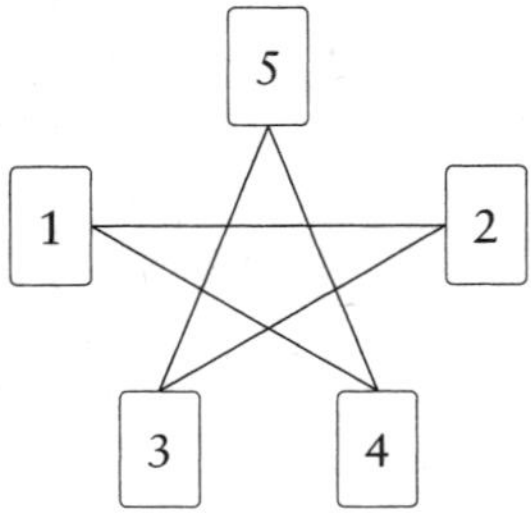

1 – Da kommen Sie her
2 – Dort gehen Sie hin
3 – Das fällt Ihnen schwer
4 – Das macht Ihnen Sinn
5 – Das bedeutet viel: Ihr großes Ziel

»Gipfel des Glücks«

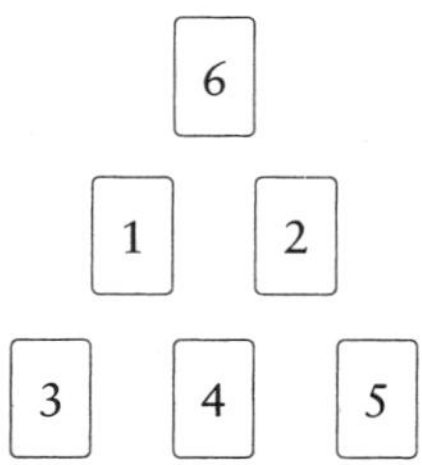

1 – Das werden Sie los
2 – Das erreichen Sie
3 – Das kommt mit
4 – Das bringt Ihnen Glück
5 – Das tritt Ihnen noch entgegen
6 – Diese Lösung bringt Ihnen Segen

»Traumziel«

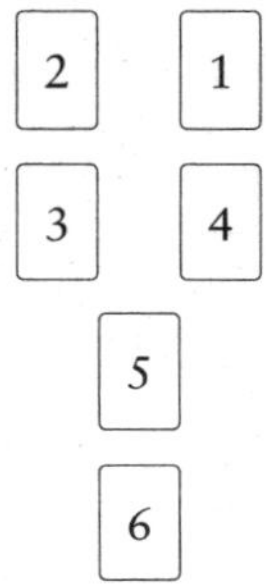

1 – Wo Sie stehen
2 – Wohin Sie gehen
3 – Ihre Wünsche
4 – Ihre Ängste
5 – Ihr wirkliches Verlangen
6 – Das Geheimnis Ihrer Suche

»Entscheidungsfragen«

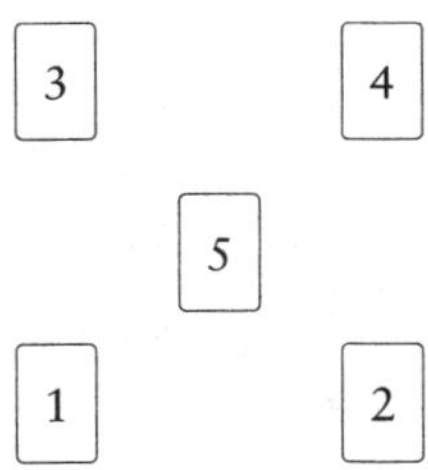

1 und 2 – Wo Sie herkommen, einerseits/andererseits
3 und 4 – Wo Sie hingehen, Gefahren! Chancen
1 und 3 – Das spricht dagegen
2 und 4 – Das spricht dafür
5 – Urteil

»Auch so bin ich«

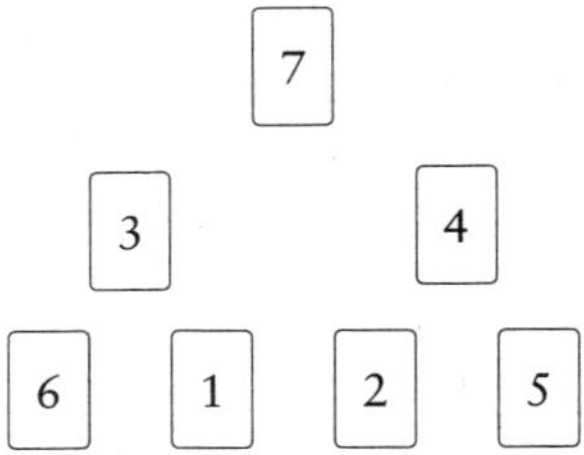

1 – Was ich fühle
2 – Was ich weiß
3 – Woran ich glaube ...
4 – ... und woran ich festhalte
5 – Was ich nicht weiß ...
6 – ... vielleicht nur ahne:
7 – Auch so bin Ich!

»Das Schwert«

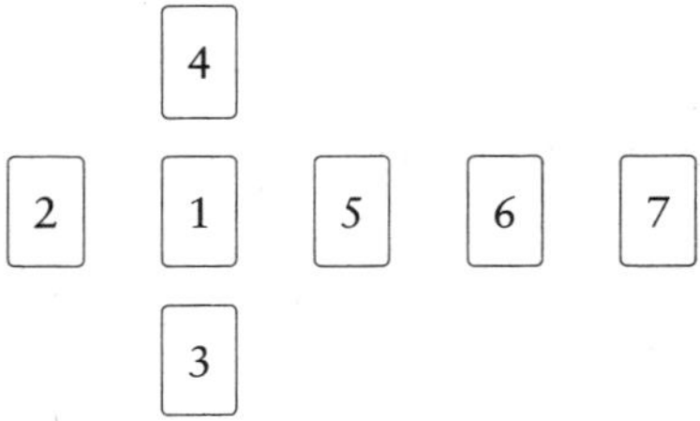

1 – Der Kern der Sache
2 – Ihr Ansatzpunkt
3 – Ihre Basis, Ihre Stütze
4 – Ihre Chance/was Ihnen zur Hilfe kommt
5 – Ein Problem wird gelöst
6 – Ein Wunsch geht in Erfüllung
7 – Neue Erkenntnis/neues Verständnis

»Lösungsweg«

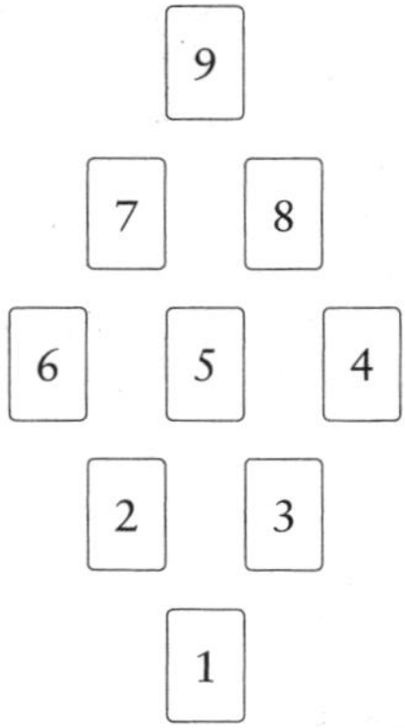

1 – Ihre Mitgift
2 – ... deren Fluch
3 – ... deren Verheißung
4 – Eine Herausforderung für Sie
5 – Ein bleibendes Rätsel für Sie
6 – Eine Last, aber notwendig für Sie
7 – Ihre Aufgabe
8 – Ihr Problem
9 – Ihre Lösung

»Bestandsaufnahme/Zielfindung«

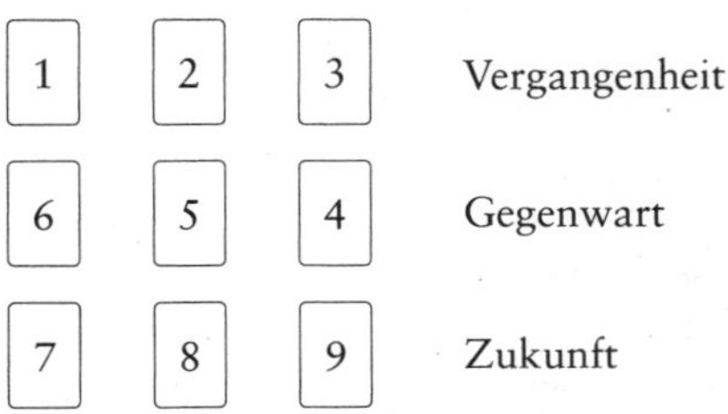

(Finden Sie in dieser Auslage Ihr aktuelles Ziel und den Weg dorthin, z. B. 1-6-7 oder 1-5-9, usw.)

»Mut zur Lücke«

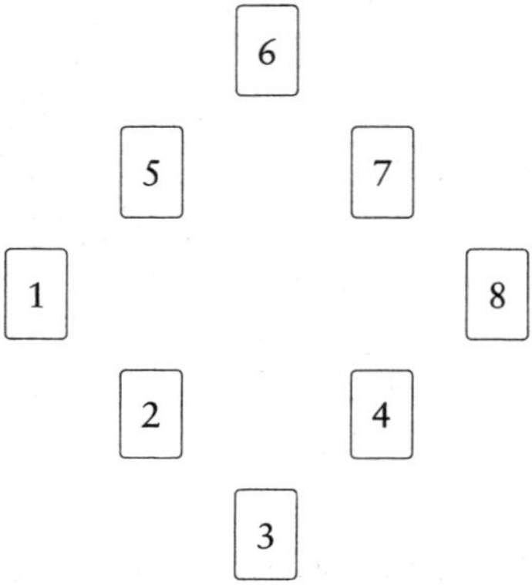

1 – Das ist möglich
2 – Das ist wichtig
3 – Das ist mutig
4 – Das ist nichtig
5 – Das ist nötig
6 – Das ist heiter
7 – Das ist witzig
8 – Das führt weiter

»Überraschungsspiel«

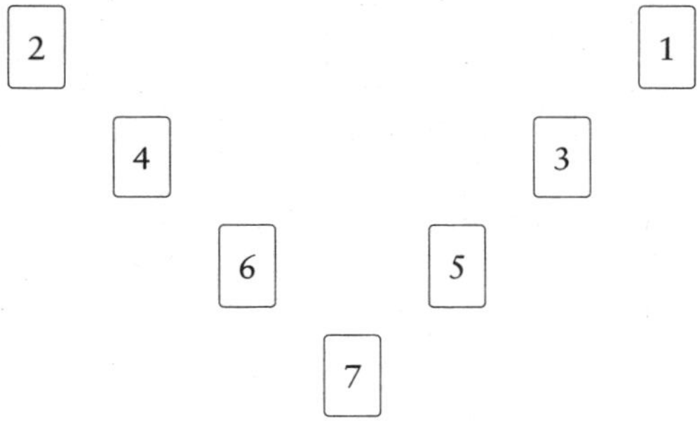

1 – Vergangenheit I: die bekannte Seite
2 – Vergangenheit II: eine unbekannte Seite
3 – Gegenwart I: was schon da ist
4 – Gegenwart II: was neu hinzukommt
5 – Zukunft I: Ihre bisherige Planung
6 – Zukunft II: etwas Unerwartetes
7 – Überraschung: verblüffende Möglichkeiten

»Keltisches oder Sonnenkreuz«

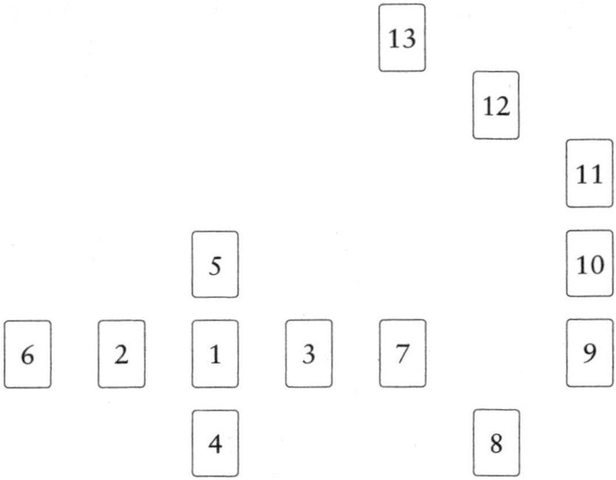

1 – Thema der Frage, Sie selbst
2 – Positive Ergänzung zu 1
3 – Negative Ergänzung zu 1
4 – Wurzel, Basis, Stütze
5 – Krone, Chance, Tendenz
6 – Vergangenheit oder das, was schon da ist
7 – Zukunft oder das, was neu zu beachten ist
8 – Zusammenfassung der 1-7; Ihre innere Kraft, Ihr Unbewußtes
9 – Hoffnungen und Ängste
10 – Umgebung und Einflüsse nach außen; Ihre Rolle nach außen
11, 12, 13 – Resümee oder ein Faktor, auf den Sie besonders aufmerksam gemacht werden, der bereits vorhanden ist und der für Ihre Frage besondere Bedeutung gewinnen wird. (Schlußbetrachtung; Quersumme)

»Keltisches oder Sonnenkreuz« (Variante)

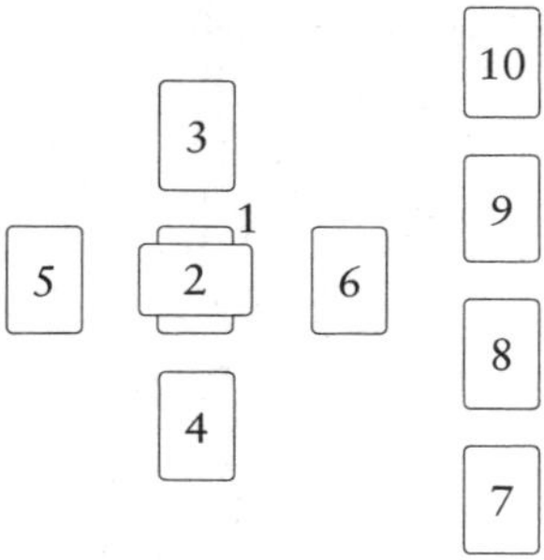

1 – Ausgangspunkt, Thema der Frage
2 – Kreuzkarte, Gegensatz oder Ergänzung zu 1
3 – Chancen, Krönung, bewußte Seite
4 – Wurzel, Basis, unbewußte Seite
5 – (Jüngere) Vergangenheit
6 – (Nähere) Zukunft
7 – Ihre innere Kraft, Ihre innere Einstellung
8 – Einflüsse von außen, Ihr Verhalten nach außen
9 – Hoffnungen und Ängste
10 – Ergebnis, Ziel, Aufgabe

»Beziehungstarot«

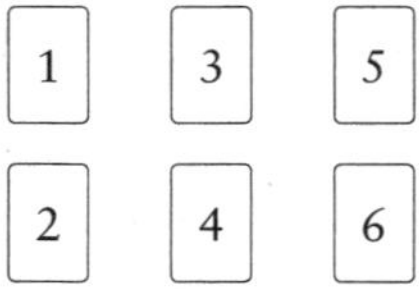

1 – Partner A zieht eine Karte für Partner B
2 – Partner B zieht eine Karte für Partner A
3 – Partner A zieht eine Karte, die ihn selbst darstellt
4 – Partner B zieht eine Karte, die ihn selbst darstellt
5 – Partner A zieht eine Karte, die seine Beziehung zu Partner B zeigt
6 – Partner B zieht eine Karte, die seine Beziehung zu Partner A zeigt
Karten nacheinander aufdecken, auf erste Reaktionen achten und über die Karte zu dem Partner sprechen:

z. B.: »Ich sage Dir mit dieser Karte ...«
»Ich bekomme von Dir ...«
»Ich gebe Dir in diesem Augenblick ...«

»Der Weg der Wünsche«

Bei dieser Auslage werden die Karten nicht gezogen, sondern ausgesucht. Insgesamt benötigen Sie fünf Karten. Zuerst eine für das, was ist. Wählen Sie mit Ruhe und Konzentration ein Bild für Ihre momentane Situation. Wenn Sie diese Karte gefunden haben, legen Sie diese vor sich hin. Dann finden Sie eine für das, was sein soll, das heißt für das, was Sie sich wünschen. Nehmen Sie sich dafür die Zeit, die Sie brauchen. Wenn dann diese beiden Karten vor Ihnen liegen, schieben Sie diese auseinander und suchen Sie drei weitere Karten aus, die als Verbindungsstück, als Brücke dienen können, um von dem, was ist, zu dem gewünschten Ziel zu gelangen. Achten Sie bei der Auswahl darauf, daß es eine tragfähige Brücke wird und daß Sie auf der anderen Seite ankommen. Zum Schluß betrachten Sie die Karten durchgängig von links nach rechts (und umgekehrt!) als einen Weg und eine Geschichte.

1 – Momentane Situation
2 – Wunschvorstellung
3, 4, 5 – Brücke von 1 nach 2

Tips zur selbständigen Tarot-Deutung

»Die Abbildungen sind mit Toren zu vergleichen, die unerwartete Räume eröffnen, oder mit einer Richtungsänderung auf freier Straße, die eine weite Aussicht erschließt« (Arthur E. Waite).

I. Für Einsteiger/innen

Wie beginnen?

Zum Start brauchen Sie nichts als die Karten und Lust auf Tarot. Den Einstieg ins Tarot-Kartenlegen erleichtern Mut, Liebe und Konsequenz. *Mut*, sich auf die eigenen Gefühle einzulassen, sich dem zu öffnen, was die Tarot-Karten zum Vorschein bringen werden. *Liebe* zu sich selbst, Ihre Wünsche und Ängste, Ihre Stimmungen und Ahnungen ernstzunehmen und ihnen in Ihrem Alltag Raum zu geben. Und *Konsequenz*, Ihre Erfahrungen mit dem Tarot in den übrigen Alltag mitzunehmen. – Wenn Sie mit Tarot beginnen, so ist dies, wie wenn Sie einen neuen Freund oder eine neue Freundin gewinnen, es ist aber auch damit zu vergleichen, daß Sie ein neues Hobby starten, eine neue Sprache oder eine neue Sportart erlernen: Freuen Sie sich darauf, und machen Sie sich allmählich mit Ihrer neuen Bekanntschaft vertraut ...

Fangen Sie entweder mit der Sorte von Tarot-Karten an, die Ihnen zur Verfügung stehen, oder verschaffen Sie sich in einem Fachgeschäft oder einem Katalog einen Überblick über die Vielzahl der heute existierenden Tarot-Decks. Tarot ist zuerst und zuletzt eine Begegnung mit Bildern, und es ist wichtig, daß Sie sich für eine Sorte von Karten entscheiden, deren Bilder Sie persönlich ansprechen. Die Bilder müssen selbst einen Reiz auf Sie ausüben, nicht nur die Bedeutungen der Karten, die Sie vielleicht schon kennen oder von denen Sie gehört haben. Die Bilder, die Sie sich aussuchen, sollen Ihnen gleichzeitig lohnend erscheinen, so daß Sie sich vorstellen können, immer wieder oder jedenfalls des öfteren in sie hineinzuschauen und mit ihnen zu arbeiten. Es gibt auf der Welt heute über eintausend verschiedene Arten von Tarot, und die persönlichen Vorlieben sind dabei recht unterschiedlich. – Gleichwohl bleibt die Kenntnis des *Waite-Tarot* unverzichtbar. Es ist nicht nur das mit Abstand populärste Tarot-Spiel. Es stellt vielmehr auch die Grundlage des neuen Tarot-Kartenlegens, wie es sich in den letzten Jahren und Jahrzehnten eingebürgert hat, gleichsam den »Archetyp« der *Renaissance des Tarot* dar. Es gibt kein Tarot-Spiel, das in diesem Jahrhundert entstanden ist, bei dem nicht das Waite-Tarot in direkter oder indirekter Weise als Hintergrund vorhanden gewesen wäre. – Entweder starten Sie also mit dem Waite-Tarot, oder Sie suchen sich eine andere Sorte aus, die Ihrem persönlichen Geschmack entspricht, und legen sich daneben zum Vergleich und als Hintergrund das Waite-Tarot zu. Blättern Sie dann einfach in den Tarot-Karten, schauen Sie sich die Bilder an, meditieren Sie über einzelne Karten, oder gehen Sie auf andere Weise ganz unkompliziert in die Bilderwelt des Tarot hinein; die Sache selbst ist aufregend genug! – Ziehen Sie sich dann einigermaßen regelmäßig eine *Tageskarte*, und legen Sie sich so oft oder so selten, wie Sie es möchten, eine *größere Auslage* (mehr dazu weiter unten).

Wichtig ist zu wissen, daß die ersten Tarot-Karten aus dem 15. Jahrhundert weder Zahlen noch Titel trugen. Das heißt für uns heute, daß im Zweifelsfall immer die Bilder und der Eindruck, den sie auf Sie machen, das Entscheidende sind; Zahl und Titel sind demgegenüber sekundär. Manche Sorten von Tarot-Karten tragen sogar nicht nur die Standardtitel, wie »Der Wagen«, »Der Eremit« oder »Die Sonne«, sondern zusätzlich bestimmte Interpretationen der einzelnen Karten, die allesamt erst in jüngerer Zeit entstanden sind. Diese aufgedruckten Interpretationen *können* sich als zutreffend erweisen, aber sie müssen es nicht! Gerade am Anfang ist es wichtig, sich von diesen Aufschriften nicht zu sehr vorab festlegen zu lassen. Es ist deshalb gut, diese speziellen Inschriften – sofern Ihre Sorte Tarot über solche verfügt – bis auf weiteres mit Korrekturband oder ähnlichem zu überkleben oder beim Aufdecken der Karten buchstäblich den Daumen darauf zu legen.

Das weitere Bekanntwerden mit dem Tarot verläuft naturgemäß sehr unterschiedlich. Manche stürzen sich sehr intensiv in das Neuland Tarot, andere gehen eher vorsichtig und nur allmählich an den Reichtum der Bilder und Symbole heran. Einige lesen sehr viel in Büchern nach, ehe sie dazu übergehen, eigene Deutungen zu entwickeln. Andere machen es gerade umgekehrt, sie schützen die Privatheit der Tarot-Erfahrung und der Selbstbegegnung, bis sie sich in ihren persönlichen Deutungen einigermaßen klar und sicher fühlen, um erst dann zu weiteren Deutungen aus der Literatur zu greifen. Hier lassen sich keine allgemeinverbindlichen Empfehlungen geben. Sicher ist aber soviel, daß die Tarot-Karten einen schnellen Einstieg erlauben, ihre ganze Kraft und ihren ganzen Segen jedoch erst entfalten, wenn wir sie mit längerem Atem schätzen- und liebenlernen. Literaturstudium und andererseits eigene Betroffenheit und unmittelbare Erfahrung – beide Seiten sind notwendig, wenn wir nicht an der Oberfläche stehenbleiben wollen; aber das sagt noch nichts darüber aus, an welchem Punkt und auf welcher Seite es für *Sie* richtig ist zu beginnen. Jeder Mensch verfügt über Fantasie, Ahnungsvermögen und Intuition. Aber bei manchen fließt der Strom der inneren Bilder bisher erst wenig, so daß die Begegnung mit dem Tarot zur einer Belebung der Fantasie und dadurch zu vielen neuen Überraschungen führt. Andere dagegen bringen bereits eine überaus reichliche Fantasie mit; für sie bedeutet die Begegnung mit der Symbolsprache Tarot eine Art Kanalisierung des reichlich fließenden Stroms von inneren Bildern und Assoziationen; hier führt die Begegnung mit dem Tarot zu einem überraschenden Fassungsvermögen und zu vielen neuen Entdeckungen!

Was auch immer Sie mit dem Tarot erfahren möchten und erleben werden, ein besonderer Vorteil besteht darin, daß Sie die Karten immer – im konkreten und im übertragenen Sinne – in der Hand haben. Sie können bestimmen, wie weit, wie hoch oder wie tief Sie gehen möchten. Die Karten wirken wie ein Spiegel: Sie bekommen soviel heraus, wie Sie hineingeben. Je klarer Sie Ihre eigenen Ziele, Ihre Wünsche oder Ängste hineingeben, um so deutlicher die Antwort und um so nützlicher die Hilfestellung des Tarot.

Große Bedeutung der Tageskarte

Sich regelmäßig eine Tageskarte zu ziehen, ist die wichtigste Einzelübung mit dem Tarot. Als Anfängerin oder Anfänger kommen Sie damit Stück für Stück in die Bilderwelt des Tarot hinein, nicht bloß theoretisch, sondern immer verbunden mit Ihrem praktischen Leben. Die Tageskarte wird morgens oder abends gezogen, in der Regel ohne eine *bestimmte* Fragestellung. Sie soll eine Station des Tarot zum Tagesthema machen, wie ein Vergrößerungsglas ein bestimmtes Motiv und einen Erlebnisvorgang für den jeweiligen Tagesablauf besonders hervorheben. Wenn Sie es einrichten können, plazieren Sie Ihre Tageskarte so, daß es Ihnen möglich ist, im Laufe des Tages öfter einmal daraufzuschauen. Es ist interessant, wie die Bedeutung der Tageskarte dadurch wächst, lebendig bleibt und mit Ihnen zu »sprechen« beginnt.

Eine Tageskarte zu ziehen, ist deshalb zur Grundübung des neuen Tarot-Kartenlegens geworden, weil sie – im Unterschied zu den größeren Auslagen, die in aller Regel nur von Zeit zu Zeit gelegt werden – ein ständiges Leben mit Tarot erlaubt. In vielen Beziehungen läßt sich das neue Tarot-Kartenlegen mit der Traumdeutung vergleichen, so als würden wir durch das Kartenziehen selber Traumbilder produzieren, mit denen wir uns ähnlich ernsthaft, unterhaltsam oder auch einmal kommentarlos befassen, wie wir es mit den Bildern aus unseren nächtlichen Träumen tun können. Wie Träume aber in jeder Nacht und an jedem Tage vorkommen können, ist es für das heutige Tarot-Verständnis wesentlich, nicht nur punktuell, sondern kontinuierlich mit den Tarot-Bildern und -Symbolen zu leben.

Vorgehen bei größeren Auslagen

Bei größeren Auslagen suchen Sie sich ein Legemuster aus, nach dem Sie verfahren wollen (vgl. auch die Tips auf S. 24). Alle Vorschriften, die aus der Wahrsagerei stammen, sind für das selbständige Tarot-Kartenlegen ohne Bedeutung. Stellen Sie Ihre Frage, so wie es Ihnen richtig erscheint; mischen Sie, so wie Sie es gewohnt sind; und legen Sie soviel oder sowenig Wert auf ein gewisses Ritual des Kartenlegens, wie es Ihrer Person entspricht. »Wir dürfen nicht vergessen«, bemerkte Rachel Pollack sehr treffend, »daß die eigentliche Magie in den Bildern selbst liegt und nicht in den Erklärungen« – und auch nicht, so dürfen wir hinzufügen, in den äußeren Formen des Kartenlegens. Der oder die eine braucht Kerze und Räucherstäbchen, um in der richtigen Stimmung die Karten zu betrachten. Der oder die andere ist genauso gut bedient, wenn er oder sie morgens beim Frühstück oder im Bus oder im Auto auf dem Weg zur Arbeit sich die Tageskarte zieht!

Die Regel der Wahrsager, man dürfe nicht für sich selbst oder für nahe Angehörige die Karten legen, ist beim selbständigen Tarot-Gebrauch ohnehin hinfällig. Denn für uns selber tun wir es ja gerade, und für andere – gleich, ob nahe Angehörige oder weite Bekannte – könnten wir es gar nicht. Denn Selbständigkeit bedeutet, daß stets der oder die, wer die Frage hat, auch die Karten zieht, aufdeckt und interpretiert. Dies ist zu beachten, wenn wir im Freundes- oder Bekanntenkreis

Karten legen. Wer die Frage stellt, sollte die Karten auch selber bewegen und bei der Deutung das erste und das letzte Wort haben. Die anderen Anwesenden sind zur Begleitung, zu Unterstützung und – wenn es sein muß – auch zur Kritik mit dabei. Dann können ja die Rollen getauscht werden, so daß jede/r einmal die Fragestellerin oder der Fragesteller sein kann. Wenn Sie mit mehreren Personen Tarot legen, so kann der oder die Fragesteller/in im übrigen die Frage den anderen mitteilen oder auch für sich behalten. Beides hat seinen Vorteil: Ist die Frage bekannt, so kann man sich bei der Deutung der Bilder auf die Frage beziehen. Bleibt die Frage anonym, so bringt dies den Vorteil – besonders bei Leuten, die sich ohnehin schon gut kennen -, daß man statt eines bloßen Meinungsaustausches stärker dazu angehalten wird, die Bilder und Symbole auf neue Antworten hin zu untersuchen.

In der Wahrsagerei und in Teilen der älteren Esoterik war oder ist eine strikte Unterscheidung nach aufrechter und umgekehrter Lage der Karten üblich. Dabei verkörperte die aufrechte Lage in der Regel eine positive Bedeutung, die umgekehrte Position eine negative. Die schematische Trennung ist heute überflüssig geworden. Für jedes Bild gehen wir davon aus, daß es positive *und* negative Bedeutungen besitzt. Von einigen Sonderfällen abgesehen, empfiehlt es sich, die Karte so zu wenden oder den eigenen Betrachterstandpunkt so zu wählen, daß wir das Bild aufrecht sehen, gleichgültig, in welcher Lage es beim Aufdecken erscheint. Und immer bleibt es wichtig, bei der Deutung nach allen Seiten offen und aufmerksam zu sein, ja, jedes Bild einen Moment lang zu betrachten, *ohne* es sogleich zu bewerten.

Die Antwort auf Ihre gestellte Frage gibt jedesmal die Auslage insgesamt, nicht eine einzelne Karte, auch wenn diese vielleicht für die Position »Ergebnis der Bemühungen« oder »Resümee« stehen mag. In der Schlußbetrachtung können Sie für jede größere Auslage auch die *Quersumme* der ausgelegten Karten berechnen. Dabei werden die Ziffern aller aufgedeckten Karten addiert (Hofkarten, wie König, Königin usw., und »Der Narr« zählen als 0, und Asse zählen als 1). Liegt die errechnete Summe unter 22, so ist die Berechnung schon abgeschlossen. Liegt sie über 22, wird aus der Summe noch einmal die Quersumme gezogen, z. B. für die Summe 47: 4 + 7 = 11. Die Große Karte, deren Zahl der errechneten Summe oder Quersumme entspricht, ist die *Quersummenkarte*. Deren Bedeutung wird im allgemeinen so verstanden: Die Auslage als solche ist und bleibt vollständig; durch die Quersummenkarte *kommt nichts Neues hinzu*. Die Quersummenkarte stellt eine mögliche Zusammenfassung der Auslage dar, wie eine Überschrift, manchmal wie das Tüpfelchen auf dem i, manchmal aber auch wie eine Kontrollkarte zur Gegenprobe, ob man bei der Interpretation der Gesamtauslage tatsächlich das Wesentliche erfaßt hat. – Die Quersummenkarte stellt jedoch ein Kann, kein Muß dar. Man kann sie als zusätzliches Spiel im Spiel anwenden, wenn man möchte.

Persönlichkeits-, Wesens- und Jahreskarte

In den letzten Jahren ist es wieder Mode geworden, aus dem persönlichen Geburtsdatum die Persönlichkeits-, Wesens- und Jahreskarten zu errechnen. Dabei wird aus dem Geburtsdatum die Quersumme gezogen, die dazugehörige Große Karte ist die *Persönlichkeitskarte.* Z. B. 16. 4. 1962 ergibt 1+6+4+1+9+6+2=29; 2+9=11; Persönlichkeitskarte ist die »Gerechtigkeit«. Daraus wird noch einmal die Quersumme gezogen, und man erhält die *Wesenskarte.* In diesem Beispiel: 1+1=2; »Die Hohepriesterin« ist in diesem Fall die Wesenskarte (wenn die Quersumme aus dem Geburtsdatum bereits eine einstellige Zahl ergibt, sind Persönlichkeitskarte und Wesenskarte identisch). Die *Jahreskarte,* manchmal auch *Wachstumskarte* genannt, ergibt sich, wenn wir statt des Geburtsjahr das jeweils betreffende Jahr einsetzen. Z. B. 16. 4. 1995 ergibt 1+4+6+1+9+9+5=35; 3+58; »VIII-Kraft« ist die betreffende Jahreskarte für 1995.

Bei der Art der Berechnung gibt es ein paar kleine Varianten. Manche Autor(inn)en schlagen vor, die Persönlichkeitszahl über eine Zwischensumme auszurechnen. Im obigen Beispiel wäre dies: 16. 4. 1962 ergibt 16+4+1962=1982; das wiederum ergibt 1+9+8+2=20; das »Gericht« wäre demnach die Persönlichkeitskarte. – Manche Tarot-Spieler/innen bevorzugen auch die Jahresangabe ohne die Notierung der »19. .«, so daß sich in der Addition andere Zahlen ergeben. Schließlich läßt sich nicht nur eine persönliche Jahreskarte aus dem eigenen Geburtstag in dem betreffenden Jahr errechnen, sondern auch eine allgemeine Jahreskarte, einfach aus der Jahreszahl. Im obigen Beispiel für 1995: 1+9+9+5=24; 2+4=6; »Die Liebenden« sind die allgemeine Jahreskarte für 1995. – Diese verschiedenen Berechnungsmethoden lösen hin und wieder Verwirrung aus, weil sich unterschiedliche Karten errechnen können. Grundsätzlich ist dazu zu sagen, daß wir solche Spiele innerhalb des Tarot nicht zu eng sehen sollten, weil sie gegenüber der Begegnung mit dem Tarot und der eigenen Persönlichkeit insgesamt eher von untergeordneter Bedeutung sind. Mario Montano erklärte dazu ganz treffend: »Ich bin der Meinung, daß alle Karten zu uns gehören und daß eine einzige Karte uns niemals definieren kann (...) Mein Gott, muß selbst die Seele ein Etikett bekommen [gemeint ist hier die Wesenskarte] und vom Tarot abgesegnet werden?! Und mit einer Seele, für die man eine Karte ziehen kann, kann es ohnehin nicht weit her sein...« – Unsere Empfehlung lautet: Die Quersumme ohne Zwischensumme berechnen, denn dies ist die allgemein übliche Form der Bildung einer Quersumme. Bei der Frage, ob mit oder ohne »19..«, so verfahren, wie man im Normalfall einen Brief datieren würde. Bei der Jahreskarte beides beachten: Persönliche und allgemeine Jahreskarte.

Lieblings- und Streß-Karten

Diese Karten werden nicht gezogen, sondern ausgesucht. Zweck der Übung ist, die eigenen Vorlieben und Abneigungen ins Spiel zu bringen, die am Bild übrigens oft ganz anders ausfallen, als unser Bewußtsein vorher vermutet hätte. Welche Karten gefallen Ihnen besonders? Welche Karte ist momentan Ihre Lieblingskarte? Was fällt Ihnen an ihr auf? Was mögen Sie an ihr? Und was sagt Sie Ihnen? – Auf welche Karten freuen Sie sich am wenigsten? Welche Karte ist momentan Ihre größte Streßkarte? Was fällt Ihnen an dieser auf? Was löst Ihr Unbehagen aus? Was bedeutet Ihnen dieses?

II. Für Fortgeschrittene

Mit dem »Zufall« arbeiten

Am Anfang ist am spannendsten, welche Karte man *zieht*. Später wird zusätzlich genauso interessant, wie man die gezogene Karte sieht. Nun kann Spiel und Arbeit mit dem Zufall beginnen, indem wir das, was uns aus dem Tarot zufällt, deuten und auf persönliche Zusammenhänge hin untersuchen. Die *Tageskarte* bleibt dabei die wichtigste Übung. Mit der Zeit haben wir die meisten Karten öfter einmal als Tagskarte gezogen, vielleicht an Tagen mit völlig unterschiedlichen Stimmungen und Erlebnissen. Diese wachsende Erfahrung bringt schon fast von selbst wechselnde Perspektiven der Bildbetrachtung mit sich. Die Karten werden uns vertrauter und verbinden sich vielfach mit einer persönlichen Geschichte. »Das ist die Karte, die mir schon ein paar mal Mut gemacht hat«, »das ist die Karte, die ich so toll finde, die ich aber bisher noch nie gezogen habe«, »das ist die Karte, bei der ich gemerkt habe, daß ich im Tagesgeschehen besonders nahe an meinen Gefühlen bleiben soll« – in vielfältiger, persönlicher Weise entfaltet sich so der Dialog zwischen Betrachter/in und Tarot.

All diese Erfahrungen lassen sich mit der Tageskarte jedenfalls wesentlich leichter und besser machen als durch eine gelegentliche größere Auslage allein. Die Tageskarten zeigen uns, daß z. B. in einer bestimmten Woche gehäuft Kelch-Karten vorkommen, in einer anderen Phase wiederum besonders viel Schwerter-Karten; so bekommen wir einfache, aber deutliche Hinweise auf die Qualität der jeweiligen Zeit und das Thema, das in diesem Moment »dran« ist. Auch hier entwickeln sich natürlich persönliche Geschichten. Da glauben wir zum Beispiel, eine bestimmte Entscheidung abgeschlossen zu haben, und die Tageskarten bringen wiederholt ein Bild oder mehrere Bilder, die in jener Entscheidungssituation angesagt waren, so daß wir den Eindruck gewinnen, die Frage ist doch noch nicht abgeschlossen. Oder wir zögern von unserer bewußten Einstellung her, ob wir ein bestimmtes Vorhaben beginnen sollen. Und die Tageskarten produzieren fast täglich Bilder, in denen wir einen Ansporn zum Neubeginn erblicken! Da stehen wir dann staunend oder fasziniert vor der Logik, die scheinbar aus den Karten spricht, die uns in einem Fall zurückhält und im anderen Fall voranschubst, und beginnen zu erkennen, welche Bereicherung das Tarot-Kartenlegen gegenüber den gewohnten Methoden der Orientierung darstellt.

»Ich sehe einen Zusammenhang«

Nehmen Sie solche und ähnliche Erfahrungen irgendwann einmal zum Anlaß, Ihren Umgang mit den Tarot-Karten auf eine neue Stufe zu stellen. Sammeln Sie Ihre Erfahrungen mit einzelnen Karten, die Bedeutungen, die Sie erkannt oder erfahren haben und die Ihnen wichtig erscheinen, in einer passenden Form, z. B. indem Sie sich bestimmte Merksätze einprägen oder an Ihre Pinwand hängen, indem Sie ein Tarot-Tagebuch führen, Bilder malen, Ihre Eindrücke auf Cassette sprechen, u. a. m.

Während Sie weiter, wie gewohnt, Ihre Tageskarten ziehen und bei Bedarf die eine oder andere größere Auslage sich legen, achten Sie nun zusätzlich zu der einzelnen Tagesbedeutung einer Karte auf Zusammenhänge zwischen mehreren Karten, die Ihnen ins Auge springen. Solche Zusammenhänge können subjektiver und objektiver Art sein.

Subjektive Zusammenhänge sind persönliche Querverbindungen. So kann es geschehen, daß jemand bei der »Sonne« sogleich auch z. B. an die »Kelch 6« denkt oder an den »Narr«, an den »Tod« oder an andere Karten. Oder wenn wir »Schwert 5« oder »Schwert 7« ziehen, haben wir sogleich auch die »martialischen« Bilder, »Schwert 3« und »Schwert 10« vor Augen. Es geht nicht darum, diese Zusammenhänge sogleich zu deuten und zu bewerten; wichtiger ist es zunächst, die eigene Sichtweise überhaupt näher kennenzulernen und festzustellen, wie sehr und in welcher Weise die eigene Optik – obwohl an sich alle 78 Karten gleichwertig sind – bestimmte Karten eben in bestimmten Zusammenhängen wahrnimmt.

Objektive Zusammenhänge sind solche, die sich aus den Bildern und Symbolen selbst ergeben. Z. B. tragen das Kind im Bild der »Sonne« und der »Narr« jeweils eine rote Feder am Kopf (in abgewandelter Form auch der Page der Stäbe), die wir jedesmal etwa als Lebenslicht oder Lebensflamme verstehen. Dazu paßt es dann, daß der schwarze Reiter im Bild des »Tod« dieselbe rote Feder trägt, allerdings in abgeknickter, nach unten gerichteter Form. – Auf den Stab- und Kelch-Karten erscheint relativ häufig ein kleines Haus oder eine kleine Burg im Hintergrund. Auch dies ist ein Zusammenhang, der sich aus der Symbolik selbst ergibt und der z. B. bedeuten kann, daß die Stab- und Kelch-Karten in besonderer Weise davon handeln, bei sich zuhause zu sein, eine eigene Existenz oder eine eigene Identität aufzubauen u. a. m. – Auf fünf Karten begegnet uns ein weißes Pferd. Wenn man bei einem dieser Bilder gefunden hat, daß das Pferd z. B. für animalische Lebenskraft, motorischen Bewegungsdrang, erhöhtes Lebensniveau oder beschleunigte Dynamik stehen kann, und zusätzlich auch die Bedeutung der Farbe Weiß (siehe dazu weiter unten) in Betracht zieht, so hilft uns diese Interpretation, die wir an einem Bild gefunden haben, auch an den anderen vieren, die ein weißes Pferd beinhalten, weiter. Darüber hinaus ließe sich untersuchen, ob es Gemeinsamkeiten zwischen den sehr verschiedenartigen Karten gibt, worin dieses selbe Symbol auftaucht. – Diese Eigenschaft, daß die einzelnen Karten untereinander in Verbindung stehen und quasi miteinander sprechen, ist eine besondere Qualität des Waite-Tarot. Es gibt tatsächlich kein anderes Tarot-Spiel, worin die Bildelemente und Motive so konsequent komponiert sind wie in diesem Tarot. Das Waite-Tarot erlaubt einen raschen Einstieg, weil wir mit den Bildern auch ohne weitere Vorkenntnis etwas anfangen können. Aber für Fortgeschrittene wird der Symbolgehalt der Waite-Karten mit zunehmender Erfahrung vielschichtiger, bedeutungs- und aufschlußreicher.

Deutungshilfen

Der Vorteil des Waite-Tarot liegt nicht nur in seinem Bedeutungsreichtum. Die einzigartige Gründlichkeit und Konsequenz in der Komposition aller 78 Bilder setzt uns zusätzlich auch in die Lage, Symboldeutungen, wie z. B. die des weißen Pferdes, von einem Bild auf ein anderes zu übertragen. Das Waite-Tarot bietet damit gleichsam eingebaute Deutungshilfen an, die es uns leichter machen, innerhalb dieses Spiels selbständig Deutungen zu erarbeiten. Ein Beispiel dafür sind die Farben, die im Waite-Tarot auf unterschiedlichen Karten jeweils in der gleichen Bedeutung erscheinen. Dazu eine kurze Übersicht:

Weiß – Anfangszustand (wie ein unbeschriebenes Blatt) oder Vollendung; Blendung durch den Geist (Animus) oder geistiges Neuland.
Grau – Unbewußter Zustand oder bewußte Gleichgültigkeit, d. h. Gleichwertigkeit oder Vorurteilslosigkeit.
Schwarz – Das Unbekannte, das Innere der Erde oder eines Sachverhaltes, »black box«, schwarzer Schatten (Anima), Seelenfinsternis oder seelisches Neuland.
Rot – Herz, Gemüt, Wille, Lebenskraft.
Gelb – Sonne, Bewußtsein, Lebensfreude; Neid, geistige Dissonanz.
Blau – (offener) Himmel/Luftraum und (klares) Wasser; Spiritualität.
Grün – Frisch, jung, verheißungsvoll, unerfahren, unreif.

Weitere Hilfen: Der Teil kann für das Ganze stehen (z. B. das kleine Haus auf der »Stab 10«). Mehrere Bildfiguren können verschiedene Personen darstellen, möglicherweise zugleich aber auch verschiedene Aspekte oder Teilpersönlichkeiten einer Person darstellen (vgl. für viele andere: »Schwert 5«, »Die Liebenden«).

»Pfortenkarten«

Jede der 78 Karten kann sich für Sie persönlich als eine besondere *Pforte* herausstellen, durch die Sie allmählich oder überraschend zu tieferen Einsichten gelangen. Die Auffassung, die gelegentlich in der Literatur vertreten wird, es gebe eine kleinere Anzahl spezieller Pfortenkarten, hat sich in vielfacher Praxis nicht bewahrheitet. Einen besonderen Türöffner gewinnen Sie jedoch, wenn Sie sich selbst während des Kartenlegens beobachten. Sie werden feststellen, daß Sie bei manchen Bildern in sich zusammensacken, während Sie sich bei anderen spontan aufrichten. Wenn man mit anderen zusammen Karten legt, sagt man manchmal etwas über eine Karte, was scheinbar noch gar nicht zum Bildinhalt gehört. So schauen bei der »Münz 7« viele Kursteilnehmer/innen spontan einem Anwesendem an und sagen: »Was soll das denn bedeuten?« Oder ebenso bei der »Stab 9 » die Frage: »Was macht der denn da?« Jedesmal ist die geäußerte Frage nicht nur eine Bemerkung über die Karte, sondern bereits ein Inhalt des betreffenden Bildes.

Positiv und Negativ

Irgendwann lohnt es sich, gezielt darauf zu achten, ob Sie tatsächlich für jede Karte »positive« *und* »negative« Sichtweisen kennen. Damit ist nicht gemeint, daß man für eine Karte eine Interpretation besitzt, die je nachdem einmal ein Plus oder ein Minus als Vorzeichen erhält. Etwa, der »Eremit« verkörpere ein Alleinsein, und dies fände man dann einmal angenehm und einmal unangenehm. Darum geht es nicht. Vielmehr darum, schon von der Optik, von der Bildbeschreibung her unterschiedliche Deutungen desselben Bildes wahrzunehmen. Beim »Eremit« als Beispiel ist in einer Perspektive alles grau in grau, das Bild steht insoweit für einen grauen Alltag; auf der anderen Seite läßt sich der »Eremit« als einer betrachten, der es in besonderer Weise versteht, Licht und Farbe in den grauen Alltag hineinzutragen. Auf der einen Seite drückt er Verlassenheit aus, auf der anderen Seite jemand, der sich besonders gut auf sich verlassen kann; usw. – Wie an anderer Stelle in diesem Buch bemerkt, ist es nützlich, diesen Vexierbild-, Wandelcharakter eines jeden Bildes zu erkennen, damit wir uns selber an und mit den Bildern wandeln können.

Wenn Sie dies nun einmal mit der Zeit für jede Karte überprüfen, so wird sich aller Erfahrung nach herausstellen, daß für einen großen Teil der Karten diese unterschiedlichen Betrachtungsweisen Ihnen deutlich werden. Es bleibt aber eine Gruppe von Karten, bei denen dieses schwerfällt. Und schließlich bleiben vielleicht acht oder neun Karten übrig, bei denen man zum Schluß kommt, daß man auch beim besten Willen nur eine Seite des Bildes wahrnimmt. Nach allen Erfahrungen zeigt sich bei fast jedem Tarot-Spieler und fast jeder -Spielerin eine solche »hartnäckige« Restgruppe von Karten, bei denen wir gleichsam jeweils einen blinden Fleck besitzen. Welche Karten dies aber sind, dies ist individuell sehr verschieden, bis auf die wenigen Karten (wie »Schwert 10« oder »Der Stern«), wo kollektive Sehgewohnheiten eine einseitige entweder negative oder positive Wahrnehmungsweise nahelegen.

Diese Karten, an denen Sie einen blinden Fleck Ihrer Optik erkennen können, sollten Sie sich zunächst merken: Weder vergessen noch allzu schnell nach der fehlenden Erklärung fahnden. Aller Erfahrung nach sind diese bestimmten blinden Flecken unserer Optik auch ohne die Tarot-Karten vorhanden. Das heißt, die Tarot-Bilder erzeugen nicht die einseitige Wahrnehmung einer bestimmten Situation, sondern sie machen sie, die vorher schon vorhanden ist, nur deutlich erkennbar. In aller Regel verbergen sich dahinter bemerkenswerte Themen der persönlichen Selbsterfahrung. Und wie bei bestimmten Schlüsselträumen, so ist es auch hier am effektivsten, sich diese Bilder zu merken, eine Zeit lang mit ihnen zu leben, bis dann greifbar wird, worin die zuvor fehlende Wahrnehmungsfähigkeit bestanden hat und was diese bedeutet.

Persönliche Sichtweise

Das Tarot-Kartenlegen berührt damit das Feld der Selbsterfahrung, auf dem noch viele weitere Wege offenstehen. – Es darf und soll immer so sein, daß wir bestimmte Lieblings- oder Streß-Karten im Tarot besitzen. Doch es ist gut, die Wahrnehmung der Karten von den Projektionen zu befreien, die wir anfangs in die Bilder hinlegen, ohne es richtig zu bemerken. Wenn wir für jede Karte positive und negative Sichtweisen kennen und auf der einen Seite nachempfinden können, daß alle 78 Karten untereinander gleichberechtigt und gleichwertig sind, dann tritt auf der anderen Seite das Spezifische unserer individuellen Sichtweise mit ihren Vorlieben und Abneigungen um so deutlicher hervor.

Es gibt verschiedene Übungen, um den Aspekt der Gleichwertigkeit aller Karten zu erfahren. Eine davon ist der Vergleich durch Zahlenwerte. Wenn wir zum Beispiel »Kelch 2« als »positive« Karte sehen und »Kelch 3« ebenso, aber die »Kelch 5« dagegen üblicherweise »negativ« auffassen, so paßt diese Sehgewohnheit nicht mit unserer Denkgewohnheit zusammen, derzufolge 2+3=5 ist. Tatsächlich läßt sich jede Karte durch ihren Zahlenwert auch als Addition der Inhalte entsprechender anderer Karten verstehen. Demnach gilt es solange nach bisher unbekannten Sichtweisen für die erwähnten drei Kelch-Karten zu suchen, bis auch hier die Addition aufgeht. – Diese Betrachtung soll an dieser Stelle jedoch nicht weitergeführt werden, weil Zahlensysteme – und auch die astrologische Zuordnung – in diesem Buch zugunsten der Behandlung der »Bildersprache« zurücktreten sollen.

Ihr persönliches A und O beim Tarot-Kartenlegen sollten Sie sich von Zeit zu Zeit, wenn nicht ohnehin der Fall, ausdrücklich benennen. Unabhängig von den einzelnen Fragestellungen einer Auslage, welche Ziele verfolgen Sie mit dem Tarot-Kartenlegen insgesamt? Von welchen Themen Ihres Lebens möchten Sie mehr verstehen? Über welche Wünsche und Ängste mehr in Erfahrung bringen?

III. Für alle, die mehr wollen

Jede Karte eine Welt für sich

Über verschiedene Operationen, wie Addition, Quersumme, Parallelkarten (wer sich dafür näher interessiert, findet Literaturangaben in den Anmerkungen), aber auch durch die angesprochenen Querverbindungen, die sich einfach durch die Symbole selber ergeben, existieren für jede einzelne Karte so viele Querbezüge, daß es nicht übertrieben ist zu sagen, daß jede Karte wie ein holografisches Bild auf eine spezielle Art alle 77 anderen Karten in sich enthält. Für alle, die mehr möchten, ist es sinnvoll, die Fülle der Querbeziehungen für jede einzelne Karte weitgehend auszuschöpfen. Diejenigen Karten, welche sich zunächst besonders hartnäckig gegen eine doppelte Wahrnehmung sträubten, werden an dieser Stelle besonders wichtig, damit die anfänglichen, spontanen Sehgewohnheiten von ihren Voreingenommenheiten befreit werden.

Wichtig werden auf dieser Stufe auch Querverbindungen zwischen verschiedenen Karten im Detail. Z. B. macht in den Bildern von

»Schwert 10« und »Münz 6« jeweils eine Bildfigur dasselbe Zeichen (»wie oben – so unten«; »ein Teil ist sichtbar, der andere unsichtbar«) wie der »Hierophant« mit seiner Rechten. – Die Kleidung der rechten Bildfigur bei der »Kelch 2« gleicht der des »Narr«. – Die beiden Figuren unter der Blumengirlande im Bild der »Stab 4« erinnern an die beiden fallenden oder fliegenden Figuren des »Turm«. – Und, als weiteres Beispiel, durch Kleidung und Rankenwerk besteht eine direkte Parallele zwischen den Bildern des »Magier« und der »Königin der Münzen«. Jedesmal hat die Übereinstimmung im Detail eine inhaltliche Bewandtnis.

Kunst der Improvisation

Wenn als Ergebnis der Bemühungen jede Karte zu einer Welt für sich wird, so erreicht der oder die Fortgeschrittene auf neuer Ebene den Punkt, von dem aus er oder sie einmal in die Welt des Tarot aufgebrochen ist. Denn auch da war – für die meisten jedenfalls – jede Karte eine Welt für sich. Für den Betrachter oder die Betrachterin haben sich in der Zwischenzeit die Karten mehrfach gewandelt und er oder sie sich selbst mit ihnen. Am Anfang wie am Ende der Skala der Erfahrungen mit dem Tarot steht eine spontane, unmittelbare Begegnung mit den Bildern und Symbolen. Lag früher die Eindeutigkeit scheinbar in den Karten, so besteht sie nun in der Eindeutigkeit der persönlichen Tarot-Erfahrungen, die für Fortgeschrittene eine Verknüpfung von spontaner Bildbetrachtung und Verläßlichkeit der deutenden Wahrnehmung anbietet, ohne den Preis der Beliebigkeit oder Einseitigkeit der Wahrnehmung.

Mit zunehmender Sachkenntnis und wachsender Selbsterfahrung durch die Tarot-Karten vermehren sich die Alternativen und die Freiheitsgrade im Umgang mit den Bildern wie auch den Situationen des Alltagslebens. Die »Arbeit mit dem Zufall« entwickelt sich weiter zur Kunst der Improvisation. Damit ist nicht die schlechte Improvisation als Bemäntelung von Unkenntnis und Ahnungslosigkeit gemeint. Sondern es geht um die Improvisation als eine Kunstfertigkeit und Meisterschaft, so wie in der Musik, dem Tanztheater und vielen anderen Sparten zahlreiche Künstler/innen die Improvisationskunst entwickelt haben. So wird die Symbolsprache zu einer Lebenskunst und die Tarot-Karten zum Wegbegleiter in einem »zauberhaften« Alltag.

Die Bildersprache des Waite-Tarot

Große Arkana

Zauberkraft

Die Karte eröffnet zauberhafte Möglichkeiten, die nichts mit Hokuspokus und fragwürdigen Ritualen zu tun haben ...

Durch die Haltung seiner Arme und Hände verkörpert »Der Magier« die Botschaft »Wie oben – so unten« und gibt gleichzeitig zu erkennen, daß der Platz, wo sein Herz schlägt, *zwischen* oben und unten sich befindet. Das Reich *zwischen* Himmel und Erde ist die spezifische Heimat des Menschen als eines »Bürgers zweier Welten«. Auch die Symbolik der Farben bringt Unterscheidung und Verbindung von Geist und Materie zum Ausdruck: Schwarz (an Tisch und Tischbein), Weiß und Rot (an Kleidung und Blüten) stellen die charakteristischen Stufen des alchemistischen Wandlungsprozesses dar. Dabei soll die schwarze Materie, die vom Geist unberührte Natur über das Weiß, die Läuterung der Seele in das Rot verwandelt werden, in das Feuer des Geistes und das Licht der Sonne.

Das magische Denken entstand auf einer ursprünglichen Stufe der Menschheitsentwicklung, als der Mensch sich schon vom »stummen Zwang der Natur« befreit hatte, der »dunklen Macht der Erde« aber noch fremd und hilflos gegenüberstand. Beschwörungsformeln, Opferrituale und anderes sollten die fremde, übermächtige Natur bändigen und freundlich stimmen. Historisch trat später an die Stelle des magischen Denkens der Mythos; die Kräfte des Himmels und des »Jenseits« bekamen Name und Gestalt; und die Wesenheit, die zwischen oben und unten (zwischen Göttern und Menschen sowie Olymp und Hades) vermittelte, wurde Hermes oder Merkur genannt. Wieder später folgte die Philosophie auf den Mythos – diesmal bekamen die Kräfte der Erde und die Gesetze der Menschen Name und Begriff. Die Lehre von den vier Elementen Feuer, Wasser, Luft und Erde entwickelte sich. Zum Mittler zwischen Himmel und Erde wurde hier die »Idee« (von Eidos = Bild, Gestalt, Inbegriff). Nach einigen weiteren Jahrhunderten entstand mit dem Christentum die erste Weltreligion, worin ein *menschlicher* Gott oder ein göttlicher Mensch als Mittler zwischen den Welten auftrat. – Dabei blieb es für relativ lange Zeit, bis mit dem ausgehenden Mittelalter die Vernunft als Mittler und der Mensch als Maß aller Dinge entdeckt wurde. Die Brücke zwischen Himmel und Erde, das ursprünglich magische Denken, rückte damit immer näher an den Menschen heran. Zunächst waren es wenige Eingeweihte, die sich darin übten, die Kräfte des Himmels und der Erde *persönlich* zu benennen und anzuwenden. Durch den Fortgang der Geschichte ist dies heute nicht mehr Sache von wenigen Eingeweihten, sondern Thema für viele:

Die Zahl der Karte, die Eins, ist auf der Ebene der im Tarot vorkommenden Zahlen nicht teilbar. »Unteilbar« aber heißt lateinisch Individuum. Der »Magier« drückt den Teil der persönlichen Existenz aus, der unteilbar eigen ist. Darin besteht seine Zauberkraft, daß er seine Individualität ausspielt. Ihm gelingen auf seinem Lebenswege Wunder, die für ihn ganz *natürlich* sind, so wie andere Menschen auf ihrem individuellen Weg Zauberstücke vollbringen, die für ihn immer unerreichbar bleiben, weil deren Weg nicht seiner ist.

Solange der eigene Weg nicht beschritten wird, erscheint manches »wie verhext«. Ohne entwickelte Individualität wissen wir entweder keine geeignete Brücke zwischen Himmel und Erde, Wunsch und Wirklichkeit zu bauen. Oder wir sind wie ein »Blitzableiter«, ein »Kanal« oder ein »Medium« nur Handlanger für Kräfte, die uns erfüllen oder umtreiben, ohne daß wir selbst sie zu gestalten oder zu verantworten vermöchten.

Wenn Sie die vier Elemente kennen, ergibt sich die symbolische Bedeutung des Zauberstabes. Er verbindet zwei Pole in einem gemeinsamen Ganzen. Und er unterscheidet das Eine nach zwei Richtungen hin. Er kann zum Beispiel Feuer und Wasser (Wille und Gefühl) verbinden, so daß weder das Wasser das Feuer auslöscht noch das Feuer das Wasser verdampft, sondern daß vielmehr ein Zusammenspiel entsteht (z. B. ein Regenbogen). Gleichzeitig vermag er Wille und Gefühl auch zu trennen und innerhalb von Feuer und Wasser Vor- und Nachteile auseinander zu halten. Das Unendlichkeitszeichen, die Lemniskate über seinem Kopf verdeutlicht, wie er von seinem Standpunkt aus Einheit und Widerspruch in allen Dingen des Lebens erkennt und somit ein eigenes, selbständiges Leben *zwischen* Himmel und Erde gestaltet.

Die persönliche Bedeutung dieses Zaubers ergibt sich, wenn Sie statt »Feuer und Wasser« im obigen Beispiel konkurrierende Ziele einsetzen, die Ihnen persönlich gleichermaßen *wichtig* sind, um ein Beispiel zu nennen, etwa Erfolg im Beruf und Zusammenleben mit Ihren Kindern. Diese zauberhaften Lösungen, eine glückliche »Einheit im Widerspruch«, erreichen Sie nicht durch Tricks, Willensanstrengungen oder Kraftakte; sie erfordern (und bewirken) vielmehr jedesmal einen weiteren Schritt in der Realisierung Ihres individuellen Lebensweges. Darum geht es auch in Ihren aktuellen Fragen, wenn Sie diese Karte ziehen.

Geheimnis der Seele

Die Kraft der Seele blüht erst auf, wenn das Eigene vom Anderen getrennt wird, wie der Vorhang im Bild verdeutlicht. Die persönlichen oder privaten Gefühle müssen von den kollektiven Stimmungslagen unterschieden werden, wobei es wichtig ist, daß der Vorhang einen Durchgang oder Übergang vom einen zum anderen offenläßt ...

Die Hohepriesterin ist ein Sinnbild der seelischen Wahrnehmung, der inneren Stimme. Ihre Besonderheit liegt in der seelischen Empfindung davon, was überhaupt die eigene Person ausmacht, was sie von anderen unterscheidet und worin die persönliche Fruchtbarkeit liegt. Diese seelische Kraft grenzt die eigene Person gegenüber dem Meer des großen Unbewußten ab. Sie sondert die Flut der alltäglichen Erfahrungen und Eindrücke nach schwarz und weiß. B und J auf den Säulen bedeuten: Boas und Jakim, die legendären Namen der Hauptpfeiler des alten Tempels von Jerusalem; sie entsprechen sinngemäß Yin und Yang oder auf Mundart – vereinfachend, hier jedoch treffend – »Jut« und »Böse«. Schwarz steht weiterhin für die dunkle Macht der Erde und Weiß für die blendende Erscheinung des Geistes. Zwischen beiden vermittelt die seelische Wirklichkeit.

Die Seele gleicht einem Spiegel, einem Resonanzboden oder einer zweiten Ebene, ebenso einer inneren Leinwand, die wie der Film in einer Kamera die äußeren Eindrücke ablichtet, allerdings mit der Besonderheit, daß die Seele über ein Eigenleben verfügt. Oft ist sie der wahre Produzent oder die wirkliche Produzentin der »Filme«, die in unserem Alltagsleben ablaufen.

Das Geheimnis der Hohepriesterin ist ihre Fähigkeit, in Gefühlsdingen immer wieder neue Unterscheidungen und Verbindungen herzustellen. Sie geht von ihrer Mitte aus, studiert die »Tora«, das Buch des Lebens, zieht alle möglichen Erfahrungen heran, um in jedem Augenblick einen neuen Schnittpunkt der Interessen, eine neue Mitte zu finden (s. das Kreuzzeichen). All dies vollzieht sich zunächst unbewußt. Doch durch Selbsterfahrung und Selbstbeobachtung kann es gelingen, einen bewußten Dialog mit der inneren Stimme zu pflegen. Ein ständiger Fluß von Bildern und Eindrücken, eine andauernde *innere* Zwiesprache macht gerade den Inhalt des Seelenlebens aus. Für uns kommt es »nur« darauf an, auf diesen *Fluß* zu lauschen und mit ihm zu sprechen. Dieser Dialog setzt uns in die Lage, wechselnde Launen und Gefühle auseinanderzuhalten, sinnvolle von unsinnigen Wünschen zu trennen, berechtigte von unnötigen Ängsten fernzuhalten. Wie die Isis-Krone auf dem Haupte der Priesterin zunehmenden, vollen und abnehmenden Mond darstellt, so lernen wir auf diese Weise, uns zu wandeln, um uns treu zu bleiben.

Die Seele muß »Rücksicht« nehmen auf das, was im Rücken, im Hintergrund oder im Jenseits ihres eigenen Erfahrungsbereiches liegen mag. Sonst läuft sie Gefahr, sich »hermetisch« abzuschotten. An den Grenzen ihrer eigenen Erfahrung aber findet die Seele dunkle und helle Schattenbereiche (»Anima« und »Animus«). In diesen Schatten sind insbesondere die bisher ungekannten Seiten des *anderen* Geschlechts enthalten. Die Granatäpfel und die Palmen auf dem Vorhang stellen nach traditioneller Auffassung ein Symbol der Vulva bzw. des Penis dar. Die machtvolle Beziehung zwischen Seelenleben und Sexualität wird damit dargestellt, auch wenn das Bild zunächst vielleicht einen »frommen« Eindruck hervorruft. Andererseits ist hier die Sexualität auch ein Gleichnis dafür, daß wir immer wieder unsere »Unschuld« verlieren werden, nämlich unsere seelische Unerfahrenheit und Ahnungslosigkeit. Und daß wir immer wieder zu einer *neuen Unschuld* finden, nämlich zu persönlicher Ganzheit und Integrität, wenn wir aus der Erfahrung des Eigenen wie des Anderen unseren persönlichen Sinn, unsere eigene Bedeutung herausbilden.

In Ihren aktuellen Fragen kann es einmal darum gehen, daß Sie Zeit und Raum schaffen, um Ihrer inneren Stimme zuzuhören und zuzureden. Viele Wege, wie Meditieren und Träumen, Tarot und Märchen, sind dazu geeignet. Andererseits kann es aber sein, daß Sie so voll von einem permanenten Selbstgespräch sind, daß es gut wäre, dieses »innere Radio« einmal abzustellen. Suchen Sie die wirkliche Bedeutung der inneren Stimme zu verstehen. Der Sinn Ihrer Gefühle und inneren Eingebungen führt über den seelischen Bereich hinaus. »Was fruchtbar ist, allein ist wahr« (Goethe). Setzen Sie Ihre Gefühle und Stimmungen in die Tat, in konkrete Ergebnisse um. An Ihren Früchten werden Sie Ihre wahren Gefühle erkennen.

Fruchtbare Doppelnatur

Obwohl vom Bild her eine beliebte Karte, ist »Die Herrscherin« bis heute in ihrer symbolischen Bedeutung wenig bekannt ...

Das Bild ruft im allgemeinen rasche und intensive Identifikationen hervor. Frauen sehen sich meist selbst darin, Männer ihre Erfahrungen mit Frauen. So tut sich ein weites Feld persönlicher Assoziationen und Vorstellungen auf. Wie sehen Sie das Bild und was fällt Ihnen dazu ein? Häufige Stichwörter sind: Blühendes Wachstum, große Fruchtbarkeit, reiche Ernte. Schönheit der Frauen, Lust des Lebens und Macht der Natur! »Ein Bett im Kornfeld«, Urlaub am Busen der Natur, aber auch drohende Naturzerstörung, Umweltallergien...

Zeitgenössische *Autorinnen* (z. B. R. Pollack und M. Steiner-Geringer) betonen hier Sinnlichkeit, Leidenschaft und Emotionalität. *Autoren* (wie etwa H. D. Leuenberger, H. Banzhaf) heben Mütterlichkeit, Schwangerschaft und Geburt hervor (obwohl Schwangerschaft und Geburt dem Bild gegenüber Spekulationen bleiben). Feministinnen (z. B. L. Francia, A. Dinkelmann) erinnern besonders an die Matriarchate, die mutterrechtlichen Gesellschaften der Frühgeschichte, oder stellen für heute fest: »Venus ist noch fern« (Phoenix/B. Messmer). – Interessant ist ferner, daß in der jüdischen Tradition (deshalb sowohl in der Kabbala wie bei S. Freud) die Zahl Drei als männlich gilt, in der ägyptischen Mythologie wie in christlicher Auffassung dagegen eine neutrale Größe darstellt, während überall, wo mutterrechtliche und naturreligiöse Traditionen oder aber die Marienverehrung vorherrschen, die Drei als weiblich gilt. So endet Goethes »Faust. Der Tragödie zweiter Teil« mit den bekannten Worten: »Das Ewig-Weibliche/Zieht uns hinan« sowie mit der Anrufung der großen Göttin in ihrer dreifachen Gestalt als »Jungfrau, Mutter, Königin«.

Erstes Fazit: Der Bildinterpretation bieten sich viele Vorstellungen und Erklärungen an. Aber das Wort »Weiblichkeit« tauchte in der Tarot-Diskussion bisher nur am Rande auf. Dabei stellt durch das Venus-Zeichen, das zugleich ja das allgemeingültige Symbol des weiblichen Geschlechts ist, die »Weiblichkeit« hier das Herz, den Kern des Bildinhaltes dar.

Weiblichkeit ist etwas anderes, ist umfassender als Fraulichkeit und Mütterlichkeit. Was damit gemeint ist, offenbart ebenfalls das Venus-Zeichen: Der Kreis bedeutet nach traditioneller Auffassung Sonne, Geist und Bewußtsein, das Kreuz Erde und Materie. *Das Symbol der Weiblichkeit und der Venus stellt somit ein Zeichen für die Verbindung von Geist und Materie dar. Körper und Geist, die Sinne und der Sinn sollen ein Ganzes ergeben!* – Der Mythos erzählt, daß Venus/Aphrodite einen magischen Gürtel besitzt, dessen Reiz sie unwiderstehlich macht. Diese Betonung der Gürtellinie der Aphrodite ist nicht allein unmittelbar-sexuell zu verstehen. Die Gürtellinie ist außerdem der körperliche Ausdruck für die Verbindung von Bewußtem und Unbewußtem, von Körper und Geist.

»Natur« heißt für uns unumstößlich immer ein Doppeltes: Einmal die allgemeine Natur, die allem Lebendigen gemeinsam ist; zum zweiten die *menschliche* Natur. »Alle Lebewesen sind beseelt, nur der Mensch ist begeistet« (Wilhelm Unger). Bewußte oder geistige Funktionen gehören zur Spezies Mensch so untrennbar dazu wie der aufrechte Gang. »Weiblichkeit« bedeutet in diesem Sinne (für Frauen wie für Männer), die Natur im allgemeinen und die menschliche Natur im besonderen zu kultivieren und in jeder Hinsicht zur Blüte zu bringen.

Das Venus-/Weiblichkeits-Symbol ist im Bild von einem herzförmigen Grau umschlossen, während der Kreis als Teil des Symbols grün ausgemalt ist. Der Geist ist »grün«, d. h. frisch und jung, noch neu. Die Verbindung von Körper und Geist und von Materie und Geist ist im Herzen enthalten oder verborgen – einem Herzen, das »grau« ist – unbewußt und gleichgültig oder aber bewußt-neutral und ausgleichend gegenüber den Polaritäten von Schwarz und Weiß.

Entscheiden Sie sich in Ihren aktuellen Fragen danach, wie Sie am besten für Ihr umfassendes Wohlbefinden sorgen können. Seien Sie zu sich selbst wie eine gute Freundin, eine gute Mutter oder ein gutes Kind! – Häufig gelten immer noch die Kindererziehung, Haus und Garten oder die schönen Künste als typisch weibliche Bereiche, worin sich die Verbindung von Geist und Materie betätigen dürfe. Aber geht es nicht auch darum, alle Lebensbereiche mit Sinn und Sinnen zu erfüllen? Es gilt, das Dasein zu gestalten und umzugestalten, bis alle materiellen und geistigen Bedürfnisse soweit erfüllt werden, wie es tatsächlich möglich ist. – Nehmen Sie Ihre Natur, die Bedürfnisse und Ansprüche von Kopf und Bauch ernst, und lassen Sie sich von ihnen leiten. Eine neue Welt erwartet Sie!

Die Wüste lebt

Ähnlich wie beim Bild der »Herrscherin«, so ist es auch hier nicht immer einfach, den Blick von den vielen persönlichen Assoziationen und Vorstellungen freizumachen, die sich bei der Betrachtung unwillkürlich aufdrängen ...

Männer! Väter! Herrscher! Jedesmal ein Reizthema in doppeltem Sinne. Obwohl das vorliegende Bild 1909 entstand, scheint es wie für die heutige Zeit gemacht. Zeigt es uns nicht, was wir vermissen? Willensstärke, Entschlossenheit, Umsetzung persönlicher Bedürfnisse in die Tat, Vertrauen in die eigene Kraft, u. a. m. ?! Sagt uns das Bild nicht noch mehr, was wir *nicht* wollen? Eine Politik der Stärke – mächtig, aber einsam; gerecht, aber hart; selbstgewiß, aber ringsum Öde verbreitend; ein Ellenbogen-Mensch mit »Charakterpanzer« (Wilhelm Reich); will immer nur »das eine« (den Stab schwingen) und ansonsten eine ruhige (goldene) Kugel schieben?! Dein Mann, das unbekannte Wesen – der ferne Vater – Herrscher ohne Volk: Das und anderes mehr sind einfach brisante und aktuelle Themen, die wir getreu der persönlichen Erfahrungen an diesem Bild sehr wohl erinnern sowie durcharbeiten sollten. Das gilt auch für umgekehrte »Herrscher«-Ansichten, wie etwa »nicht einsam, aber ohnmächtig«, usw.

Nach und neben den verschiedensten Erfahrungen und Erinnerungen persönlicher Art sollten wir das Bild jedoch noch einmal neu zu betrachten versuchen. Wie jede andere Karte, ist auch dieses Bild möglicherweise ein Spiegel für uns selbst, sowohl für einen Betrachter wie für eine Betrachterin. Ob und wie wir uns selbst regieren, organisieren und motivieren, wird damit zum Thema. Wer regiert denn in Ihrem Leben? Welcher Teil Ihrer Person ist Ihre »oberste Instanz«?

Viermal enthält das Bild einen Widder-Kopf (und die Verzierung auf der Spitze der Krone des Herrschers gleicht dem astrologischen Widder-Zeichen). In den Widder-Monat, die Zeit des Frühlingsanfangs, fällt das Osterfest. Dessen Hauptinhalt ist der Sieg des Lebens und die Überwindung des Todes. Zum Zeichen, daß das Leben stärker ist als der Tod, wird in der Osternacht ein Feuer entzündet. Und eines der dabei regelmäßig verkündeten Sinnbilder ist das von der *Verwandlung einer Wüste in einen Garten!* Hinzu kommt, daß Mars (der Herrscher des astrologischen Widders) in der römischen Mythologie nicht nur Kriegsgott ist, sondern – das ist wenig bekannt – auch ein Frühlingsgott, dessen Segen gesucht wird, wenn das Land urbar gemacht werden soll.

So bietet die Karte eine überaus treffende Anschauung davon, was es heißt, *Herrscher im eigenen Leben* zu sein. In unserem eigenen Dasein sind wir immer der/die Erste (so, wie der Widder das erste Tierkreiszeichen im Jahreslauf ist). Wir betreten eine Wüste, die deshalb karg und öde erscheint, weil sie noch neu ist, vollständig erschlossen und bewohnbar gemacht werden will. Und dieses »wüste« Neuland sind wir jeweils auch selber.

Unser eigenes Dasein, unsere persönliche Identität aber ist eine lebenslange Aufgabe. Wie der Fluß im Bild, bleiben wir uns selbst gleich und treu, wenn wir fließen, dem Energiefluß folgen und erkunden, was an, in und um uns *neu* ist. Daraus gewinnen wir (und dazu brauchen wir) jene Zeugungs- bzw. Schöpfungskraft, welche die crux ansata, das Henkelkreuz in der rechten Hand des Herrschers symbolisiert. Der goldene Apfel in seiner Linken ist Zeichen weltlicher Macht (Reichsapfel) sowie Zeichen der Sonne (Lebenskraft und Lebensmitte). Außerdem bedeutet er eine goldene Fruchtbarkeit der Natur, weshalb der goldene Apfel in Märchen und Mythen auch für Unsterblichkeit und ewiges Leben steht.

Als der oder die Erste zu wirken, ist im übrigen eine Bedeutung des Wortes »Archetyp«. Denn dieses heißt im Altgriechischen nicht nur Urbild und Erstprägung, sondern auch Urheber/in und Erstpräger/in. So handelt das Bild von der unvergleichlichen Aufgabe und Herausforderung, selber zum »Archetypen« zu werden.

Dem »Herrscher« begegnen wir in der Praxis oft in der Weise, daß wir sein *Fehlen* bemerken. Wenn Sie »Steine statt Brot« bekommen oder sonstwie das Gefühl nicht loswerden, nicht das zu erreichen, was Sie wirklich wollen; wenn Sie vor verschlossene Türen laufen oder alle bisherigen Vorbilder nicht mehr weiterführen: Dann ist Ihre »Herrscher«-Kraft gefordert, und in solchen Situationen beginnt sie, sich zu bewähren. Seien Sie sich selbst ein guter Freund, ein guter Vater und ein gutes Kind. Haben Sie Mut zur Lücke! Handeln Sie in Ihren aktuellen Fragen auch ohne Vorbild, aber in eigener Verantwortung und in eigenem Auftrag! Was bisher nach frucht- oder trostloser Öde aussah, werden Sie in einen fruchtbaren Garten verwandeln, wenn Sie sich selbst und Ihre Aufgaben als ein Neuland nehmen, das nur Sie sondieren und erschließen können.

Fels in der Brandung

Die selbständige Orientierung in Glaubensdingen ist die Quintessenz ...

»Hierophant« bedeutet wörtlich, Heiliges zu verkünden und zum Vorschein zu bringen. »Hierophant« hieß der Hohepriester in manchen der antiken Einweihungsschulen. Daran erinnert die Karte ebenso wie an den Papst der katholischen (bzw. der vormals gesamten christlichen) Kirche. Der Papst trägt eine dreifache Krone, die Tiara. Die Zahl Drei wiederholt sich im Bild im Hirtenstab und auf der Spitze der Tiara (auch in den drei menschlichen Gestalten sowie den drei Kreuzen auf dem Priestergewand). Sie wird mit der christlichen Dreifaltigkeit, mit dem Dreiklang von Himmel, Erde und Hölle gedeutet. Innerhalb des Tarot verweist sie natürlich auf die Karte »III – Die Herrscherin« und möglicherweise auf die psychologischen Begriffe »Über-Ich, Ich und Es«.

Um die drei großen Stationen des Lebens – Geburt, Hochzeit, Tod – bewegten (oder bewegen) sich auch die christlichen Einweihungen, die Sakramente, von der Taufe bis zur Letzten Ölung. – Gemeinsam war den Hohepriestern der verschiedensten Glaubensschulen die Aufgabe, die Lebensgeheimnisse zu deuten und praktische Riten und Gebräuche zu organisieren. Heute kommt es besonders darauf an, den »Hierophant« als eine mögliche und notwendige Kraft in jeder/m von uns zu erkennen und anzuwenden.

Die Karte steht in diesem Zusammenhang für alle Sinninstanzen unserer Kultur – traditionell für die Priester, aber auch für Lehrer, Professoren, Therapeuten und schließlich heute für die Leute, die einer/m persönlich ein sinnvolles *Vorbild* darstellen. Gerade in einer Zeit, wo der Papst und jede Art von Guru für viele Menschen ihren Sinn verloren haben, ist es wichtig, den Hohepriester *nicht ersatzlos* zu streichen. Ein sinnvolles Vorbild erleichtert den Weg zum eigenen Zentrum.

Das *ganze* Bild heißt »Der Hierophant«. Das Zusammenspiel aller Bildgestalten führt uns zur persönlichen *Quintessenz*, die im Bild durch die Zahl V und die gekreuzten Schlüssel enthalten ist. Mit seiner erwachsenen und ausgebildeten Seite (die große Figur im Bild) kann der Hohepriester die jungen, unerfahrenen Seiten (seiner eigenen Person) ins Geschehen einführen. Die beiden kleinen Figuren verkörpern

Neuankömmlinge, Initianden, die auch als *eine* Gestalt, die *in sich* noch »gesichtslos« und zwillingshaft ambivalent ist, gesehen werden können.

Es handelt sich hier also zunächst um einen *innerpersönlichen Einweihungsprozeß*, um die Kunst, sich selbst ein geeignetes Vorbild zu schaffen und sich zugleich der eigenen schwachen, unerfahrenen Seiten anzunehmen. Die bewußte, »etablierte« Seite weiht die jeweils unbewußte, noch ziellose Seite der eigenen Person immer wieder in die Zusammenhänge der bisherigen und der gegenwärtigen Lebenserfahrungen ein. Und der jeweils frische, neu hinzukommende Teil der Person führt den alten, »abgeklärten« Teil wieder und wieder in die Erwartungen an das eigene Leben ein, wie sie für jetzt und die Zukunft bestehen.

Auf diese Weise schlägt der »Hierophant« als *pontifex maximus*, d. h. als »oberster Brückenbauer« eine Brücke vom Bekannten zum Unbekannten, vom äußeren Verhalten zur inneren Einstellung, von der heutigen Ist-Situation zum künftigen Wunsch-Ziel.

Sich selbst einzuweihen, schafft eine gute Grundlage dafür, in den großen und den kleinen Fragen des Lebens auch von anderen zu lernen, ohne sich dabei menschlich kleinzumachen, und andere zu unterrichten, ohne sich dabei menschlich über sie zu stellen. Dadurch entsteht im Alltag ein Tempel, der Alltag selbst wird zum »Hierophant«, weil er im Respekt vor dem Eigenen und dem Anderen »Heiliges zum Vorschein bringt«.

Nutzen Sie Ihre aktuellen Entscheidungen, um sich selbst ein Stück mehr als bisher über Ihre Antwort, Ihr praktisches Verhalten zu den »letzten Dingen« des Lebens klarzuwerden. Sprechen Sie mit anderen über Ihre Erfahrungen, Wünsche und Ängste, und lassen Sie sich von anderen in deren Erfahrungen, Vorstellungen und Bedürfnissen einweihen. Finden Sie heraus, welche Ereignisse, welche Wende- und Höhepunkte des Lebens für Sie und für die Ihnen Nahestehenden wirklich von Bedeutung sind, und gestalten Sie diese großen und kleinen Anlässe aus Betroffenheit und mit Hingabe. Es gibt nichts Wichtigeres.

Aus heiterem Himmel

Ein paradiesisches Bild mit einer großen Überraschung ...

Wir sehen die beiden »Liebenden« entweder noch oder *wieder* im Paradies. – Malen Sie sich das Bild einmal aus. Was fällt Ihnen zu »Paradies« ein? Wann haben Sie sich zuletzt »wie im Paradies« gefühlt? Gehen Sie mit Ihrer Fantasie in das Bild hinein und stellen Sie sich Ihr Paradies vor ...

Da sind Sie und Ihr Partner oder Ihre Partnerin. Oder Sie begegnen hier Ihrer männlichen und Ihrer weiblichen Ausprägung (und allgemeiner: zwei *grundverschiedenen* Seiten Ihrer Person). Von verschiedenen Polen aus können diese nun den Berg in der Mitte erklettern, wo sie sich auf demselben Gipfel treffen und »mit Engeln reden«. Der Engel stellt die Ekstase der beiden Liebenden dar. Er bedeutet ihre Verbindung zur Sonne, ihren gemeinsamen Bezugspunkt, ihre Einheit auf einer höheren Ebene und die »höhere Warte«, von der aus die Unterschiede zwischen beiden voll überblickt und erfaßt werden können.

Der Engel stellt aber nicht nur eine Verbindung zwischen den »Liebenden« auf der Erde und der Sonne her – zugleich bewirkt er eine Trennung, eine Abschirmung zwischen oben und unten, was – siehe »Ozonloch« – auch sehr nützlich sein kann. Der Engel ist allerdings so gezeichnet, daß er vollkommen *zwischen* den menschlichen Figuren und der Sonne schwebt. Was geschieht, wenn der Engel weniger einem Lichtwesen, sondern mehr einer grauen Wolke gleicht, was das Bild ja auch andeutet? Dann finden sich die Menschen unter einem bedeckten Himmel, und je grauer und undurchlässiger die Wolkendecke ist, um so mehr stehen sie tatsächlich im *»Schatten«*.

Als graue Wolke, als »dicke Luft«, bezeichnet der Engel aufgesetzte Ansprüche, unklare Gedanken, unverarbeitete Fantasien und ein ungenutztes bzw. unverstandenes Wissen, kurz, ein undurchlässiges, belastendes »Über-Ich«.

Es ist verblüffend, daß der Schatten nicht nur ein Thema bei solchen Karten ist, bei denen wir es vermuten würden, weil sie sehr schwarz und finster gehalten sind. Doch umgekehrt, wenn der Schatten soweit verdichtet ist, daß er als erkennbares Schwarz, als deutliche Finsternis vor Augen tritt, dann ist schon viel gewonnen. Das erste Merkmal des

Schattens ist seine Unsichtbarkeit, seine Unmerklichkeit. Daß es bei diesem Bild *schwieriger* erscheint, die Schattenseiten zu erkennen, dieser Umstand entspricht der Bedeutung des Schattens.

Das vorliegende Bild entspricht damit solchen Situationen im Alltag, die paradiesisch oder idyllisch wirken, in denen jedoch »wie aus heiterem Himmel« Angst, Panik oder Unwohlsein hervorbrechen. Tatsächlich kommen diese Empfindungen nicht von ungefähr. Sie waren in der betreffenden Situation bereits enthalten, wie der Engel mit der grauen Wolke im Tarot-Bild. Die Entdeckung der zuvor versteckten Schattenseiten bedeutet den ersten Schritt zu ihrer Aufhebung.

»Paradies« heißt aus dem Sanskrit »fremdes, bestes, schönstes Land«. Dieses »fremde Land« nennen wir auch Jenseits, Anderland, das ganz Andere, Anderswelt, Fantasien ... Damit kommen wir jedoch zu einem höchst bemerkenswerten Resultat: Das Paradies finden wir in den anderen, den unbekannten Seiten in, an und um uns. Aber »die andere Seite«, das Unbekannte und Unbewußte, ist auch das, was wir als Schatten zu bezeichnen gewohnt sind. Paradies und Schattenwelt beziehen sich auf den gleichen Gegenstand! *Paradies und Schatten sind wie Zwillinge. Kennt man nur den einen, begegnet man voll Überraschung dem anderen!* Die Erkenntnis und Aufhebung des Schattens ist gleichbedeutend mit der Wegbereitung und Verwirklichung des persönlichen Paradieses.

»Liebe«, die vorwiegend nach persönlicher Übereinstimmung und Gleichartigkeit sucht, wird immer wieder zu Enttäuschungen führen, weil die bisher nicht wahrgenommenen Schattenseiten des anderen vorwiegend als trennende Unterschiede erlebt werden. Umgekehrt eröffnet sich uns ein wirkliches Paradies der Liebe, sobald der Unterschied, nämlich die Originalität jedes/r Beteiligten als Basis, als notwendiger Spannungsabstand genommen wird. Fortschritt der Erkenntnis und Weiterentwicklung der Liebe sind hier nicht länger Störfaktoren der Einheit, sondern Voraussetzung einer lebendigen und beiderseitigen Originalität, die ihre Spitze in bestimmten Zielen und Zwecken erreicht, die über die Reichweite des einzelnen Menschen hinausführen.

Wenn Sie einen Menschen suchen, mit dem Sie in jeder Hinsicht übereinstimmen, der Sie in jeder Frage versteht usw., dann gibt es dafür nur einen: Sie selbst! – Um sich selbst zu finden, brauchen Sie zwar Partner. Denn durch Vergleichung und Unterscheidung wird die eigene Beschaffenheit deutlich. Aber – andere zur Ergänzung oder zur Selbstfindung zu brauchen und andere als solche zu lieben, das ist ein himmelweiter Unterschied. Probieren Sie ihn aus.

Sich selbst als Wagnis

Wie sehen Sie den Wagen? Fährt er oder steht er still? Beide Betrachtungsweisen sind möglich und werden in der Tarot-Literatur vertreten. Allerdings erklären die meisten Tarot-Autoren/innen entweder, er sei in Bewegung, oder, er stehe still ...

Erleben Sie den Wagen in Bewegung, so heißt dies, daß Ihre innere Dynamik nach außen wirkt, daß sie Motor des Lebens ist und sein dar f. Finden Sie jedoch in der Bildbetrachtung das Moment der Ruhe und Verharrung, weist dies auf einen funktionierenden inneren Spannungsausgleich hin.

Betrachten Sie die Antriebskraft des Wagens. Auf älteren Tarot-Bildern *ziehen* Pferde den Wagen. Eine solche Zugkraft ist im vorliegenden Bild *nicht* zu erkennen. Der Wagen ist im wörtlichen Sinne ein Auto-Mobil, d. h. ein Selbst-Fahrer, ein Selbstbeweger. Die Sphinxen, die Rätsel des Lebens, sind der eigenen Bewegung vorgelagert; sie sind, ganz bildlich, die Vor-Läufer des eigenen Wegs.

Wenn sich der Wagen aber aus eigener Kraft bewegt oder zum Stehen kommt, wer oder was sorgt für die nötige Energie, den Treibstoff und den Zündfunken? Wer steuert Bewegung oder Stillstand? Nun, die Pferdestärken, die auf früheren Bildern außerhalb des Wagens angesiedelt waren, sind jetzt *drinnen!* Märchen und Mythen kennen eine lange Reihe von göttlichen Himmelswagen und königlichen Prunk- oder Streitwagen, die von Pferden, von Löwen, dem Wind, von Sonne und Mond, kurz, von allen Kräften des Himmels und der Erde gezogen werden. Die vorliegende Darstellung bedeutet eine Revolution gegenüber dieser Symboltradition, indem all diese Kräfte nicht mehr als äußere Energien, sondern als innere Kräfte des Unbewußten aufgefaßt werden! Dynamik, Ruhe und Bewegung des Wagens entstehen aus der inneren Auseinandersetzung des Wagenlenkers mit seinem unbewußten Unterbau. Für diese innere Auseinandersetzung finden wir reichliche äußere Anhaltspunkte.

Da sind die erwähnten Rätsel, die vor ihm liegen, aber auch Vater-Stadt und Mutter-Natur, welche im Hintergrund zu verabschieden oder zu berücksichtigen sind. Schwarz und Weiß stehen für die Polaritäten des Lebens im allgemeinen, aber auch für männliches und weibliches

Prinzip, welches im übrigen durch das Lingam-Yoni-Symbol dargestellt wird (s. das rote Zeichen auf der Wagenmitte, welches im Hinduismus für die Vereinigung von männlichem und weiblichem Geschlecht steht). Hinzu kommt für den Wagenlenker die Auseinandersetzung mit seinen Gefühlen und seinen »Sternen«, worauf die beiden Schulterklappen mit den Mondgesichtern (»Urim« und »Thummim«), die Sterne an Kopf und Baldachin sowie die Zeichen auf Rock und Gürtel hinweisen. Alle diese Widersprüche muß der Wagenlenker mit seinem Zauberstab berühren, mit eigener Elle messen, auf daß er sie immer wieder neu auf einen Nenner, in einem *Brennpunkt* vereinigen kann. Dieser Punkt ist der goldene Kreis in der Mitte des Wagens. Das ist im Wortsinne der springende Punkt! Er gibt den Motor, die Brennkammer des Wagens an. Zugleich entspricht er mit seinen Flügeln einem beschwingten Selbst, - einer Seele, der Flügel wachsen, einer Selbsterfahrung, die flügge wird.

Der Wagenlenker kann seine Gefühle, seine Lebensgeschichte, inmitten der er steckt, nicht vollständig »in den Griff« bekommen; er kann nur eine richtige *Einstellung* zu seinem »Karma«, zu seinem Unbewußten finden. Dann trägt ihn der Wagen, und es wird eine angenehme Lebensreise, ohne daß er sich eingepfercht und ungewollt fortgerissen oder gebremst fühlen müßte.

Die Wechselbeziehung von Innen- und Außenleben ist bei dieser Karte unbedingt zu beachten. Es läßt sich nicht vermeiden, daß wir unser eigenes Unbewußtes auf die Umwelt projizieren. Um so klarer müssen wir uns jedoch mit den uns umgebenden Widersprüchen auseinandersetzen, damit wir nicht Opfer unserer eigenen Projektionen werden!

- Wenn wir an die manchmal geradezu kultische Verehrung des Automobils in unserer Gesellschaft denken, haben wir sogleich ein treffendes Beispiel für eine solche Projektion vor Augen (Auto statt »Wagen«?!). Projektionen sind es aber auch, wenn eine Autorin schreibt, die Räder des Wagens stünden auf dem Wasser, oder wenn ein Autor sich allein auf die Sichtweise festlegt, diese Karte zeige den »Aufbruch des Helden«. Worauf die Räder des Wagens tatsächlich stehen, ist im Bild nicht zu erkennen. Und ob es sich beispielsweise um einen Aufbruch oder um eine Ankunft handelt, oder darum, einfach bei sich zuhause zu sein, im Leben mittendrin zu stehen, das ist durch das Bild selbst jedenfalls nicht vorentschieden. – In Ihren aktuellen Fragen bedeutet die Karte: Ohne selbständige Auseinandersetzung und ohne Selbsterfahrung läuft hier gar nichts. Sie müssen tatsächlich etwas wagen: Nämlich für sich und aus sich heraus zu handeln, in eigener Sache, aus eigenem Antrieb und zur eigenen Zufriedenheit.

Lebenskraft

Die Karte wird im allgemeinen gern gesehen, man freut sich, wenn man sie zieht. Aber oft hört damit die Betrachtung dieser Karte schon wieder auf: Entweder man hat sie, oder man hat sie halt nicht – die Kraft, die Lust und die Stärke; was soll man dazu noch sagen?

Es gibt tatsächlich eine relative Sprachlosigkeit in Fragen von Kraft und Lust. Die Auffassung von einem Bewußtsein, das nur für den geistigen Bereich zuständig ist, und von einem animalischen Unbewußten, das folglich auf ein geistloses Terrain verwiesen wird, stammt zwar nicht aus diesem Jahrhundert, aber sie ist noch mächtig! In modernen Mythen wie »Die Schöne und das Biest«, »King-Kong und die weiße Frau« oder »Dr. Jekyll und Mr. Hyde« hat sich diese Spaltung von Bewußtem und Unbewußtem bis heute verewigt. Eine Gegentendenz stellt die »Emanzipation des Unbewußten« dar. Die größere Offenheit für die Sexualität, die Selbsterfahrungsbewegungen und der allgemein verstärkte individuelle »Erfahrungshunger« (Michael Rutschky) lassen die Frage jedoch um so dringender werden, wie wir zu einem bewußten Umgang mit dem Unbewußten kommen, ohne Abspaltung, aber auch ohne Inflation des Unbewußten.

Wichtig ist zu verstehen, daß sowohl der rote Löwe als auch die weiße Frau *animalische* Seiten der menschlichen (!) Natur verkörpern können. *Anima* und *Animus* sind zwei mögliche Erscheinungsformen des Unbewußten. Das gilt für »tierische« Triebe und Instinkte genauso wie für ein »wildes Denken«, für eine geistige Animation, welche Dinge in Bewegung setzt, von denen sie – wie ein Zauberlehrling – nicht weiß, was sie bedeuten und wie sie zu beherrschen sind. Den »dunklen« Trieben des Körpers entsprechen auf der anderen Seite im wahrsten Sinne des Wortes *blendende* Instinkte des Geistes. Beides sind mögliche Gefahren der Sonne und der unmittelbaren Lebenskraft in uns: Wenn wir die Sonne im Rücken haben, können wir besonders deutliche, schwarze Schatten vor uns sehen. Und wenn wir in die Sonne schauen, können wir geblendet werden, was bedeutet, daß wir im Alltag geistigen Trugbildern, übertriebenen Idealvorstellungen und »blendenden Erscheinungen« ausgeliefert sind.

Wir müssen in vielen Welten zuhause sein, Höhen und Tiefen (die u.

a. durch die liegende Acht dargestellt werden) des Körpers und des Geistes kennen, um unsere Kraft zu besitzen.

So, wie die Köpfe von Löwe und Frau hier einander zugeneigt sind, verdeutlicht das Bild einen wechselseitigen Erkenntnisprozeß. Es geht darum, daß Gesicht und Geschlecht sich sozusagen gegenseitig ins Auge schauen, sich unterscheiden und anvertrauen. Der alte esoterische Lehrsatz »Wie oben, so unten« findet hier eine verblüffend unmittelbare Anwendung: Wie im Oberstübchen, so im Unterleib! Das Wohlergehen des einen setzt das des anderen voraus. Weil dies ein lebenslanges Abenteuer darstellt, erinnert das Unendlichkeitszeichen nicht zufällig an das gebräuchliche Ehe- und Partnerschaftssymbol, das zwei verschränkte Ringe darstellt. Zugleich stellt die »Acht« auch die Warnung (»Achtung!«) vor dem ausweglosen Kreislauf eines unveränderten Wechselspieles dar.

Zum Wohlergehen beider Seiten ist es notwendig, daß das Bewußte die unbewußte Seite nicht nur kontrolliert, sondern auch fördert und optimal unterstützt. Ebenso muß das Unbewußte die bewußte Seite nicht nur fordern oder in Schach halten, sondern aus seiner Triebkraft heraus die Motivation, einen optimalen Antrieb für die Zwecke des Bewußtseins bereitstellen. Als Bild für die persönliche, »genitale« Sexualität symbolisiert diese Karte den Selbstzweck der Sexualität. Das bedeutet, die Sexualität hat ihre Zwecke in sich, ihre eigenen Werte (wie Kraft, Lust und Stärke); und zugleich ist ein Zweck der Sexualität die Kräftigung und Stärkung des Selbst.

Der sexuelle Höhepunkt ist auch ein Gleichnis, ein Beispiel dafür, wie wir – in jedem Bereich des Lebens – alle persönliche Kraft und Lust versammeln, im Brennpunkt des jeweiligen Augenblicks konzentrieren und einsetzen können. Nichts anderes nämlich bedeutet der Begriff des Selbst, als im Moment als ganzer Mensch anwesend zu sein. Diese Kraft zu geben und zu nehmen, zu suchen und zu finden, wird Sie in Ihren aktuellen Fragen weiterführen.

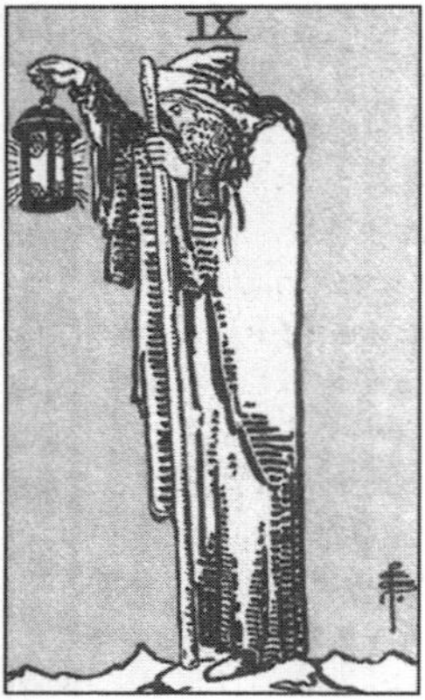

Werde was du bist

Wenn wir hier die Spreu vom Weizen trennen, finden wir in der Asche den Diamanten ...

Einerseits erscheint hier das Leben grau-in-grau: Ein freudloser Alltag, Monotonie, fruchtlose Öde. Andererseits: Der Eremit hat seine Sonne oder seinen Stern erfaßt (in der Laterne eingefaßt). Gerade er ist es, welcher Wärme und Brillanz in einen grauen und kalten Alltag trägt. – Einerseits: Der »Eremit« ist einsam und verlassen (ist verlassen worden oder hat selber verlassen). Andererseits: Er ist eine/r, der oder die sich *auf sich verlassen kann*, ein Inbegriff von Reife und Autonomie. – Einerseits: Der »Eremit« ist ein Langweiler, der kalte Füße bekommt. Er hat sich wohl verlaufen. Andererseits: Wie ein Fakir versteht er es, auch Eiswüsten zu durchqueren, ohne sich Frostbeulen zu holen. Er weiß, wo es langgeht, und er zeigt den Weg.

Die Doppeldeutigkeit liegt nicht nur in ihrer Wirkung auf uns als Betrachter. Sie gehört zum Inhalt des Bildes. So trennt und verbindet der »Eremit« Innen und Außen, oben und unten, *Tag und Nacht*. Er vereinigt *Alter und Jugend*. Er hat etwas vom »Alten Weisen« in sich, aber auch etwas Jugendliches, schon weil die Suche nach einem *eigenen* Weg (nach geeigneten Lebens- und Ausdrucksformen) ein Merkmal der »Jugend«, gleich welchen Alters, darstellt. Insbesondere der Schnee weist darauf hin, daß der »Eremit« sich in einem jungfräulichen Zustand befindet. Entweder ist er noch unberührt von den Widersprüchen des Lebens, oder aber er hat den Zustand »Jenseits von Gut und Böse« erreicht.

Vielfältige Doppeldeutungen als Wirkung, aber auch als innerer Vorgang des Bildinhalts machen klar, daß hier eine besondere Wachsamkeit und Offenheit für die Erfordernisse des Augenblickes gefordert ist. Wie im biblischen Gleichnis von den klugen und den törichten Jungfrauen:

Die Klugen halten ihr Licht bereit und bleiben wach!

Assoziationen zum Stichwort »Eremit« können demgegenüber leicht in die Irre führen. Denn schnell taucht zum Beispiel die Vorstellung vom Asketen in Wald oder Wüste auf, der – in Sack und Asche gekleidet – sich von Wurzeln oder Heuschrecken ernährt. Zum einen kennen wir auch ganz *andere* Bilder von heutigen »Eremiten«: Allein im »Dickicht der Städte«, einsam in der Masse, fremd in der Gemeinde, ruhelos in den eigenen vier Wänden ... Im Gegensatz dazu gab es und gibt es unzählige religiös motivierte Eremiten, bei denen die Askese viel weniger einen Verzicht im Sinne von Entbehrung oder Verweigerung als vielmehr einen Verzicht auf Unnötiges bedeutet. In ihrem eigenen Selbstverständnis gingen oder gehen diese Frauen und Männer in die »Einsamkeit«, um die *Fülle* des Lebens zu erfahren. Sie suchen die »Gegenwart Gottes«, was in religiöser Auffassung dem Maximum einer menschenmöglichen Entwicklung entspricht. Der Verzicht, die Askese stellen nur äußere Merkmale des Eremiten dar. Dahinter verbirgt sich ein enormer Glücksanspruch, eine besondere Bedürftigkeit oder aber Befähigung zum Glück.

Der »Eremit« wird oft nur als Wegweiser gesehen. Tatsächlich ist der Weg übers Weiße auch ein direktes Sinnbild für eine Wegweisung. Doch der »Eremit« stellt nicht nur den Weg, sondern auch ein Ziel dar – sowie einen Punkt des Abschieds. Als Ziel bezeichnet der »Eremit« den Rufer in der Wüste, Sie selbst oder einen wichtigen Teil von Ihnen selbst, der darauf wartet, aus der Verbannung erlöst und abgeholt zu werden. Umgekehrt stellt er auch eine Seite von Ihnen dar, die Sie besser in die Wüste schicken oder vorübergehend auf Eis legen sollten. Bleiben Sie offen für die Doppeldeutigkeit Ihrer Erfahrungen und auch Ihrer aktuellen Fragen. Dadurch bringen Sie sich selbst ganz ins Spiel.

Eine Frage der Persönlichkeit

Vieles ist da. Aber wo sind Sie im Bild?

Dieses Bild ruft einerseits nach besonders vielen Erklärungen. Andererseits macht das Bild auch intuitiv ein überragendes Thema recht deutlich: Hier ist keine menschliche Gestalt in voller Lebensgröße erkennbar. Das gibt es nur bei wenigen Karten.

Die vielen Zeichen und Symbole des Bildes übermitteln einen speziellen Witz: In verschiedenen Sprachen, auf verschiedenen Ebenen sagen sie doch jeweils das gleiche. Die vier geflügelten Gestalten in den Kartenecken stellen die Evangelisten dar: Lukas – der Stier, Markus – der Löwe, Matthäus – der Mensch oder Engel und Johannes – der Adler. Und gleichzeitig stehen sie für die vier Elemente: Der Stier – für Erde, der Löwe – für Feuer, der Adler (als Teil der Transformationskette Skorpion – Schlange – Adler) – für Wasser und der Engel – für Luft. Die Sphinx aber ist ein Wesen, das sich gerade aus den vier elementaren Gestalten zusammensetzt:

Stier-Körper, Löwen-Pranken und -Schwanz, Engel/Mensch-Gesicht und Adler-Flügel (diese Flügel sind allerdings hier durch das Schwert ersetzt). – *Einheit und Vielfalt des Seins* – derselbe Inhalt findet sich in einer Gestalt (Sphinx) sowie in verschiedenen Einzelteilen (vier Evangelisten bzw. vier Elementen). Dieser Zusammenhang von Einheit und Vielfalt wiederholt sich in etlichen Varianten:

Die Schlange wird üblicherweise als Typhon gedeutet. Typhon ist der griechische Name des ägyptischen Gottes Seth. Dieser galt in der ägyptischen Spätzeit als Verkörperung des Bösen und Zerstörerischen. Demgegenüber stellt das Wesen mit dem Hunds- oder Schakalskopf, das für uns eher wie ein kleiner roter Teufel wirkt, den ägyptischen Gott Anubis dar, den Seelenführer, der die Verstorbenen auf ihrem Weg zur Wiedergeburt begleitet. Kurz, Untergang und Wiederauferstehung stellen sich in den Gestalten am äußeren Rand des Rades dar: Die Sphinx, sprichwörtlich für die Rätsel des Lebens, thront über beiden, vermittelt zwischen beiden. Der Zusammenhang von *Einheit und Vielfalt des Lebens* zeigt sich hier als Kontinuität und Wandel des Lebens durch den Kreislauf von Tod und Geburt.

Die lateinischen Buchstaben T-O-R-A verweisen (wie die Schriftrolle im Bild der »Hohepriesterin«) sowohl auf die Thora wie auf das Tarot.

Aus den vier Buchstaben lassen sich die Wörter bilden: Rota Taro (oder: Tora) orat Tora Ator. Dieser Spruch (im Stil des sogenannten »Küchenlateins«) bedeutet: Das Rad des Tarot (auch: die Rolle der Thora) kündet vom Gesetz der Ator (Hathor). Hathor wiederum ist eine ägyptische Gottheit, zugleich Himmels-, Liebes- und Totengöttin. Der kosmische Kreislauf von Geburt, Hoch-Zeit und Tod stellt sich in ihr dar. Sinngemäß treffen wir also in den lateinischen Buchstaben das gleiche an, wie zuvor in Gestalt von Sphinx, Typhon und Anubis.

Die hebräischen Buchstaben sind ein J, ein V und zwei H. Da im Hebräischen die Vokale nicht mitgeschrieben werden, stellen diese vier Buchstaben zugleich ein Wort dar (das sogenannte Tetragrammaton, das Vierbuchstabenwort): JHVH ist die Schreibweise der (unaussprechlichen) Gottesnamen Jahve und Jehova. Die meisten Richtungen der Kabbala stimmen nun darin überein, daß dieses Tetragrammaton die Gottesnamen ebenso wiederum in Gestalt der vier Elemente bezeichnet:

J – für Feuer, V – für Luft und H – einmal für Wasser und einmal für Erde. Das heißt, daß der gleiche Zusammenhang wie zwischen der Sphinx und den vier Gestalten in den Kartenecken sich in Form der Buchstaben JHVH wiederholt. Aber nicht nur da, auch die alchemistischen Zeichen stehen wiederum für die vier Elemente: Merkurius (im Bild oben) für Luft, Sulfur oder Schwefel (rechts) für Feuer, Wasser (unten) für Wasser und Salz (links) für Erde. Und diesmal finden diese vier elementaren Kräfte ihren gemeinsamen Nenner in der Bildmitte, im Schnittpunkt der Achsen des Rades.

Was aber bedeutet diese vielschichtige, abwechslungsreiche und interpretationsbedürftige Bildkomposition *praktisch?* – Wir müssen viele Seiten des Lebens studieren, teilweise regelrecht buchstabieren, bis wir einen gemeinsamen Bezugspunkt, einen durchgehenden Zusammenhang feststellen. Aber ohne innere Mitte, ohne persönlichen Bezugspunkt bleiben alle Zusammenhänge hohl und leer. Das gilt für das Bild, aber es meint auch unser persönliches Schicksal.

Person heißt wörtlich »durchtönend«. Wenn die großen Zusammenhänge des Weltgeschehens im einzelnen Menschen Widerhall finden, und – umgekehrt – wenn auch das Besondere eines Individuums auf vielerlei Ebenen, in den verschiedensten »Ecken der Welt« Resonanz findet, dann wird eine Person zur wohlklingenden, stimmigen Persönlichkeit. – Vermeiden Sie die Alternativen »Es gibt keinen Zufall« und »Alles ist Zufall«. Sie erreichen mehr, wenn Sie sagen: »Ich sehe da einen Zusammenhang«. Damit werden Sie den Gegebenheiten *und* Ihrer eigenen Betroffenheit gerecht.

Richtige Richtung

»Gerechtigkeit« meint weniger ein »abstraktes Prinzip« oder etwa den konkreten Ablauf des Justizapparates, als vielmehr etwas sehr Lebendiges ...

Mit Menschen und Dingen richtig und gerichtet umzugehen, erfordert eine gewisse »Technik«, wie es im folgenden Sinnspruch von Bertolt Brecht zum Ausdruck kommt:

»Unsere Erfahrungen verwandeln sich meist rasch in Urteile. Diese Urteile merken wir uns, aber wir meinen, es seien die Erfahrungen. Natürlich sind Urteile nicht so zuverlässig wie Erfahrungen. Es ist eine bestimmte Technik nötig, die Erfahrungen frisch zu erhalten, sodaß man immerzu aus ihnen neue Urteile schöpfen kann«. Mit einer solchen Technik werden wir der chaotischen Vielfalt der Erfahrungen und dem Bedürfnis nach Einheit (der Person und des Bewußtseins) gerecht.

Worin besteht aber die »Technik« der Gerechtigkeit? Einerseits in dem Schwert; dieses kennen wir aus der Schwerter-Reihe der Tarot-Karten als Werkzeug der Vollstreckung eines getroffenen Urteils, aber auch als Mittel der Unterscheidung und der Erkenntnis, d. h. der Urteilsbildung. Die Waage, die andere Seite der »Technik« der Gerechtigkeit, besitzt indes eine umfangreiche symbolische Bedeutung, die nicht allgemein bekannt ist.

Waage heißt lateinisch: »libra«. Diese libra bedeutet im Lateinischen sowohl die Waage, aber auch das Gewicht und das Gewogene. Weiter:

Derselbe Wortstamm steckt im Wörtchen »liber«, d. h. frei. »Freiheit« (libertas, liberty, Liberalität usw.) geht auf die gleichen Wurzeln zurück wie »Waage«. Libra war aber auch ein altrömisches Geldstück, davon wurde im Italienischen die *Lira* abgeleitet, im alten Frankreich der »livre« – ein Geld, welches später vom »Franc« abgelöst wurde, wobei auch Franc wiederum »offen« und »frei« bedeutet. – Zieht man diese verschiedenen Wortbedeutungen von »liber/libra« zusammen, so ergibt sich bis hierher folgendes Resümee: »Wenn Du Dein (Wiege-) Maß und Dein Gewicht kennst, bist Du frei.«

Aber das ist nicht alles: *Liber* war bei den alten Römern zu Anfangszeiten auch der Name eines Gottes: Liber – Gott der Befruchtung und des Weines (später Bacchus, entsprechend griechisch Dionysos).«Libera« ist ein Name der Proserpina (griechisch Persephone), Göttin der Fruchtbarkeit, Tochter der Erdmutter und des Göttervaters. – Vom selben Wortstamm kommt aber auch das lateinische libet (im deutschen »lieb« erhalten), und *libet* bedeutet: Es beliebt, es gefällt, es gelüstet. Libitia ist das das Belieben, das Gelüst; Libentia (»die, der es gefällt«) lautet im alten Rom ein Name der Venus als Göttin der Lust – und, nun eine Überraschung, *libido* (Begierde, Lust, Triebverlangen, ein Schlüsselbegriff der Psychoanalyse und der Tiefenpsychologie in diesem Jahrhundert) leitet sich ebenfalls von jenem Wortfeld »liber/libra« ab. Mit dem Symbol der *Waage* hängen also das Gewogene und Gewichtete, Freiheit und Fruchtbarkeit, Lust und Gefallen, Triebkraft und Verlangen zusammen.

Für uns heute folgt daraus, daß »Gerechtigkeit« nicht zuletzt eine Frage der Lust und der Freiheit ist. Je stärker die »Libido«, desto größer das Bedürfnis, möglichst vielen vitalen Neigungen und Interessen eine weitgehende Chance der Verwirklichung zu verschaffen. Wenn beiden Seiten der menschlichen Doppelnatur – Trieb und Vernunft – Gerechtigkeit widerfahren soll, dann müssen die Grenzen der bisherigen Urteile berücksichtigt werden (wie der violette Vorhang im Bild). So bleiben vor unserem geistigen Auge (s. den blauen Stein auf der Krone) die Erfahrungen frisch, und wir können dem, was uns lieb und teuer ist, die richtige Richtung weisen.

Machen Sie sich Ihre wahren Bedürfnisse bewußt – und sorgen Sie für ihre Umsetzung. Nutzen Sie Schwert und Waage, um zu ermitteln, was in Ihnen und/oder in anderen vorgeht, was es bedeutet und was Sie damit anfangen können. – Die Waagschalen gleichen auch einem Seismographen, einem Meßinstrument feiner Bewegungen und Spannungen. (Die Waage mißt das Vage.) Das Schwert eignet sich in der vorliegenden Darstellung besonders als Lot, als Antenne und Peilstab.

So kommt es in Ihren aktuellen Fragen besonders darauf an, auf der richtigen Frequenz zu funken und zu empfangen. Es hängt nicht nur viel von Ihrer Feinfühligkeit und Ihrem diplomatischen Geschick ab. Richten Sie in Ihren aktuellen Auseinandersetzungen vor allem den Blick aufs Wesentliche: Wo ist der Schnittpunkt der beteiligten Interessen? Was wollen Sie erreichen? In welche Richtung werden Sie, wie die Bildfigur, den Fuß vorsetzen, d. h. den nächsten Schritt tun?

Passion

Große Leidensgeschichte oder vollkommene Leidenschaft – das ist hier die Frage ...

Auf den ersten Blick erscheint die »Hängepartie« der Kartengestalt einigermaßen verrückt. Und das Verrückte, das Entrückte wie auch das Absurde gehören zum wesentlichen Bedeutungskreis dieses Bildes. Allein, es ist nicht so sehr erforderlich, prominente »Gehängte« wie Merlin oder Odin zu zitieren oder auf »exotische« Übungen bei einigen schamanischen Einweihungslehrgängen zu verweisen, als vielmehr etwas sehr Naheliegendes zu erfassen: »Der Gehängte« besitzt einen durchaus üblichen, einen klaren und eindeutigen Standpunkt; nur daß sein Bezugspunkt nicht auf der Erde, nicht irdisch definiert ist. Sein »Standpunkt« ist die himmlische, transzendente Perspektive. Sein Glaube trägt ihn. Sein Glaube bindet und verpflichtet ihn. Sein Glaube schenkt ihm im glücklichen Falle Vertrauen, Gelassenheit und Entspannung.

Es *hängt* alles davon ab, ob sein Glaube für ihn persönlich stimmt oder nicht. Die Karte kann selbstverständlich auf Ohnmacht, Passivität und Fatalismus hinweisen. Abhängigkeiten in jeder Form, Suchtverhalten, freiwillige und unfreiwillige Selbstauslieferung können hier dargestellt sein. Zusätzlich kann die Karte auch zeigen, daß wir von der eigentümlichen Besonderheit unserer persönlichen Weltsicht so vollständig überzeugt sind, daß wir uns an dem, woran wir glauben, ganz und gar »aufhängen«. Diese »Glaubenskraft« kann insoweit ein Ausdruck der Selbstsucht sein, die sich im schlimmen Falle mit einem verkehrten Helden- und Märtyrertum wunderbar vertragen kann.

Aber, Achtung. Ähnlich wie bei der Karte »Der Mond«, so gibt es auch bei diesem Bild eine antiquierte, jedoch noch verbreitete Schulmeinung, die sich mit dieser Karte wenig anzufreunden vermag, weil sie darin hauptsächlich ein Bild der Schwäche sieht. Diese Auffassung schätzt zu wenig das Geheimnis des Glaubens. Es gibt Erfahrungen der Weisheit, der Liebe und des Glücks, welche wir nur erleben, wenn wir uns mit ganzer Existenz einbringen und anvertrauen. Es ist das rechte Bein, eine Frage des Bewußtseins, woran hier alles hängt. So ist es ein Zeichen nicht von passiver Schwäche, sondern von passionierter, handlungsstarker Lebenskraft, wenn man sich jenen Auffassungen, welche man nicht wissen, sondern nur glauben kann, – nach Prüfung des Wenn und Aber – restlos hingeben kann. Der »Gehängte« symbolisiert insofern eine große Passion, eine besondere Risikobereitschaft sowie einen bewußten und leidenschaftlichen Glauben.

Einzelne Träume können wir deuten. Bei den Träumen, Wünschen und Zielen aber, die wir für ein ganzes Leben, für die gesamte Lebensspanne haben, entspricht der Deutungszeitraum der Lebenszeit! Der Glaube ist ein Lebensentwurf, ein anderes Wort für diese großen Träume. Damit wir unsere schönen Träume verwirklichen und unsere schlimmen beenden, ist es notwendig, den Glauben auf die Probe zu stellen.

Das ist Nada und Dada! »Mit dem Kopf für längere Zeit nach unten hängend, nimmt man den Herzrhythmus stärker wahr. Der Rhythmus des ›Ich bin‹. Östliche Mystiker nannten diesen Rhythmus ›Nada‹, der (...) dem ›Herzschlag‹ des Absoluten bzw. des Universums entspricht« (Hajo Banzhaf). Dieses *Nada*, der »Herzrhythmus«, ist ein anderes Wort für den Puls der Leidenschaft. Die Mystiker des Abendlandes berichteten von ihren visionären und ekstatischen Erlebnissen, daß sie die Welt mit *neuen Augen* gesehen haben. »Neue Augen« und »andere Augen« ist aber auch eines der großen Leitmotive der Kunst in diesem Jahrhundert. *Dada* (Dadaismus) und Surrealismus, um nur auf die Anfänge einzugehen, suchten den Blick zu schärfen für eine »höhere Wirklichkeit«, welche die Nacht an den Tag bringt und das Unbewußte dem Bewußtsein zugänglich macht.

Das Bild gibt aber nicht nur die Prüfung des Glaubens, sondern auch das Ergebnis dieser Prüfung wieder. *Passion* in der doppelten Bedeutung des Wortes von Leidensgeschichte und Leidenschaft ist das Ergebnis, wenn das »Ende der Fahnenstange« erreicht ist. Das große T-Kreuz symbolisiert einerseits einen »gebrochenen Stab«, ein abgebrochenes Wachstum, die Lebenskraft in einer Sackgasse; andererseits aber auch den Punkt der maximalen Entfaltung, wo die Wachstums- und Feuerkraft des Holzes ihren Gipfel und ihr natürliches Ziel erreicht.

Wo stecken Sie in unfreiwilligen Abhängigkeiten? Welchen Anhaltspunkt haben Sie für Ihr Selbstvertrauen und das Vertrauen zu und von anderen? Welche Erwartungen richten Sie an die Menschen, denen Sie vertrauen? Woran »hängen« Sie so sehr, daß Sie sich unter keinen Umständen davon trennen möchten? Können Sie sich auf Ereignisse einstellen, auch wenn scheinbar alles »verkehrt« läuft? Haben Sie Vertrauen zu Ihrem Glauben? Besitzen Sie Mut zum Risiko?

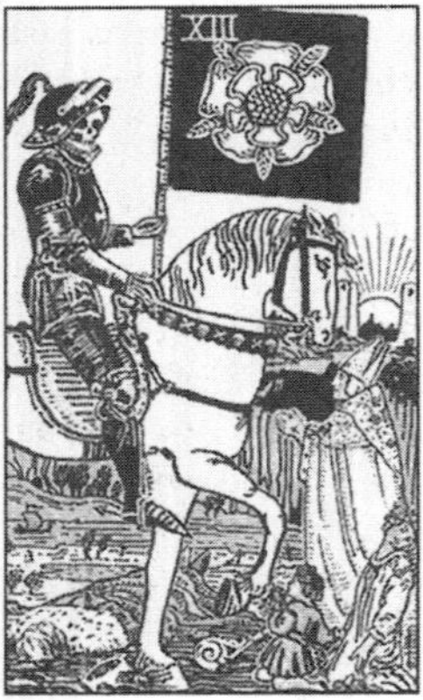

Heilsame Erkenntnis

Obwohl diese Karte nicht besser und nicht schlechter ist als jede der siebenundsiebzig anderen, ist es nicht leicht, dem Inhalt dieses Bildes ins Auge zu schauen. Leichtigkeit wäre hier aber auch nicht wünschenswert ...

Tod und Wiedergeburt vollziehen sich in jedem Augenblick innerhalb eines jeden Lebens. Bei Licht betrachtet, führt es zu einer gesteigerten oder tieferen Lebendigkeit, wenn man sich seines Pulsschlages und der eigenen Zeitlichkeit bewußt wird. Nun liegt es aber in der Natur der Sache, daß Altern, Sterben und Tod die persönlichen Lebenskräfte mindern und aufzehren, so daß der Gedanke an den Tod oftmals – und nicht zu Unrecht – weniger als eine Steigerung der Lebendigkeit empfunden wird, denn als eine Lähmung. Ältere Tarot-Bilder zeigen den »Tod« als Schnitter und Sensemann, wie wir ihn auch aus vielen Märchen und anderen Darstellungen kennen. Oft wird in Kommentaren dazu die zerstörerische, beendende Arbeit des Sensemannes hervorgehoben. Als Konsequenz für die persönliche Lebensführung betonen diese Kommentare dann vorwiegend die Aufgabe, sich im Loslassen zu üben. Aber dies allein ist eine völlig ungenügende, einseitige Betrachtungsweise. Der Schnitter will auch ernten! Er zerstört nicht nur. Er schafft auch Platz für »Neues«. Er will Früchte nach Hause tragen. Das ist der Beruf des Schnitters. Das vorliegende Bild macht den gleichen Aspekt in der Erntekrone sichtbar, welche der Schwarze Reiter in seiner Standarte trägt.

Es geht hier also nicht ums Loslassen aus Prinzip oder aus generellen Verzichtsgründen, sondern im Gegenteil um ein Loslassen um zu ernten: Alles Überholte, Unechte, Nebensächliche, Unfruchtbare aufgeben oder erledigen, um in diesem Leben das, was reif und fruchtbar ist, zu ernten. Wenn ein Leben Früchte tragen soll, muß im passenden Rhythmus das Nötige für die gewünschte Ernte getan werden. Bis hin zur ständigen und zur letzten großen Aufgabe, die Ergebnisse eines Lebens für die Zukunft verwertbar zu machen.

Der harte Gegensatz von Leben und Tod, der sich im Bild als scharfer Kontrast von Schwarz und Weiß darstellt, steht für die größte denkbare Spannung, welche sich entweder in einer persönlichen Anspannung oder in außergewöhnlichen Möglichkeiten äußert, die genutzt und gelebt werden wollen. Ein Zeichen für diese intensive Energie ist die Sonne im Bild. Eine beliebte Frage lautet: Geht sie auf oder unter? Die Antwort lautet: *Sie ist da*, sie gehört zum Bild dazu. Die Sonne – Herz, Wille und Bewußtsein – ist erforderlich, um den »Tod« zu erleben und zu erfassen. Und Herz, Wille und Bewußtsein leuchten, wenn der Tod gesehen und nicht verleugnet wird. Der niedergestreckte König steht hier für den Tod des Ego; es ist, sinnbildlich gesehen, zu klein und zu platt für die hier im Bild versammelten Kräfte. Die einzigen, die dem Schwarzen Reiter ins Auge schauen, sind der Bischof oder Hohepriester und das kleine Kind, während das größere Kind oder Mädchen sich bereits abwendet. Als kleines Kind oder als Eingeweihte/r in die Geheimnisse des Lebens vermögen wir dem Tod gegenüberzutreten. Der Unterschied zwischen Kind und Eingeweihter/m liegt, wiederum ganz bildhaft, im Niveau, in der Bewußtseinsstufe.

Die fünf Ähren der Erntekrone können auch als Spitzen eines Pentagramms aufgefaßt werden. Mit der Spitze nach unten verdeutlicht das Pentagramm einerseits die Warnung davor, durch ein unreifes Verständnis vom Tod sich nach »unten« drücken zu lassen. Im positiven Sinne stellt es die Ermunterung dar, die persönliche Quintessenz zu *erden* und die Früchte des eigenen Lebens der Erde wieder- und weiterzugeben. Für dieses Weiterleben steht die Seelenbarke (am linken Bildrand), Zeichen der Transformation, der Überfahrt in ein neues Dasein, sowie die als Schattenumriß vor der gelben Sonne erkennbare Stadt, welche auf die »ewige Stadt«, auf ewiges Leben und Unsterblichkeit hinweist.

Ewigkeit ist ein anderes Wort für eine bleibende Einmaligkeit. Sie ist weniger eine Frage des Glaubens, als der Fähigkeit, ein bestimmtes, einmaliges Leben zu führen und fruchtbar zu machen. Der Schnitter will ernten und der Schnitter sind *auch* Sie selbst. Es gibt etwas zu erledigen in diesem Leben! Trauer ist dazu erforderlich, Sonne und Bewegungskraft – sowie auch eine Sense: Erfaßte und begriffene Aggressionen sowie die Fähigkeit zu einschneidenden Veränderungen.

Im Bewußtsein der Endlichkeit zu leben, bedeutet also nicht im ständigen Gedanken an das (eigene) Sterben durchs Leben zu laufen; wohl aber, das Leben im Wissen darum zu gestalten, daß *alles seine Zeit* besitzt. So verlangt und gewährt es die Begegnung mit dem »Tod«, daß Sie die Zeichen der Zeit für sich erkennen und selber Zeichen setzen.

Das Geheimnis der Vereinigung

Wenn Sie große Probleme »mäßigen«, ist das alles andere als eine Kleinigkeit ...

Der Begriff »Mäßigkeit« ist oft als Mittelmäßigkeit im Sinne von Durchschnittlichkeit mißverstanden worden. Einige Autor(inn)en haben den Titel auch in »Mischung« umgetauft. Aber »Mäßigkeit« ist eine der antiken Kardinaltugenden, und ihre heutige Bedeutung ist erheblich.

Inhalt des Bildes ist die Hochzeit von Himmel und Erde. *Ein Engel*, sonst Bewohner oder Bewohnerin des Himmels, *auf Erden*, noch dazu als Hauptperson, mit Bodenberührung, kein Überflieger (wie möglicherweise einer der Engel auf den Karten VI und XX) – das symbolisiert die *vollzogene Hochzeit* von Himmel und Erde. Das gleiche deuten die *blauen Berge* im Hintergrund. Die Erde nimmt die blaue Farbe des Himmels an; die Berge als solche stellen bereits die Erhöhung der Erde dar; und beide Welten berühren sich an den Gipfeln. Rund zehn Karten in diesem Tarot beinhalten das Motiv der blauen Berge. Doch nur hier sind es keine Hügel, nicht nur ein Berg, sondern Berge; nur hier sind sie unverdeckt, gänzlich sichtbar und ganz blau. Das heißt, auch die Berge zeigen im Detail das Thema des gesamten Bildes.

Die Hochzeit von Himmel und Erde nannten die Alchemisten des Mittelalters mysterium coniunctionis (das Geheimnis der Vereinigung). Sie war für sie das Ziel des »Großen Werkes«, gleichbedeutend mit dem Stein der Weisen.

Für die Alchemie existierte eine Stufenfolge von Schwarz-Weiß-Rot. Schwarz war die Ausgangsstufe der »dunklen« Materie, Weiß die Farbe der Reinigung oder Läuterung; Rot die edelste Stufe, gleichbedeutend mit dem gesuchten »Gold«. Der Sprung von Schwarz auf Weiß bedeutete in dieser Anschauung auch eine *Verflüssigung* der festen Materie. Diese Verwandlung von Festem in Flüssiges war die notwendige Voraussetzung des gesamten Werkes. Bis das gewünschte Ergebnis erreicht wurde, mußte zwar das Weiß noch – »durch Steigerung des Feuers bis auf den höchsten Grad« – in Rot umgewandelt werden, doch das Weiße *zwischen* schwarzem Ursprungszustand und rot-goldenem Endprodukt war die entscheidende Verbindung, »the missing link«, die gesuchte Brücke. Insofern war (und ist) der *Stein der Weisheit* nichts anderes als die Weisheit des Steins, und dies wiederum bedeutet ganz sinngemäß: Die Weißheit des Steins! Die Alchemisten des späten Mittelalters *ahnten* etwas, das zu ihrer Zeit unerhört neu war, heute allerdings zur Allgemeinbildung gehört: Jede feste Masse ist unter gewissen Voraussetzungen ein Äquivalent, ein gleichwertiger Ausdruck für »flüssige« Energien.

Übertragen wir diese Vorstellungen auf das vorliegende Bild, so verkörpert der weiße Engel ein »Stück geläuterter Materie«, einen Menschen, der weiß und weise ist, weil er weiß, wie Himmel und Erde zu verbinden sind. Er demonstriert die entscheidende Verwandlung von Festem in Flüssiges buchstäblich mit Händen und Füßen: Was zuerst (»unten«) noch getrennt ist, wird auf der mittleren Ebene in Form des Energieaustausches zwischen den Polen (Kelchen) verwandelt und vom einen ins andere übergeführt, während auf der höchsten Stufe die goldene Röte in Gestalt der roten Flügel und des goldenen »dritten Auges« erreicht wird. – Dabei bilden sich die Polaritäten des Anfangs auf höherer Ebene neu (*zwei* Flügel), aber zugleich existiert erstmals und nur auf dieser Ebene eine »goldene Mitte« als Zeichen der tatsächlichen Vereinigung der Gegensätze.

Solange diese höhere Einheit noch nicht erreicht ist, stellt das Bild ein »permanentes Fegefeuer« dar. Die Gefahr liegt in der sprichwörtlichen Weltfremdheit eines Engels. Von den drei Stufen des alchemistischen Werkes fehlt hier im Grunde das Schwarz. In Ihren aktuellen Entscheidungen müssen Sie deshalb besonders darauf achten, daß Ihnen die schwarzen Seiten des Lebens nicht aus dem Blick geraten: Materielle Härten und seelische Nöte, aber auch die ganze unerschlossene Seite der Materie und das Neuland der Seele! Testen Sie, ob in Ihrem bewußten Willen Platz für Ihr unbewußtes Ich ist. Wo dies gegeben ist, wird Ihnen Ihr »wahrer Wille« deutlich. Und der wahre Wille ist nach esoterischer Überlieferung eine weitere Bedeutung des »Steins der Weisen«. Ob Sie diesen in der Hand haben oder durch rastloses Tun gerade verwischen, erkennen Sie aber an folgendem:

Je mehr Sie die realen Widersprüche Ihres persönlichen Lebens in der Hand halten, um so mehr gelingt es Ihnen, die Dinge so zu nehmen, wie sie sind, und – nicht dennoch, sondern gerade deshalb – dem persönlichen Willen zum Erfolg zu helfen. Der Versuch, die Dinge zu manipulieren oder sich und anderen etwas vorzumachen (»weiß-zumachen«), um den eigenen Willen zu schützen, wird überflüssig.

Tabu-Arbeit

Nach dem Engel der Mäßigkeit sehen wir hier einen »gefallenen Engel«, den Erdgeist. Daß wir ihn überhaupt sehen, ist ein unschätzbarer Vorteil ...

»Der Teufel« stellt ein Stück ungestaltete Natur dar, welche je nach Betrachtung befremdlich oder reizvoll, verlockend oder abstoßend wirken kann. Der große Vorteil, den dieses Bild bedeutet, besteht darin, *daß Schattenanteile soweit hervortreten, daß sie zu erkennen sind.* Der Schatten ist zunächst allgegenwärtig, aber unsichtbar. In dem Moment, wo wir unsere Schattenseiten schon deutlich vor uns sehen, ist *viel gewonnen.* Wir können sie betrachten, unterscheiden und etwas mit ihnen anfangen.

Der »Teufel« ist auf der einen Seite ein Vampir, ein Teil der eigenen Natur, der das Leben schwermacht und uns mattsetzt. Das ist der sogenannte »innere Schweinehund«, eine wirkliche Last und Belästigung, ein Blutsauger, der oft genug zerstörerisch und selbstzerstörerisch wirkt. Diese Seite des Teufels fürchten wir zu Recht – und wer sie noch nicht fürchtet, sollte sie fürchten lernen! Diesen Teil des Schattens kennenzulernen, lohnt sich, um ihn loszuwerden. Er kann als Mist auf dem Acker des Lebens noch als Humus wirken – und dabei zerfallen. Uralter Ängste, Abhängigkeiten und Fehlentwicklungen können wir uns dabei entledigen. Um ihn loszuwerden, müssen wir ihn aber zunächst aus dem undefinierten Schattenzustand hervorholen und erkennen, was uns quält.

Auf der anderen Seite verkörpert der »Teufel« eine Art Kellerkind, einen Teil der eigenen Natur, den wir an uns selbst bisher stiefmütterlich oder stiefväterlich behandelt haben, der deshalb so ungestaltet ist, weil wir ihn weggepackt, alleingelassen oder sogar mißhandelt haben. Das Kellerkind ist eine Personifikation des Schattens, die aufbauend wirkt. Mit dieser Seite des Teufels empfinden wir zu Recht Mitleid und Erbarmen, sie ist es auch, die uns mit Wehmut oder Sehnsucht auf dieses Bild blicken läßt oder jene vielzitierte »sympathy for the devil« hervorruft. Mit dem Kellerkind sollten wir Bekanntschaft schließen, um es abzuholen und bei uns aufzunehmen.

Wenn wir einen *Lichttest* vornehmen, Sonne ins Dunkle bringen oder das Dunkle ans Tageslicht holen, dann zeigt sich, wes Geistes Kind dieses Stück der eigenen Natur ist: Der Vampir zerfällt zu Staub, und das Kellerkind gewinnt Form und Farbe.

Wenn wir die beiden kleinen menschlichen Gestalten als die »Liebenden« von der Karte VI verstehen, so zeigt sich hier eine außergewöhnliche Leistung der »Liebenden«. Die beiden müssen sich lange und gut kennen, bis sie es schaffen, ihre eigenen (!) unbewußten Schattenseiten am anderen abzulesen und auszuhalten, um dadurch in die Lage zu kommen, jeweils Quälgeist und Kellerkind in sich zu entdecken und zu unterscheiden. Wohl nur eine Liebe, die Leidenschaft *und* Erkenntnis in sich verbindet, vollbringt und vollendet den Lichttest, auch gegen die Widerstände, die uns anfangs sowohl gegen Vampir wie auch Kellerkind sperren.

Im Schatten lebt vor allem die Macht der Ahnen (der Vorerfahrungen, der Vorgeschichte) und der Ahnungen (die noch ungeborenen Möglichkeiten der Zukunft). In diesen Bereichen Freund und Feind deutlich zu unterscheiden, ist eine ausgesprochen nützliche Aufgabe, deren Bewältigung zum Schlüssel, zum Türöffner in eine Seite der Wirklichkeit wird, die bisher völlig unbekannt war. Finsternis ist in der Symbolik entweder ein Gefahrensignal oder Anzeichen für *seelisches Neuland*. Einmal, beim Vampir, muß die Seele den Schatten zurückweisen, ihre Integrität unbedingt verteidigen und behaupten, im anderen Fall, beim Kellerkind, ist es richtig, wenn sie *diese* Schatten in sich aufnimmt und integriert.

Achten Sie darauf, ob Sie beim »Teufel« – wie bei jeder anderen Karte – positive *und* negative Seiten im Bild erkennen können. »Verteufelung« und wahre Sympathie – beide Reaktionen sind dem Bild gegenüber gerechtfertigt. Vielleicht müssen Sie einige Widerstände bei sich (oder bei anderen) überwinden, bis Sie *beide* Seiten des Teufels mit ihren völlig unterschiedlichen Konsequenzen bildlich hier vor sich sehen. Vielleicht besteht aber auch der größere Streß darin, jene sonderbar gemischten, miteinander verknüpften Empfindungen auszuhalten und auseinanderzudividieren, die der »Teufel« in vielen Fällen auslöst. Sehnsucht und Abscheu, Furcht und Neugier und viele andere »durcheinandergeworfene« Gefühlsreaktionen kann dieses Bild auslösen. In Ihren aktuellen Fragen ist es deshalb von entscheidender Bedeutung, daß Sie chaotische Gefühle und Erfahrungen weder vermeiden noch verewigen. Geben Sie dem Unbekannten Raum, und sobald es Platz genommen hat, lassen Sie es sich weiter setzen, bis Sie Freund und Feind deutlich unterscheiden und sortieren können.

Fliegen lernen

Eine Zeit der klaren Worte und Taten ...

Auf den ersten Blick sieht das Bild meist sehr gefährlich aus. Doch betrachten Sie die beiden fallenden oder fliegenden Gestalten und den mächtigen Blitzschlag: Was ist die Ursache, was die Wirkung? Wenn Sie sich fallenlassen, über den Rand des Bisherigen hinausgehen, weil Sie sagen: »Ich halte es einfach nicht mehr aus« oder »Ich will etwas anderes«, dann setzen Sie durch Ihre Tat große Energien frei, die im Bild durch den Blitz dargestellt werden. In diesem Sinne geht es hier um den Absprung von versteinerten Verhältnissen, um den Ausbruch aus einer Isolation, welche man auf die Spitze getrieben hatte, um die Rückkehr zur Erde aus einem Elfenbeinturm.

Wenn der Absprung zur richtigen Zeit versäumt wird, können unfreiwillige Erschütterungen und gewaltsame Entschlüsse dafür sorgen, daß der persönliche Wille einen gewaltigen äußeren Anstoß erfährt. Es ist wirklich furchtbar, wenn wir entgegen unserer berechtigten Absichten vom Turm gestoßen werden. Schlimm aber auch, wenn wir Hals über Kopf eine Position aufgeben, die zu verteidigen gelohnt hätte. Andererseits spricht das Bild auch von der Lust, vom Turm zu springen und aus den Wolken zu fallen! Man kann *diese* Bedeutung der Karte sogar *kultivieren*, wie zum Beispiel durch das Turmspringen (vom Turm ins Wasser oder ins Sprungtuch) und durch das Fallschirmspringen.

Zwei besondere archetypische Situationen sind in diesem Bild enthalten: Babel und Pfingsten. Der Turmbau von Babel war Ausdruck der Hybris, des menschlichen (oder eines speziellen männlichen) Größenwahns. Er führte zum Verlust des Bauwerks, zur Zerstörung und auch zur bekannten »babylonischen« Sprachverwirrung: Die Menschen verstanden einander nicht mehr.

Das Pfingstereignis stellt eine Umkehrung des babylonischen Turmbaus dar. In der biblischen Apostelgeschichte heißt es dazu: »Als der Pfingsttag gekommen war, befanden sich alle am gleichen Ort. Da kam plötzlich vom Himmel her ein Brausen, wie wenn ein heftiger Sturm daherfährt, und erfüllte das ganze Haus, in dem sie waren. Und es erschienen ihnen Zungen, wie von Feuer, die sich verteilten; auf jeden von ihnen ließ sich eine nieder. Alle wurden mit dem Heiligen Geist erfüllt und begannen, in fremden Sprachen zu reden, wie es der Geist ihnen eingab. (...) Als sich das Getöse erhob strömte die Menge zusammen und war ganz bestürzt: Denn jeder hörte sie in seiner Sprache reden.« Statt Verfestigung, hier also eine *Aufhebung* der Sprachgrenzen. Die Feuertropfen oder Feuerzungen erkennen wir im vorliegenden Bild.

Babel und Pfingsten zeigen zwei gegensätzliche Pole der Nutzung der höchsten Energien, welche uns zur Verfügung stehen. Zwei völlig verschiedene Arten, außer sich zu geraten: Gewalt zerstört und führt zu Sprachlosigkeit und Sprachverwirrung. Liebe dagegen hebt nicht nur Sprachbarrieren auf, sie ermöglicht eine Verständigung über alle Grenzen hinweg. Es ist notwendig, beiden Formen der Hochenergie ins Auge zu schauen. Ins Leben »geworfen« zu sein – das war *der* Schlüsselbegriff des Existentialismus, der Philosophie der 1950er Jahre. Mit dieser Zeit oder mit ihrem Erbe sind wir großgeworden. Wir sind »Riders on the storm« (Sturmreiter), und diesen Ritt zu gestalten, ist – Liebe und Arbeit, Erkenntnisarbeit, »Beziehungsarbeit«: sei es in der Beziehung zu anderen, sei es in der Beziehung zu sich selbst. Es ist Liebe und Arbeit, die Masken zu entfernen, die Kulissen aus angeblichen Sachzwängen und ungenutzten Möglichkeiten zu zerstören. – Der Golden-Dawn-Orden, jene Rosenkreuzer-Vereinigung, die für die Tarot-Geschichte eine wichtige Rolle spielen sollte, interpretierte diese Karte u. a. als »Revolution«. Sich mit anderen fallenlassen, sich auf andere ganz einzulassen, sich ganz einzubringen, kann wahrhaftig eine große »Umwälzung« bedeuten, sie ist die Arbeit und der Gewinn.

Zu den Perspektiven des Tarot-Karrenlegens bemerkt Luisa Francia: Schließlich »wächst dein Bewußtsein in die Tiefe und dein Unbewußtes in die Höhe: Du wächst zusammen, du wirst zu einem Ganzen. Du lernst, die Botschaften aus dir (oder aus dem Kosmos, oder wie immer du das nennst) zu lesen und zu verstehen. Am Ende ist Tarot nur ein Gerüst: Dahinter steht schon die ganze Zeit ein Haus. Aber zuerst siehst du das Haus einfach nicht. Du kannst das Gerüst abbauen, wenn du es siehst ...«. Von diesem Punkt, wo wir »das Gerüst abbauen« können, handelt die Karte »Der Turm«.

Stellen Sie sich auf starke Energien ein und lernen Sie, »den Tiger zu reiten«. Ihre aktuellen Fragen verlangen Ihren ganzen, uneingeschränkten Einsatz. Kommen Sie (mehr) aus sich heraus. Beachten Sie, daß weder der Absprung, noch die Landung Gegenstand des Bildes sind, sondern allein das Fallen, der Akt des Sich-Einlassens. Je bewußter Sie diesen erleben und gestalten (»tief durchatmen«), um so mehr verwandeln Sie dieses Fallen in ein Fliegen.

Schönheit der Schöpfung

»Sterne lügen nicht«: Irgendwie hat sich die Auffassung festgesetzt, die Karte »Der Stern« sei einfach nur schön und wahr. Das stimmt allerdings, doch nur wenn die darin enthaltenen Schattenseiten zuvor aufgehoben worden sind …

Brillante Klarheit, leuchtende Ausstrahlung, elegante Perfektion und langandauernder Ruhm – dies alles und noch weitere wünschenswerte Bedeutungen, wie Harmonie, Frieden, Ganzheit, Offenheit und Heilung, werden diesem Bild zugeschrieben. Mit Recht. Doch es gibt wenig andere Karten, denen so wenig *Nachteile* oder Gefahren zugeordnet worden sind wie dieser. Diese einseitige Auffassung des »Stern« ist quer durch die Tarot-Literatur so einhellig, daß man von einem kollektiven Vorurteil sprechen muß.

Die Schattenseiten des Bildes erstrecken sich in unterschiedliche Richtungen. Die zwei wichtigsten sind der Narzißmus und die Selbstverlorenheit. Zu beiden Aspekten gehört die Orientierung an ungeeigneten Leitbildern, an vergeblichen Hoffnungen und an fixen Ideen. – Narziß ist der Jüngling aus der griechischen Mythologie, der sich in sein Spiegelbild verliebt, als er sich über das Wasser beugt. Er bleibt dadurch unfähig, jemand anderen zu lieben. Seine Freundin Echo geht leer aus, während Narziß schließlich ein tragisches Ende nimmt. Zwar zeigt uns das Bild ganz offensichtlich keinen Jüngling, doch auch der moderne psychologische Begriff des Narzißmus definiert die (subjektverhaftete) Selbstliebe als »weibliche« Eigenschaft. – Neben Selbstbezogenheit und Selbstverliebtheit zeigt das Bild als weitere Gefahr auch deren Gegenstück, die Selbstverlorenheit. In dieser Betrachtung sucht die Bildfigur in dem bewegten Wasser *vergeblich* nach ihrem Spiegelbild.

Selbstverliebtheit und Selbstverlorenheit lassen sich auch mit dem Begriff »Star- und Fankult« umreißen. Der Narziß oder der »Star« möchte der strahlende Mittelpunkt sein, der alles andere in den Schatten stellt. Die Selbstverlorenheit und der Fan nehmen dieses Schattendasein an, damit der Star auf der Bühne – bzw. auf der Tarot-Karte – möglichst glänzend dasteht. Gemeinsam sind dem Star und seinem Fan eine Ablehnung des Gewöhnlichen und eine Suche nach Sensationen sowie glitzernden Besonderheiten. Das Fatale an dieser Art von Wunschträumen ist nicht »der Griff nach den Sternen«. Im Gegenteil: Solche Wunschträume offenbaren Allmachtsfantasien und sind immer *auch* die Kehrseite von Ohnmachtserfahrungen; beide aber – Allmachts- *und* Ohnmachtsvorstellungen – hindern eine/n am meisten daran, *den eigenen Stern* zu erkennen und zu verwirklichen.

Die Nacktheit der Sternenfrau schließlich kann nicht nur eine wünschenswerte Offenheit, sondern auch eine Schamlosigkeit, genauer, eine Unfähigkeit sich zu schämen, als Zeichen einer unglaublichen Vereinsamung und Beziehungslosigkeit, sowie eine *existentielle Armut* zum Ausdruck bringen.

Diese Schattenseiten des Bildes sind aber deshalb so schwer zu erkennen, weil zum Inhalt des Schattens hier gerade die *Tabuisierung des Schattens* gehört! Eine Strategie der Selbstimmunisierung verhindert jede Auseinandersetzung, nicht nur mit möglichen Nachteilen und Schattenseiten, sondern jede Auseinandersetzung mit sich selbst! Die linke Hand will nicht wissen, was die rechte tut; und die eigene Seele macht dicht, wird unzugänglich, was denn auch die negative Bedeutung davon ist, daß der Fuß der Bildfigur ins Wasser *nicht* eindringt.

In positiver Bedeutung symbolisiert der Fuß auf dem Wasser jedoch die *Tragfähigkeit der Seele.* Die acht Sterne mit ihren jeweils acht Zacken erinnern u. a. an die Karte VIII-Kraft. Wir brauchen Kraft und Selbstachtung, um uns den Widersprüchen der eigenen Person, unseres Daseins vor einem weiten Hintergrund und in einer kosmischen Dimension zu stellen. Für die illusionslose Klarheit der bewußten Erfüllung und Erledigung der persönlichen Wünsche und Ängste steht dieses Bild in seiner besten Bedeutung. Die Sternenfrau verkörpert dann die Schönheit der unverwechselbaren persönlichen Eigenart, und Schönheit heißt hier, wie in der Märchendeutung, stets auch Wahrheit.

Sie haben die Wahl: Sie können die Freiheit des Geistes dazu benutzen, sich auf den Standpunkt des Wassers des Unbewußten zu stellen und dessen Illusionen von Allmacht und / oder Ohnmacht für nackte Wahrheit zu nehmen. Sie können den Geist auch dazu einsetzen, das Wasser des Unbewußten *aufzuheben*, wie es die Frau mit den beiden Krügen demonstriert.

Fremde werden Freunde

Wie wenige andere Tarot-Karten, hat »Der Mond« in jüngster Vergangenheit einen gründlichen Deutungswandel erfahren. Vielleicht geht es Ihnen damit in Ihren aktuellen Fragen ebenso ...

Für die traditionelle Wahrsagerei und auch für wichtige Teile der klassischen Esoterik war der Fall klar: »Die Mondkarte bringt Unglück. Sie zeigt Enttäuschung, Unaufrichtigkeit, Unehrlichkeit, schlechten Einfluß, Tricks, Verschlagenheit. Auf jeden Fall weist sie darauf hin, daß der Fragende sich in der Gefahr befindet, Fehler zu begehen (...) kann auch auf sehr unsichere Beziehungen oder auf unbekannte Feinde hinweisen«.

Die Neuentdeckung des Tarot war in den 1970er und 1980er Jahren stark von der Frauenbewegung geprägt. Unter dem Eindruck der Wiederbegegnung mit matriarchalen (mutterrechtlichen) Göttinnen gewann »Der Mond« vielfach den Stellenwert eines überaus positiven Leitbildes. In ihrer damals bahnbrechenden Schrift »Hexentarot -Traktat gegen Macht und Ohnmacht« notierte Luisa Francia: »Mond: Intuition. Reflektion des Sonnenlichts: Matt, silbern, ohne Zerstörungskraft. Die nicht kontrollierten Energien aus der Tiefe des Un-Bewußten. Treppe im Kosmos. Große spirituelle Aufgaben und Fähigkeiten. Gutes Einfühlungsvermögen. Bilder und Visionen. Mystik. (...) Hekate-Inspiration. (...) Wenn du ins Labyrinth gehst, nimm den Faden mit, der dich zurückführt.« – Der Konflikt zwischen den kritischen Warnungen vor der »Wiederkehr des Verdrängten« einerseits und der recht euphorischen Begeisterung über die »positive Kraft« des Unbewußten andererseits spiegelt sich in der Bedeutungsgeschichte dieser Karte in ganzem Ausmaße wider.

Der »Mond« ruft verborgene Regungen ans Licht, sogar den Krebs, d. h. tiefste, uralte Instinkte, und einen goldgeschmückten Himmel, welcher auf einmal zum Greifen nahe erscheint. Wie eine Vollmondnacht kann dies recht aufwühlend wirken. Wir erleben uns in Instinkten und Stimmungen, die wir häufig nicht einzuschätzen wissen. Eine große Gefahr besteht in diesem Zusammenhang darin, daß wir uns von den seelischen Wechsellagen absorbieren lassen. Anstatt persönlich ins Bild zu treten, tauchen wir womöglich unter wie der Krebs, heulen den

Mond an wie die Hunde (bzw. Hund und Wolf) oder stehen versteinert da wie die Türme.

Die große Chance liegt jedoch darin, daß wir uns in jede Kreatur einzufühlen vermögen, daß wir in Vergangenheit, Gegenwart und Zukunft gleichermaßen Heimat finden und dadurch eine erweiterte Identität erwerben, welche in jedem Ereignis, in jedem Geschöpf auch einen Teil des »Göttlichen« sowie der eigenen Persönlichkeit erkennt.

»Fremde in der Nacht«: Die Verheißung der Karte ist die Erlösung des vormals Verdrängten. Die Tiefen und Höhen nehmen Gestalt an. Sie werden im Alltag aufgehoben. Daß hier keine menschliche Gestalt im Bild zu sehen ist, warnt uns vor Selbstverleugnung und Mißachtung der Persönlichkeit. Derselbe Umstand ermuntert uns auf der anderen Seite jedoch, unser Herz zu öffnen und jede Selbstbefangenheit abzulegen.

Es gibt in dieser Welt der großen Träume und Gefühle keinen »Königsweg«, der für jeden und für alle gleich wäre. Wie ein Fisch nie aus der Distanz über das Wasser reden kann, sondern immer mittendrin ist, so zeigt uns der »Mond« Lebensthemen, die so weitreichend sind wie der gesamte Lebensweg. Den »Mond« zu deuten, heißt, mit ihm zu leben und auf jedem Schritt mit ihm in Verbindung zu bleiben.

Bei dieser Karte heißt es Abschied nehmen von der Vorstellung, Sie könnten all Ihre wesentlichen Gefühle auf Dauer »in den Griff« bekommen. Je mehr Sie nach dieser Vorstellung leben, ist es eher umgekehrt so, daß Ihre Träume und Emotionen Sie bestimmen, auch wenn Ihnen das nicht unbedingt bewußt wird. Fürchten Sie nicht die Offenheit und die Totalität des Vollmondes. Fürchten Sie nur eine Ahnungslosigkeit gegenüber den Kräften des großen Unbewußten. Prüfen Sie in Ihren aktuellen Angelegenheiten, wie Sie sich vor einem falschen Vertrauen schützen und wie Sie ein gerechtfertigtes Vertrauen stärken können. Es wird Ihnen möglich werden, einen eigenen klaren Erfahrungsstandpunkt zu den Fragen von »Liebe, Tod und Teufel« auszubilden. In Ihren jetzigen Fragen kommt es darauf an, neue Lösungswege für alte Probleme aufzutun.

Doppelte Sonne

»Die Sonne« sehen wir gleich zweimal im Bild: Einmal als kosmisches Zentrum und einmal als persönliche Lebensmitte ...

»Kind« und »Sonnenschein« besitzen viele Wesensübereinstimmungen. Ein kleines Kind weist eine allseitige Entwicklung auf. Seine Lebensmitte entfaltet sich zugleich nach allen Seiten hin, gestaltet Körper, Geist, Seele, Wille und Gesamtpersönlichkeit. Ein Merkmal der Sonne ist ebenfalls die *allseitige* Entfaltung. Das Licht, welches von ihr ausgeht, bewegt sich mit gleicher Geschwindigkeit nach allen Seiten gleichzeitig. – Als bewußter Erwachsener wieder Kind zu werden; seinen Platz an der Sonne zu finden und das eigene Licht zum Vorschein zu bringen; die *Lebensmitte* zu erreichen – dies alles sind verschiedene Ausdrücke für denselben Sachverhalt: Für die Herstellung einer Lebenssituation, in welcher die allseitige Entwicklung eines Menschen wieder und – auf dem jeweiligen Kenntnisstand – erstmals möglich ist.

Damit ein solches Leben auf hohem Energieniveau gelingen möge, ist es wichtig, die im Bild mehr verborgen als offenkundig enthaltenen Schattenseiten zu erkennen und aufzuheben (Beachten Sie den zwischen dem oberen Rand der Mauer und dem unteren Rand des Sonnengesichtes eingezeichneten leichten Schatten im Bild). Die beiden wichtigsten Tücken sind hier »das große Kind« und »der kleine Tyrann«.

»Puer aeternus« (der ewige Knabe) heißt in der Tiefenpsychologie die seelische Weigerung, erwachsen zu werden. Charakteristisch für diese Haltung ist ein enormer Erfahrungsreichtum bei fehlender oder schwacher eigener Mitte. Diese »Haltung« gleicht mehr einer Haltlosigkeit. Sie kann schwächlich oder tollkühn, diktatorisch oder unterwürfig in Erscheinung treten: Jedesmal fehlt die persönliche Mitte, welche als eigenes Zentrum in Korrespondenz mit der großen »Sonne« treten könnte.

Der *kleine Tyrann* besitzt gerade umgekehrt *nur* seine persönliche Mitte und möchte diese zum Nabel des Weltgeschehens machen. Das »ewige Kind« weiß alles – nur nicht, was dieses für es selbst bedeutet. Denn es kennt sein Selbst nicht, nur das der Anderen. Der »kleine Tyrann« entsteht umgekehrt aus der alleinigen Treue zur eigenen Betroffenheit. Hier ist das eigene Selbst präsent, aber nicht das Selbst der Anderen.

Beide Zentren – die persönliche Lebensmitte, d. h. die Sonne im eigenen Herzen, sowie die kollektive Lebensmitte, d. h. die Sonne als Mittelpunkt des Sonnensystems – müssen einerseits voneinander unterschieden werden; dafür steht die graue Mauer im Bild. Es muß aber andererseits auch eine Überbrückung oder Verbindung zwischen beiden Mittelpunkten geben; dafür steht symbolisch die große Fahnenstange und die große rote Fahne, die erstens ein Zeichen der unbändigen Lebenskraft und zweitens mit einer Rutschbahn zu vergleichen ist, welche Himmel und Erde miteinander verbindet.

Eine bewährte Lösung der damit angeschnittenen Fragen besteht in der *Zweiten Geburt*, deren Bedeutung darin besteht, daß wir uns als Erwachsene ein zweites Mal und diesmal *selber* ins Leben rufen und dabei die kleine und die große Sonne in das richtige Verhältnis setzen:

Nach der ersten Geburt, welche die Existenz eines Menschen in dieser Welt eröffnet, bedeutet die zweite Geburt eine selbstgewählte Existenzgründung, welche Selbsterkenntnis und Welterfahrung zum Hintergrund hat. An die Stelle eines herkömmlichen Verhaltens und Denkens tritt ein selbsterprobter Lebensstil. Wahlverwandtschaft ersetzt Blutsverwandschaft (wobei man natürlich auch die alten als die neuen Verwandten bestätigen kann). Wille und Bewußtsein bestimmen die großen und die kleinen Dinge des persönlichen Lebens anstelle von Gewohnheit und Wiederholung.

Als Erwachsener wieder Kind zu sein ist etwas, das Sie von nicht-erwachsenen sowie von nur-erwachsenen Menschen unterscheidet: Sie sind auf beiden Seiten der Mauer zuhause. Sie verfügen damit über ein unglaubliches Energiepotential, weil Sie immer wieder eine Brücke zwischen persönlichem Willen und allgemeinem Bewußtsein schlagen können. Es ist für Ihre aktuellen Fragen von Bedeutung, daß Sie mit diesen enormen Energiereserven rechnen. Denn damit können Sie mehr als üblich für Ihre eigenen wie für kollektive Zwecke erreichen.

Nichtgenutzte Energien sind nicht nur eine Verschwendung, sondern auch eine Belastung. So kann die Karte einen Energie- und Triebstau anzeigen, den Sie nicht auflösen können, solange Sie nach dem Motto »Mehr desselben« verfahren. Machen Sie einen Sprung über die Mauer, riskieren Sie mehr Wildheit und Hingabe. Oder drehen Sie sich um, sehen Sie die Sonne hinter sich, die viel größer ist als Sie selbst und die Ihnen sagt, was die Stunde geschlagen hat.

Tägliche Wiedergeburt

Der jüngste Tag ist heute, wenn das Gestern erledigt ist ...

Das Bild löst häufig gemischte Gefühle aus. Nun, Unbehagen ist berechtigt und wird solange bestehen, als das Bild Kräfte symbolisiert, die außerhalb des eigenen Bewußtseinsbereiches liegen. Die große Aufgabe dieser Karte: Auch die äußersten Dinge des Lebens, wie Wiedergeburt und Ewigkeit, sollen eine persönliche Antwort bekommen! Das bekannte Bibelwort über den Jüngsten Tag, Jesus werde dereinst wiederkehren, »zu richten die Lebenden und die Toten«, ist in sich mehrdeutig. »Richten« bedeutet jedenfalls auch aufrichten, ausrichten und etwas in »richtige« Bahnen lenken. Daher besagt jenes Bibelwort auch: Das Göttliche im Menschen (Jesus) erweist sich als die Kraft, die dem, was war, was sein wird und was ist, Richtung verleiht.

Hier tut sich alles auf: Die » Beziehungskisten«; Probleme, die wir schon lange mit uns herumtragen; Bereiche, die wir bisher wie ein »Blaubartszimmer« noch nicht berührt haben; das Memento mori (gedenke, daß Du sterben wirst); die Hartnäckigkeit bestimmter Probleme, die sich nicht einfach in die »Kiste« legen wollen, sondern immer wiederkehren, obwohl sie eigentlich längst erledigt sein sollten. Als Barke auf dem Wasser symbolisieren die Kisten das menschliche Bewußtsein; dessen ganze Inhalte zeigen sich hier, unsere männlichen, weiblichen und kindlichen Anteile sowie deren jeweilige Spiegel- oder Schattenseiten. Gleichzeitig steht der schwarze Inhalt der geöffneten Rechtecke für die prima materia (den Ursprungszustand), für unsere materiellen und seelischen Wurzeln. Damit zeigen sich hier auch unsere grundlegenden Triebe und Bedürfnisse (»basic instincts«). Die Nacktheit der Bildfiguren offenbart die Geschlechtlichkeit, die Geheimnisse von Geburt, Hochzeit und Tod, bekannte und unbekannte Seiten der Sexualität. Kurz, es gibt keinen Aspekt des Seins, der hier nicht von Bedeutung wäre. Als Anspielung auf die sieben Schöpfungstage oder die sieben Töne einer Oktave geben die sieben Strahlen der himmlischen Posaune ein Symbol der Vollständigkeit der Erfahrung, wie die siebte Posaune der biblischen Offenbarung jedoch auch ein Bild der vollständigen Offenlegung aller Seiten des Menschen, aller Seiten von Himmel und Erde!

Die Wucht der damit beschriebenen Ereignisse kann so groß sein, daß sich eine komplette *Spaltung* auftut zwischen dem Bewußtsein einerseits (Engel) und den wirklichen Bedürfnissen und Erwartungen andererseits (die sechs Gestalten). *Tägliche Wiedergeburt* bedeutet insofern eine tagtägliche Reproduktion dieser Spaltung zwischen Sein und Bewußtsein. Gewisse Rituale und eingefahrene Spielregeln wiederholen sich Tag für Tag. In diesem Sinne warnt die Karte vor einem Zwangsverhalten, vor übermächtigen Ansprüchen ebenso wie vor ohnmächtigen, bodenlosen Erwartungen und Anforderungen. Das Problem ist die fehlende Mitte. Maßlosigkeit und falsche Unmittelbarkeit verewigen ein buchstäblich *abgehobenes* Leitbild auf der einen und nackte, mittellose Bedürfnisse auf der anderen Seite. So beschreibt das Bild im unglücklichen Falle eine Situation des inneren oder äußeren Unfriedens, der Unzufriedenheit, deren Grenzen nach oben wie nach unten nicht absehbar sind.

Eine glückliche Lösung der Konflikte steht und fällt mit der Entwicklung einer individuellen Persönlichkeit, welche in der Lage ist, auch die extremen Seiten des Lebens zu unterscheiden und zu verbinden, wie es das rote Kreuz auf der weißen Fahne des Engels darstellt. Wesentliche Wünsche und Ängste, Schuldzuweisungen und Selbstvorwürfe müssen immer wieder durchgespielt und durchgearbeitet werden, bis der Keller der Vergangenheit und der Horizont der Zukunft geklärt und gereinigt sind. Erst dann bedeutet Wiedergeburt die Erweckung einer neuen Lebensqualität, eine Transformation der alten. Ohne dieses »Erinnern, Wiederholen und Durcharbeiten« (Sigmund Freud) bedeutet Wiedergeburt vor allem Wiederholung, und der jüngste Tag sieht sonst morgens schon alt aus, weil er von gestern ist.

Ihre aktuellen Fragen bedeuten eine besondere Herausforderung. Liebgewordene Gewohnheiten und alte Belastungen kommen auf den Prüfstand. Stellen Sie sich auf Auseinandersetzungen ein, und schauen Sie, wie Sie diese »richten« werden. Sie werden viel gewinnen, wenn Sie in jedem Punkt deutlich unterscheiden. In Ihnen selbst wie in Ihren Mitmenschen begegnen Ihnen Schattenseiten, die Sie einesteils unbedingt anerkennen und annehmen sollten. Wenn diese Ihnen auch unbekannt und fremd erscheinen, sie werden Sie reich und glücklich machen. Aber es gibt auch einen Teil des Schattens, den Sie nur deshalb (in sich oder bei anderen) wiedererkennen, um ihn endgültig zu begraben. Auch das wird Sie stärken und beglücken. Lassen Sie sich nicht überwältigen. Sie können selber wählen. Gehen Sie Ihren Fragen auf den Grund und entwickeln Sie Ideale und Leitbilder, die den wirklichen Erfahrungen und Bedürfnissen gerecht werden.

Aufhebung der Widersprüche

»Jeder Aufstieg in große Höhen geschieht auf einer Wendeltreppe« (Francis Bacon) ...

Diese Karte ist eine der beliebtesten des Tarot-Spiels. Von der Numerierung her ist sie das höchste der 22 »großen Geheimnisse«. Was liegt näher, als zu vermuten, diese Karte bedeute Lorbeer, Sieg und Vollendung, weil sich doch in ihr das Ziel der Reise durch all die vorausgehenden Stationen darstelle. Eine solche Deutung dieser Karte ist vielleicht naheliegend, doch auch vordergründig. Sie entspringt zunächst einem Wunschdenken (»Ende gut – alles gut«). Die Interpretation bleibt abergläubisch, solange sie nicht Licht und Schatten deutlich macht, welche in diesem Bild reichlich enthalten sind.

Mehr noch als eine krönende Vollendung zeigt das Bild eine Situation der Geborgenheit, eine rundum erlebte Beheimatung in dieser Welt. Dennoch darf nicht übersehen werden, daß diese Karte auch eine Gefangenschaft darstellen kann. Wie eine Fliege im Bernstein so kann die Tänzerin in ihrem Kreis gefangen sein. Viele Legenden erzählen von einer Prinzessin oder einem Riesen, die in der Erde, in einem Berg oder unter Eis eingeschlossen sind, die sich dort drehen und recken und auf ihre Erlösung warten. Auch dafür kann die Karte stehen.

Der Lorbeerkranz stellt Totenkranz und Siegerkranz zugleich dar. Die liegenden Acht (in Gestalt der Kranzbinden) ist zwar Kennzeichen der Unendlichkeit im Sinne einer harmonischen Vielfalt und einer tänzerischen Ausgeglichenheit; dennoch stellt der Kreis oder hier der Doppelkreis der Acht auch eine Warnung vor einer Wiederholung des Ewig-Gleichen und vor einem »Teufelskreis« dar.

Im guten Sinne begegnen wir hier dem umfassenden Schutz, welchen »Mutter Erde«, die Welt und der Kosmos uns bieten. Wir fühlen uns dann im weitesten Sinne wohl in unserer Haut. Vergleichbar ist diese Deutung zum Beispiel mit mittelalterlichen Heiligenbildern, in welchen die Menschen von einem die ganze Person umhüllenden und umstrahlenden Heiligenschein umgeben sind. Oder mit der »Glückshaut«, von welcher etliche Märchen und Legenden erzählen, welche etwa aus dem Bad im Drachenblut erwächst. Allerdings leitet die Glückshaut auch zur »schlimmen« Seite dieses Bildes über. Wenn bei der Geburt eines Menschen die Fruchtblase nicht zerspringt, wird das Kind mit einer »Glückshaut« geboren, welche es ganz umhüllt. Was im Märchen oder im älteren Volksglauben als Glücksverheißung betrachtet wird, ist zunächst eine lebensbedrohliche Angelegenheit: Das Kind ist so »beschützt«, daß es zu ersticken droht, wenn die Eihaut nicht sofort zerrissen wird. In ähnlicher Weise stellt das vorliegende Bild *auch* eine gefährdete Lebenssituation dar, in welcher ein Mensch im Rahmen des Umgebenden und des Bestehenden einzugehen droht (wie lebendig eingemauert), wenn er es versäumt, auch einmal aus dem Rahmen zu fallen.

Die esoterische Tradition wollte in der Tänzerin zumeist eine/n Androgyn, ein Zwitterwesen erblicken. Diese Auffassung ist inzwischen weitgehend überholt: Der Sache nach, weil wir heute die Bedeutung des »kleinen Unterschieds« zwischen den Geschlechtern anders einschätzen: Die Selbstverwirklichung als Ziel und Vollendung eines Reifeprozesses bringt eine Blüte der einzelnen Persönlichkeiten mit sich, eine *Blüte des Unterschieds* zwischen den Menschen und damit auch zwischen den Geschlechtern. Die Möglichkeiten beider Geschlechter müssen voll ausgeschöpft werden, ehe der Unterschied zwischen ihnen bedeutungslos werden kann. Und auch methodisch ist die Auffassung der Tänzerin als Androgyn überholt; denn vom Bild her ist und bleibt sie eine Spekulation; die neue Tarot-Auffassung hält sich demgegenüber vornehmlich an das, was man in den Bildern *sehen* und erkennen kann.

Im übertragenen Sinne jedoch können wir diese ältere Interpretation beerben: Die Karte zeigt den Menschen als ein Doppelwesen, das zwischen Himmel und Erde, zwischen Männlich und Weiblich, zwischen der unendlichen Fülle möglicher Sätze und Gegensätze zu seinem *eigenen Wesen* finden kann und finden muß, wenn es in dieser Welt letztlich nicht verloren sein will. Die zwei Zauber- und Maßstäbe in den Händen der Welt-Frau bedeuten: Nichts ist aus sich allein heraus verständlich. Nichts ist per se selbstverständlich. Zu allem gibt es ein Gegenteil. Der Zweck dieses »Gesetz der Polarität« ist die Entdeckung der persönlichen Werte und die Bestimmung dessen, was im eigenen Leben als wesentlich zählt.

Dabei muß der Mann sich in der Frau erkennen, um die Welt zu verstehen. Die Frau muß sich in der Welt erkennen, um sich selbst zu verstehen. – Bringen Sie Ihre aktuellen Fragen mit Ihren Lebenszielen in Verbindung. Finden Sie heraus, welchen Beitrag Sie jetzt zur Erfüllung Ihrer Lebensaufgaben leisten können.

Nichts zu verlieren

Die »Null« warnt vor einem hohlen, unerfüllten Kreislauf des Lebens und ermuntert dazu, das eigene Dasein zu einer runden Sache zu machen ...

Die Figur des Narren verkörpert das Stück Offenheit und Unbekanntheit, das in jeder Situation enthalten ist – gleichgültig, wie vertraut oder wie festgelegt sie auf den ersten Blick erscheinen mag. Das besagt auch die Zahl Null, die dieser Karte zugeordnet ist. Erst im Mittelalter machte das Abendland Gebrauch von den »arabischen« (tatsächlich indischen) Ziffern und führte die Verwendung der Null ein. Auf die große Bedeutung des bestimmten Nichts dieser Null mußte man erst einmal kommen!

Ist die Null ein Nichts, so warnt sie uns vor einem Leben nach der Devise »außer Spesen nichts gewesen«. Der »Nullpunkt« bezeichnet aber auch den innerpersönlichen Schnittpunkt, die Stelle des inneren Zusammenhaltes; wie der Nullpunkt eines Koordinatensystems: Anfang und Ende von allem.

Ungebundenheit, Offenheit, Unkonventionalität, Experimentierfreude, Triebverwirklichung – diese und andere Interpretationen der Karte lassen sich auf den gemeinsamen Nenner »Freiheit« bringen. In einem bekannten Lied heißt es: »Freedom is just another word for nothing left to lose« (Freiheit ist nur ein anderes Wort für: Nichts mehr zu verlieren zu haben).

»Nichts mehr zu verlieren haben« – das ist nun auf völlig unterschiedliche Weise zu erzielen. Jeden Menschen werden wohl immer wieder Sorgen und Nöte, Hoffnungen und erwartungsvolles Verlangen begleiten. Doch es gibt (in aller Regel jedenfalls) gewisse Wünsche, die einem Menschen sehr wesentlich sind, und bestimmte Ängste, die ihn in gleicher Intensität prägen. Diese bestimmten Wünsche und Ängste kennenzulernen, heißt, den Schatten aufzuheben; bedeutet, für die Wünsche wie die Ängste unterscheiden zu lernen, was im persönlichen Sinne jeweils sinnvoll und berechtigt ist, und was nicht. Die Aufhebung des Schattens stellt eine Aufhebung der (Lebens-)Träume dar: Fruchtbare Träume wollen verwirklicht und furchtbare Träume erledigt werden; jedesmal hören sie damit auf, nur Träume zu sein.

Wenn dies gelingt, werden Ganzheit und Freiheit im persönlichen Maßstab erreicht. Und dies symbolisiert u. a. »der Narr« in seiner positiven Bedeutung. Wenn nichts Wesentliches fehlt (d. h., wenn das Wesentliche gefunden ist!), gibt's nichts Wesentliches zu verlieren.

Der kleine Hund steht für die Macht der Witterung, der »goldenen Nase« oder des »richtigen Riechers«. Die weiße Sonne symbolisiert einen Bewußtseinszustand, der – wie die Null – entweder noch ganz leer oder wieder ganz offen ist. *Alles* ist möglich, wenn wir dem Wesentlichen folgen und es »ab durch die Mitte« geht.

Des öfteren taucht dazu die Frage auf, ob der Narr nicht riskiert, von der Klippe zu stürzen. Die Antwort lautet jedoch, daß das »Stürzen« hier kein Thema ist. Im Augenblick, d. h. bei allem, was das gegebene Bild erkennen läßt, stürzt die Bildfigur nicht, und es bleibt völlig offen, was sich etwa unterhalb des abgebildeten Felsvorsprungs befindet – ein Abgrund, eine weitere Klippe, eine Wiese oder oder. Was im nächsten Augenblick geschehen wird, ist hier nicht einzusehen und zu entscheiden. Die Kraft und der Zauber des »Narr« liegen eben darin, daß er aus dem herauslebt, was jetzt erkennbar ist, – daß er *ganz* in der Gegenwart lebt. Dies aber verlangt mit Sicherheit keinen Verzicht auf Vergangenheit und Zukunft. Im Gegenteil: Hier und jetzt zu leben, im Augenblick ganz anwesend zu sein, erfordert eine Auseinandersetzung mit den persönlichen Erfahrungen und Erwartungen, bis diese soweit klar sind, daß eine/n nichts mehr hindert, in der Gegenwart zuhause zu sein. Ja, nichts zu verlieren zu haben, ist nur ein anderes Wort dafür, Vergangenheit und Zukunft soweit aufgeräumt und soweit geklärt zu haben, daß im jetzigen Moment *alles* enthalten ist.

Die Gefahr des »Narr« liegt darin, daß er an sich oder an anderen vorbeiläuft und somit seine Talente, seine realen Glücksmöglichkeiten verspielt. Wenn Sie das Gefühl haben, etwas zu versäumen, nehmen Sie es nicht auf die leichte Schulter. Zwar sollten Sie nicht ein Leben lang bestimmten Wünschen nachlaufen oder von gewissen Ängsten verfolgt werden; aber Ihre Träume – die schönen und indirekt auch die schlimmen – sind der Wegweiser zu Ihrer Mitte. Um diesen bestimmten »Nullpunkt« zu erreichen, brauchen Sie in Ihren aktuellen Fragen den Mut zur Freiheit. Fassen Sie Mut zum eigenen Weg, auch wenn der weitere Wert aller Vorbilder gegen Null geht und wenn Sie offen und ohne Rückendeckung handeln müssen. Vertrauen Sie der Kraft des Augenblicks, und folgen Sie dem, wohin es Sie in Ihrer Mitte zieht.

Stäbe

»Es muß etwas geschehen«: Stab-Karten stellen eine Aufforderung dar, etwas zu tun (aktiv) oder etwas geschehen zu lassen (passiv) und darauf zu reagieren. Im Handeln finden Sie die gesuchte Antwort oder Lösung. Folgen Sie Ihrer Energie, bleiben Sie in Bewegung. Beachten Sie die Entwicklung Ihrer Mitmenschen, und berücksichtigen Sie alle wirksamen Kräfte.

- »Im Anfang war die Tat.«
- »Es gibt nichts Gutes, außer man tut es.«
- »Wie kann ich wissen, was ich will, ehe ich sehe, was ich tue.«

Das Holz, das dem Feuer Nahrung gibt: Die grünen Triebe der Stäbe stehen für die Wachstums-, Lebens- und Entwicklungskräfte der Natur im allgemeinen und der menschlichen Natur im besonderen. Die Pflanzentriebe symbolisieren stets *auch* die persönlichen Triebe eines Menschen, seine Antriebe und Bestrebungen. Wie im Pflanzenbau können die jungen Triebe an den Stäben Ausdruck der Kultivierung, der Veredlung der Triebe und Lebenskräfte sein. Dem »Wildling« wird dabei ein »Edelreis« aufgepfropft – ein Vorgang, der – auf die menschliche Entwicklung übertragen – die verschiedensten Deutungen erlaubt. Neben »Grundtrieben« – wie Selbsterhaltung und Fortpflanzung – kommen damit im menschlichen Verhalten »Kulturtriebe« zur Geltung – wie Liebe und Aggression. Worin die persönlichen Triebe im einzelnen bestehen, dies herauszufinden, ist Ihre Aufgabe bei der Bildreihe der Stäbe.

Als Phallus-Symbol verkörpern die Stäbe Sexualkraft und *Männlichkeit*. Als Fruchtbarkeitszeichen beinhalten sie eine ausdrücklich *weibliche* Komponente. Ein Stab kann ein Sprößling sein, und »Sprößling« bedeutet auch Kind. Er stellt ebenfalls eine Wurzel (Wurzelstück, Wurzelstock) dar – »Wurzel« u. a. im Sinne von *Vorfahre*.

Die Hauptbedeutung der Stäbe – Triebkraft und Wachstum – findet somit Entsprechungen auf vielerlei Ebenen. Die menschliche Zeugungs-, Schaffens- und Gestaltungskraft drückt sich in den grünenden

Stäben aus. Der Umgang mit unseren Triebkräften offenbart, »aus welchem Holz« wir geschnitzt sind, und wird zum Zeichen unserer »charakterlichen« Qualitäten. – Stäbe können Pflanzlinge (Stecklinge), Baustoffe, Stützen, Streben und Sprossen bedeuten. Als Knüppel stellen sie gleichsam unseren »verlängerten« Arm, möglicherweise auch die eigene Elle (Meßlatte) dar. – Ein anderer Ausdruck für Wachstum ist *Alterung*. Auch wenn wir gewohnt sind, die Begriffe »Wachstum« und »Alterung« durchaus wie Gegensätze zu gebrauchen, so bleibt doch unabweisbar, daß beide denselben Vorgang beschreiben. Und so ist es kein Wunder, wenn wir auch im Alter – im mehrfachen Sinne – »am Stock gehen«.

Das Waite-Tarot macht den Bezug der Stäbe zur (menschlichen) Triebkraft durch die Abbildung der sprossenden (Pflanzen-) Triebe besonders deutlich. Doch es hat diese Bedeutung der »Stäbe« nicht erfunden. Auch wenn die Stäbe nur als nacktes Holz, ohne zusätzliches Grün gezeichnet werden – wie auf den meisten älteren Tarot-Karten, symbolisieren sie Trieb- und Wachstumskraft. Denn sie sind *Brennmaterial*, potentielle Energie, Nahrung für das Feuer.

Feuer bezieht sich, neben seinen äußeren Erscheinungsformen, stets auf das innere Feuer, den Lebensfunken des Menschen: Es drückt unsere Lebendigkeit und den unmittelbaren (Lebens-) Willen aus – und damit nichts anderes als eben unsere Trieb- und Wachstumsenergien.

Die genaue Verbindung von Stab/Holz und Feuer ist indes ein sehr vielschichtiges Ereignis, dessen enorme symbolische und tatsächliche Bedeutung in der Vergangenheit nur den Eingeweihten bekannt war. Für alle anderen waren die Stäbe halt Stöcke, Keulen und ähnliches. Es ist ein besonderes Verdienst des Waite-Tarot, diese »okkulte« Bedeutung der Stäbe in Gestalt der grünen den Triebe besonders sinnfällig und einsichtig zu machen. Was aber hat es mit dem Weg vom Holz zum Feuer auf sich?

Das Feuer der Begeisterung: Vielleicht ist Ihnen im Märchen einmal die Figur des Holzfällers aufgefallen. Er steht am Anfang einer Kette von Operationen, welche die ursprüngliche hölzerne Naturkraft in feinste, »geistvolle« Energien transformiert: Erst wird der Baum vom Wald getrennt, dann der grobe Klotz geschnitten, auf den groben Klotz ein grober Keil gesetzt und weiter geteilt, bis Feuerholz entsteht und brennbare Scheite. Im Feuer setzt sich der Prozeß vom Groben zum Feinen fort. In dem Moment, wo das Stück Holz brennt, wird die vorher in der Materie eingeschlossene Energie freigesetzt. Sie veräußert sich als

Licht, Wärme und Bewegung. Der Brennpunkt stellt einen Übergang, die Verbindung von »Materie« (hier: Holz) und »Geist« (hier: Luft/Sauerstoff) dar. So ist buchstäblich die *Begeisterung* ein Wesensmerkmal des Feuers. Indem es feste Materie in bewegliche Energien umwandelt, bringt es »Himmel und Erde« zusammen, führt es die »dunkle Erde« ans Licht und die Sonne des Himmels herunter auf die Erde. – In der Begeisterung oder *Animation* (das heißt in der Belebung des Unbelebten/der »Materie« und der Gestaltgebung des Gestaltlosen/ »Geist«) liegt die »animalische« Kraft des Feuers – im schlechten wie im guten.

Daß wir anders als zu der Zeit, als die klassischen Märchen vom Holzfäller erzählten, heute bei »Wald« weniger an einen Ort der Wildnis, der Verirrung und der Undurchdringlichkeit denken, sondern viel eher unsere angeschlagenen Restwälder vor Augen haben, zeigt nur, daß wir auf eine neue Art lernen müssen, »Holz« zu machen. Die Bedeutung der »Stäbe« im Tarot wird dadurch unterstrichen. Sie stellen uns vor die Aufgabe, den »Holzweg« der Vernichtung unserer Ressourcen zu verlassen, damit wir »auf einen grünen Zweig« kommen und einen gedeihlichen Weg des Wachstums, der Energie- und der Triebentfaltung finden: » Klopf auf Holz«, das heißt »Viel Glück und gutes Gelingen!«

Die Doppelnatur des Feuers: Ein gedeihlicher Umgang mit unseren Energievorräten aller Art fällt in der Praxis um so leichter, je mehr wir uns darüber klar werden, daß das Feuer einen doppelten Ursprung besitzt: Es kommt vom Himmel, aber auch aus der Erde! Die Sonne ist der Inbegriff des himmlischen Feuers. In der abendländischen Tradition wurde diese Seite des Feuers auch mit *Gott*, der höchsten Idee oder der erlösenden Kraft des Lichtes gleichgesetzt. Der griechische Mythos erzählt, wie Prometheus das Feuer vom Himmel auf die Erde holt, indem er es den Göttern vom Olymp (einem hohen Gebirge, einer Himmelssphäre) stiehlt.

Daneben gibt es aber das *Feuer* in der Erde. Der glühend-flüssige Erdkern ist dessen Inbegriff. Es äußert sich in Vulkanausbrüchen, in Geysiren, warmen Quellen, der Erdwärme – und viel allgemeiner eben in der Wachstums- und Triebkraft allen irdischen Lebens. Dieses Feuer in der Erde ist in der abendländischen Tradition auch als *Hölle* (Fegefeuer und Höllenfeuer) verstanden worden. Beide Zentren des Feuers – Himmelsmitte und Erdmitte – sind notwendig, wenn wir selber unsere persönliche Lebensmitte finden wollen. Sonne und Magma (feurige Erdmasse) können vernichtend oder belebend wirken. Es kommt darauf an, was man jeweils damit *macht* – und das ist das Thema der »Stäbe« im Tarot.

Ein Wesensmerkmal des Feuers ist die *Verschmelzung*. Viele Flammen werden zu einer Flamme; vielerlei Brennstücke zu einem Feuer. Ein anderes Wesensmerkmal aber ist die *Scheidung*, die Lösung. Das Material muß aus der Erde, der Funke oder Blitz vom Himmel »gelöst« und abgeholt werden, bis »es« brennt. Im Feuer scheiden sich »edle« Energien und Materialien von Ballast und Schlacke.

Der wahre Wille: »Des Menschen Wille ist sein Himmelreich«. Das Himmelsfeuer stellt den *freien Willen* dar. Das Erdfeuer dagegen symbolisiert *bestimmte* Lebensantriebe, wirkliche Wachstumsschritte, die an Bedingungen und *Notwendigkeiten* geknüpft sind. – Ein Wille, der seine praktischen Notwendigkeiten *nicht* kennt, ist frei von Abhängigkeiten, aber auch frei von Wirksamkeiten. Wer etwas bewegen und erreichen will, braucht die *Einsicht* in die Natur der Dinge. – Wer sich an Sachverhalte hält, aber seinen unabhängigen Willen nicht pflegt, verzichtet auf die Kraft des Feuers, »Tatsachen« durch eigenes Tun umzuschmieden.

Der »wahre Wille« verbindet Freiheit und Notwendigkeit, Himmels- und Erdfeuer, hebt »Himmel und Hölle« in sich auf. Er befreit uns aus unerwünschten Abhängigkeiten und macht uns frei für Selbstverwirklichung und die Lösung von Aufgaben, die unser Feuer dann fördern und wachsen lassen, wenn sie es brauchen und verbrauchen.

Zusammenfassung: Wir selber gleichen dem Stab, der sich von der Verhaftung an die »dunkle Materie« lösen muß, um im Feuer aufzugehen, und der seinen Bezugspunkt auf der Erde und seine Aufgabe in der Welt braucht, damit das Feuer ein Leben lang erhalten bleibt.

Stäbe stellen Triebkraft und Wachstum dar. Sie entsprechen dem Element Feuer.

Feuer bedeutet Lebensfeuer, Lebensenergie, Begeisterung und Lebendigkeit. In der Natur sind es vor allem die Sonne, das glühendflüssige Erdinnere, Feuer aller Art und Blitze, die in ihren verschiedenen Erscheinungs- und Wirkungsformen die Kraft des Elements Feuer zur Geltung bringen. Im menschlichen Verhalten verleihen besonders die *Daseinsfreude*, der *Wille* und die *Intuition* der Feuerkraft Ausdruck. – Weitere Merkmale des Elements Feuer: Lebenslust und Selbstbehauptung, Zeugungs-, Schaffens- und Gestaltungskraft, Einsatzbereitschaft, Durchsetzungsvermögen und Macht. Charakteristisch für das Element Feuer sind Entschlüsse und Taten. Schwierige Situationen (»Feuerproben«) werden gemeistert, indem man etwas tut: »Es muß etwas geschehen.«

Tiger im Tank

Eine tatkräftige, leidenschaftliche Persönlichkeit mit einer scheinbar unlöslichen Aufgabenstellung ...

Stab, Katze, Löwe und Sonnenblume zeigen die »Königin der Stäbe« als eine energiegeladene Person. Majestätisch, breitbeinig und aufmerksam wie sie dasitzt, drückt sie Selbstbewußtsein und Handlungsbereitschaft aus. Sie traut sich etwas zu und begegnet dem Leben in grundsätzlicher Offenheit. Und dennoch befindet sie sich in einer scheinbar unmöglichen Situation: Mit der Blume in der Wüste macht sie entweder deutlich, daß sie keinen Boden, keine Wurzeln für ihre blühende Lebenskraft besitzt und schnellstens Wasser holen muß, damit ihre blühende Pracht nicht eingeht. Oder die »Königin der Stäbe« macht durch denselben Umstand deutlich, daß sie vor einer Aufgabe steht bzw. über eine Fähigkeit verfügt, Welche sonst nur noch der »Herrscher« besitzt: Eine Wüste in einen Garten zu verwandeln! Der wüstenartige Hintergrund ist zur einen Hälfte gelb gezeichnet, zur anderen grau. Entweder wird dadurch die Warnung vor einer drohenden Vertrocknung oder Dürre unterstrichen. Oder die Verwandlung von grauer Ödnis in ein goldenes Leben wird dadurch angezeigt.

Von der Sonnenblume heißt es, sie richte ihren Kopf stets nach der Sonne. Wenn dies auch für die Königin gilt, so kann es geschehen, daß sie die schwarze Katze vor ihren Füßen übersieht. Sie findet dann immer wieder Stolpersteine, »Fettnäpfchen« und Ärgernisse, worin sich der »Teufel im Detail« bemerkbar macht. Das »helle«, solare Bewußtsein wird dadurch auf die »schwarzen« Aspekte des Lebens gestoßen.

Seit der Antike symbolisiert die Katze in ihrer schwarzen Gestalt Eigenwilligkeit, ungestüme Lebens- und Sexualkraft, sogar Überwindung des Todes und der Todesfurcht, aber auch räuberische Aggressivität und »gerissene« Heimtücke. Im alten Ägypten fand die Katze eine kultische Verehrung. Zu Ehren der Bastet, Schutzgöttin für Heim, Herd und Fruchtbarkeit, ursprünglich eine Löwengöttin, beging man alljährlich das orgiastische »Fest der Trunkenheit«. Im weiteren Verlauf der Kulturgeschichte wurde viel von dieser »animalischen Wildheit« entweder auf Heroen-, Märtyrer- und Heldengestalten hingelenkt oder aber als Hexenwesen verdrängt oder bekämpft. Dennoch und deshalb ist die Katze, und da wiederum besonders die schwarze, ein Thema geblieben, das uns fasziniert. Allein solch allseits bekannte Filme und Theaterstücke, wie z. B. »Der Widerspenstigen Zähmung«, »Kiss me Kate«, die verschiedenen Versionen von »Cat People« und »Cats«, legen davon Zeugnis ab.

Die schwarze Katze unten und die Sonnenblume weiter oben im Bild drücken auf der einen Seite einen Gegensatz von Tag und Nacht aus. Andererseits stellt die Blume das gleiche dar, wie eben die schwarze Katze. Die gebrochene Blume ist ein Symbol der (ersten) Sexualerfahrungen (vgl. das Blumenbrechen im Märchen »Rotkäppchen« oder im Gedicht »Sah ein Knab ein Röslein stehn«). Blumen sind aber auch ein Symbol der Seele, und so stellt die gebrochene Blume entweder die Warnung vor einer gebrochenen Seele oder die Ermunterung dar, die Brüchigkeiten, die andere, eben die dunkle Seite der Seele zu erkunden. So gesehen, drücken Sonnenblume und schwarze Katze einen gleichen Inhalt aus, nur zwischen beiden besteht ein Niveauunterschied im Bild.

In der Praxis sind es oft zwei Probleme, die wir überwinden müssen, um zur »Königin der Stäbe« zu werden: Die Angst vorm Fliegen und die Angst davor, zuhause zu sein. In der Angst vorm Fliegen fürchten wir um unsere Bodenlosigkeit. Wir verspüren unbewußt, daß wir der Sonnenblume gleichen, die in der Luft hängt. Je mehr wir die »Katze aus dem Sack« lassen und dabei dem sonnenhaften Bewußtsein, welches die Sonnenblume u. a. verkörpert, treubleiben, können wir diese Angst überwinden. – Wenn wir fürs erste aber nicht der Sonnenblume, sondern mehr der schwarzen Katze gleichen, stellt sich die Angst vor dem Zuhausesein ein. Wir fürchten, wie ein Tiger im Käfig eingesperrt zu werden. Der Instinkt treibt uns immer wieder dazu, zu fliehen oder auszubrechen, bis wir zu einem Bewußtsein finden, in welchem auch die schwarze Katze ihren Platz an der Sonne bekommt.

Ihre aktuellen Fragen erfordern Leidenschaft und Bewußtsein, in jedem Fall eine besondere Treue zu sich selbst. Als Frau kommt es darauf an, daß Sie phallische und heroische Kräfte nicht den Männern überlassen, sondern Ihre eigene Power zur Geltung bringen nach dem Motto »Hexenbesen kehren gut«. Als Mann müssen Sie die wilde Katze in sich selber finden und lernen, den Tiger weder zu töten noch zu verhätscheln, sondern zu reiten.

Feuerprobe

Eine willenstarke und prachtvolle Persönlichkeit mit verborgenen Qualitäten ...

Die zugewandte Haltung mit dem Kopf im Seitenprofil spricht für Offenheit und Eigenwilligkeit. Der »Stab« ist geerdet, und wie selbstverständlich hält ihn der König in der Hand.

Das Grün als Farbe des lebendigen und des frischen Wachstums zeigt im Brustbereich, daß der König ein »junges« Herz und Gemüt besitzt. Die grünen Schuhe verdeutlichen, daß die Füße – Symbol des Standpunkts, des Glaubens und auch der Sexualität – eine frische Farbe und einen lebendigen Halt besitzen.

Der ausgeprägte Gegensatz von Schwarz und Gelb auf dem majestätischen Umhang sowie auf der Rückenlehne des Thrones steht für das Wechselspiel von Licht und Schatten. Wer viel Sonne besitzt, wie eben der »König der Stäbe«, sollte die beiden problematischen Eigenschaften der Sonne kennen. Wenn wir die Sonne vor Augen haben, können wir geblendet werden. Und wenn wir die Sonne im Rücken haben, sehen wir dichte, deutliche Schatten vor uns. So kann es geschehen, daß wir als »König der Stäbe« völlig ahnungslos oder aber sehr überempfindlich auf die Schattenseiten des Lebens reagieren und die blinden Flecken bei uns oder bei anderen entweder übersehen oder überbetonen. Der Kontrast zwischen Sonne und Schatten spielt sich hauptsächlich im Rücken des Königs ab. Und wenn er an irgendeiner Stelle angreifbar und verwundbar ist, so in und aus dem Rücken.

Die Aufgabe und die Fähigkeit des Königs besteht folglich darin, Vorder- *und* Rückseite zu kennen, Licht und Schatten zu einem runden Ganzen zu integrieren, wie es die kreisrunden Salamander im Bild ausdrücken. Der Weg zu dieser Ganzheit ist gleichbedeutend mit der Verbindung von Himmel und Erde. Der machtvolle Thron, dessen Rückenlehne im Bild ohne Ende nach oben führt, symbolisiert, daß für den König *der Himmel keine Grenzen* kennt. Als »König der Stäbe« erfahren wir die Wahrheit des bekannten Spruchs: »Des Menschen Wille ist sein Himmelreich«. Wir können in diesem Sinne Himmel und Erde, Wille und Notwendigkeit miteinander verbinden, wenn wir den Weg des Salamanders gehen.

Vom Salamander heißt es, er könne durchs Feuer gehen, ohne darin umzukommen. Der Teil steht für das Ganze: Was der Salamander bedeutet, gilt für das ganze Bild. Auch der »König der Stäbe« kann Feuerproben bestehen. Ja, er kann sie nicht nur aushalten, er braucht sie sogar. Denn nur im Feuer scheiden sich Gold und Schlacke, treten seine edlen Seiten hervor, bleiben Lebensmitte und Selbst formbar und empfänglich für Wachstum und Umgestaltung. Weil wir uns in Feuerproben aber *aller* unserer Kräfte bedienen müssen, um sie zu bewältigen, ist das Feuer auch der Ort, wo Bekanntes und Unbekanntes, Licht und Schatten zu einem Ganzen verschmelzen.

Feuerproben sind im Alltag *besondere* Herausforderungen, Prüfungen, Verlockungen und Wunschträume. Wenn Sie diese Karte ziehen, kommt es darauf an, daß Sie die besonderen Chancen oder die besonderen Notwendigkeiten, die sich Ihnen stellen, voll und ganz annehmen. Greifen Sie zu, und ziehen Sie sich nicht im entscheidenden Moment wieder zurück! Stehen Sie zu sich und stehen Sie die Sache durch! Erst wenn wir Feuerproben grundsätzlich bejahen, läßt sich im übrigen gesunder Streß von ungesunden Belastungsproben unterscheiden.

In Ihren praktischen Fragen kommt es darauf an, daß Sie bereit sind, für das, was Ihnen am Herzen liegt und was Ihnen in den Schuhen steckt, durchs Feuer zu gehen. Als Frau kann es besonders wichtig sein, selbständig zu handeln und »Tod und Teufel« nicht zu fürchten. Als Mann kann es darauf ankommen, daß Sie prüfen, für welche Zwecke Sie sich tatsächlich engagieren. Ihre Ideale müssen stimmen, mit Ihnen selbst zu tun haben und einen höheren Sinn machen, wenn sie lebendig bleiben sollen. Ohne lebendige Ideale würde Ihre Feuerkraft hölzern. Für beide Geschlechter bedeutet der »König der Stäbe« vor allem, das eigene Feuer ganz in Besitz zu nehmen. Das heißt praktisch, daß wir die wesentlichen Brennpunkte des Feuers – Sexualität, Leben mit Kindern und Kreativität – nicht als Alternativen sehen, sondern allesamt ausleben. Diese unterschiedlichen Triebe gleichzeitig blühen zu lassen, ist die größte Feuerprobe überhaupt. Sie führt uns zur persönlichen Lebensmitte.

Farbe bekennen

Eine wilde und einsichtige Persönlichkeit mit einer gewissen Eigendynamik ...

Der »Ritter der Stäbe« zeigt sich als Einheit von Roß und Reiter. Wie der Weg werden wird, den beide zusammen zurücklegen, hängt davon ab, wie der bewußte Wille und die unbewußten Triebe miteinander auskommen. Das Wüstenbild zeigt sowohl die Möglichkeit eines »Wüstlings«-Lebens, das nicht auf fruchtbaren Boden kommt; als auch die Kunst, eine Wüste zu durchqueren oder zu besiedeln, um Wunsch und Wirklichkeit auf höherer Stufe zu verbinden.

Die kreisförmigen Salamander auf dem Kleid des Ritters verweisen auf den Läuterungsprozeß des Feuers. Die Feuerproben oder Feuertaufen bestehen gerade darin, mit Sonne und Finsternis, als Reiter, aber auch als Roß zu leben. Wir können einen bewußten Umgang mit unseren unbewußten Seiten entwickeln. Aber beide Seiten benötigen auch ein Eigenleben, sonst verliert der Reiter sein Pferd und muß zu Fuß gehen, oder das Pferd büßt mit seinem Reiter auch jene Ziele und Richtungen ein, welche jenseits der Instinkte liegen.

Als »Ritter der Stäbe« müssen wir also dem Pferd, der Lebenskraft, dem Bewegungsdrang, der Instinkt- und Triebnatur, eine gewissen Eigendynamik zugestehen. Und so gilt für uns als »Ritter der Stäbe« der Satz: »Wie kann ich wissen, was ich will, ehe ich sehe, was ich tue!« Der Ritter muß aus sich herausgehen, sein Inneres nach außen tragen, nicht ohne Rücksicht auf Verluste, aber ohne Rücksicht auf bestimmte Vor-Erwartungen oder Vor-Urteile. Er muß handeln, *bevor* er weiß, warum und zu welchem Resultat. Darin liegt der sogenannte Optimismus des Ritters begründet: Im Kern handelt es sich weder um notorischen Optimismus noch um eine Flucht nach vorn. Sondern er kann Menschen, Dinge und Ereignisse erst in dem Moment erkennen, wo etwas *geschieht!*

Daß es überhaupt zum Dialog, zum gegenseitigen Verständnis zwischen Roß und Reiter kommen kann, liegt an der Doppelnatur des Feuers, das einerseits ein Geschenk des Himmels (Himmelsfeuer, Sonne) und andererseits ein Sproß der Erde (Lava, Feuer in der Erde, Feuer der Triebkraft) darstellt. Diese Doppelnatur ist schon in mythischen Zeiten in den Bildern des Zentaur oder des Wilden Reiters dargestellt worden. Die Zentauren sind Doppelwesen, mit menschlichem Oberkörper und Pferdeleib. Die Figuren des Wilden Reiters oder der Wilden Reiterin reichen von den bogenschießenden Amazonen der Antike bis zu manchen modernen Cowboy-Mythen. Obwohl diese Doppelnatur also Geschichte hat, so hat es doch ebenfalls Tradition, Roß und Reiter zu trennen. Das himmlische Feuer der Begeisterung wird gelobt, und das »animalische« Feuer der Triebe oder der Wildheit verdrängt. Die Wehmut, das Fernweh und die manchmal schier unstillbare Sehnsucht, die dieses Bild beinhalten kann, spiegeln einen existentiellen Wunsch, jene verlorene Einheit von Roß und Reiter auf neue Art wiederzuerlangen.

Die Lösung liegt ganz oft in der Nähe: Roß und Reiter müssen sich gegenseitig *ins Auge schauen*. Dabei begegnen wir den Ängsten, uns zu verbrennen, wenn wir die Zügel zu sehr schleifen lassen und die unbewußten Triebe mit uns durchgehen; aber auch den Ängsten, sich selbst oder andere öde, ungelenk und langweilig zu finden, wenn wir unser »Pferd« zu sehr an die Kandarre nehmen.

Damit wir uns in Roß und Reiter wiederfinden, brauchen wir Wildheit und Einsicht – und lohnende Ziele, auf welche beide sich einigen können. Diese Ziele finden sich im Bild in Gestalt der Pyramiden oder spitzen Berge wieder, die ein Sinnbild für die Zuspitzung der persönlichen Lebensenergien darstellen. Lebensziele und Lebensaufgaben drücken sich aber auch im Motiv der Wüste aus, die entweder fruchtbar zu machen oder als eine Durststrecke zu betrachten ist, um ans Ziel der eigenen Wünsche zu gelangen.

Für Ihre praktischen Fragen bedeutet die Karte, daß Sie sich mit allen Seiten Ihrer Persönlichkeit engagieren und einbringen sollen. Sie müssen handeln, und im Handeln werden Sie erkennen, welcher Weg für Sie der richtige ist. Für Frauen bedeutet dies oft, selber die Führung zu übernehmen. Sie müssen sich selber führen und volle Verantwortung übernehmen. Für Männer kommt es häufig darauf an, feinfühliger zu werden für die Widersprüche der eigenen Person und die Widersprüche zu anderen. Sie müssen verstehen, daß jeder Widerspruch, den Sie bemerken und auf den Sie reagieren, Sie *stärkt;* denn sonst würden diese anderen Kräfte ohne Sie und gegen Sie handeln. Ihre Einsicht brauchen Sie aber ebenso wie Ihre Führungskraft, um Ihre großen Sehnsüchte wirklich zu leben.

Feuer und Flamme

Eine begeisterungsfähige, triebhafte Persönlichkeit mit neuen Erfahrungen ...

Eine Flamme ist noch kein Feuer, aber kann zu einem werden. Die rote Feder oder Flamme am Kopf des Pagen symbolisiert eine zündende Idee, den Funken der Begeisterung und einen aufflammenden Entschluß, womit er sich anschickt, sein Feuer zu entfachen und Leben in die Wüste zu bringen. Allerdings kann die Karte auch für ein wüstes Leben stehen, sei es in der Wüstenstille eines Eremiten, dem Lebenshunger eines Wüstlings oder der Wüstheit eines Rüpels. Dann ist der Page entweder vor seinem Feuer »auf der Hut«, oder seine Flamme »geht ihm über die Hutschnur«. Er erfaßt dann seinen eigenen Brennpunkt nicht, wie jemand der für seine »Flamme«, nämlich für ein Idol schwärmt, oder wie jemand, der nicht weiß, was er tut.

Bei allen Hofkarten reicht der Stab höher als der Kopf der jeweiligen Bildfigur. Jedesmal besitzt das Feuer eine Kraft, die das Bewußtsein ein Stück weit übersteigt. Aber nur beim Pagen ist der Stab größer als die volle, aufgerichtete Körper- und Lebensgröße. Der Trieb ist stärker als die Lebenserfahrung. Tatendrang und Wachstumslust lassen den Pagen über sich selbst hinauswachsen. Der relative Mangel an Erfahrung ist die Chance und zugleich die Gefahr des Pagen.

Der Trieb kann mit ihm durchgehen, so daß er sich eben in die Wüste verirrt. Er mag vor seiner eigenen Kraft zurückschrecken, so wie der Kopf im Bild gegenüber dem Stab zurückweicht. Oder er riskiert, unentschlossen mit seinem Feuer zu spielen, was für ihn wie für sein Feuer auf Dauer schädlich ist, denn Feuer verträgt »halbe Sachen« nur schlecht. Eine glückliche Lösung wird jedoch möglich, wenn der Page sich im Stab selber erkennt, wenn er seinen Feuereifer im Kopf begreift und in die Stiefel packt. Dann bekommt sein Eifer oben wie unten einen »Deckel«, er gewinnt ein Fassungsvermögen für seine Kräfte, sein Triebinstinkt bekommt eine feste Grundlage. Der »Page der Stäbe« gleicht dann dem »Gestiefelten Kater«. Er geht mit Eifer und mit Methode ans Werk, unbelastet von all zu großen Vorerfahrungen, aber gestützt auf die instinktiven Kräfte, die er begriffen hat.

Die wesentlichen Motive der drei anderen Stab-Hofkarten wiederholen sich in diesem Bild. Das verdeutlicht die umfangreichen Lern-

und Wachstumsaufgaben, die dem Pagen bevorstehen. Im beschriebenen glücklichen Falle aber wird es dem Pagen gelingen, mit scheinbar leichter Hand, in Wahrheit durch das Glück des Anfangs und den Eifer der Jugend (unabhängig vom tatsächlichen Lebensalter) – wie der Ritter der Stäbe Durststrecken zu überwinden und die vorhandenen Energien auf große Ziele zuzuspitzen (die Pyramidenberge), – wie der König die Widersprüche von Sonne und Schatten in Feuerproben aufzuheben und umzuschmelzen und – wie die Königin die Wüste aus einem Ort der Verirrung, der Dürre oder des Mangels in einen lebendigen Garten zu verwandeln.

Gleichgültig, wie alt Sie sind oder sich fühlen, hüten Sie sich in Ihren aktuellen Fragen vor ahnungslosem Eifer und vor Trieben, die Sie in die Irre führen. Trauen Sie dem Glück der Stunde und begeistern Sie sich für einen Neuanfang, der Sie erneut zum Ausgangspunkt Ihrer Feuerenergie führt: Wie wir einst die Welt betreten haben, voller Lebenswille, instinktiven Wachstumsdrangs und selbstverständlicher Triebkraft, so können wir auch unser jetziges Leben neuentdecken, spielerisch erobern und jeden Erfolg oder Mißerfolg, jedes Ereignis als neue Erfahrung begrüßen.

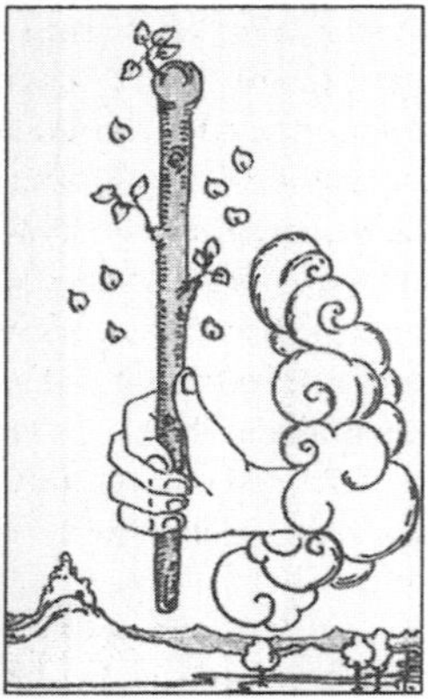

Die Kräfte des Willens

Die Stäbe gleichen dem Holz, das dem Feuer Nahrung gibt. Und die Pflanzentriebe, die das Waite-Tarot an den Stäben zeigt, sind ein Symbol für die menschlichen, für Ihre persönlichen Triebe ...

»Ohne Sonne ist der Himmel Luft«. Sie können haben und machen, was Sie wollen:

Ohne Feuer fehlt Ihnen die Flamme der Begeisterung, die Farbe der Lebendigkeit und die Dynamik des Willens. Wie im Märchen von »Tischlein deck dich, Goldesel streck dich ...« führen selbst die schönsten Errungenschaften nicht zu Glück und dauerhafter Zufriedenheit – wenn da nicht ein »Knüppel aus dem Sack« vorhanden ist, mit dem Sie Ihren Willen, Ihre inneren Werte und berechtigten Ansprüche in die Tat umsetzen.

Machen Sie sich also auf Sonne, Feuer und Blitz gefaßt, wenn Sie diese Karte ziehen, bringen Sie Ihre Power zur Geltung. Bauen Sie auf Ihre Triebe und auf die Triebe Ihrer Mitmenschen. So gelangen Sie zu dem Schloß, der Burg, welche das Bild zeigt: Zu Ihrer wahren Identität, zu Macht und Geborgenheit. Die drei Bäume symbolisieren die drei hauptsächlichen Brennpunkte des Feuers: Sexualität, Kinder und Kreativität.

Der Stab ist selbstverständlich ein Penis-Symbol, auch wenn davon in Tarot-Büchern nur wenig die Rede ist (dafür in der Literatur zur Traumdeutung um so mehr). Sexualität, Potenz und phallische Kraft gehören nicht nur »dazu«, sie sind Inbegriffe der Feuerkraft. Dabei ist der Penis männlich und, wie es in dem bekannten Lied »Männer« heißt, »in dieser Welt einfach unersetzlich«. Auf der anderen Seite ist die phallische Kraft immer auch eine Domäne der Frauen gewesen. Der Hexenbesen, das Symbol der schwarzen Katze und das Bild der »Königin der Stäbe« legen davon Zeugnis ab. In der Psychoanalyse nach S. Freud stellt der Penis (inkl. Penisneid, Kastrationsangst usw.) so etwas wie den roten Faden oder auch das rote Tuch aller Überlegungen dar. Doch Freud und viele andere Analytiker meinen, wenn Sie vom Penis sprechen, zugleich immer auch die »patris potestas«, die *Herrscher*-Macht, die wir heute nicht mehr allein als Eigenschaft der Väter deuten. Die Burg im vorliegendem Bild ist neben allem anderen auch ein Mutter-Symbol.

Mit der Triebkraft des Feuers sind im weitesten alle Wachstumsenergien des Lebens dargestellt. Diese Lebensenergien, die sich einfach entfalten und über sich selbst hinauswachsen möchten, finden wir auch im Wachsen der (kleinen) Kinder. Dem Anschein nach wachsen kleine Kinder besonders schnell. Tatsächlich machen Kinder jedoch nur Phänomene sichtbar, die *jedem* Lebensmoment zugehören: Wachstum und permanente Umgestaltung. Wenn ein Kind in seiner Entwicklung nicht gehemmt wird, entfaltet es sich *nach allen Seiten* hin gleichzeitig. – Die *allseitige Entfaltung* ist aber ebenfalls ein Merkmal der Sonne. Das Licht, welches von ihr ausgeht, bewegt sich mit gleicher Geschwindigkeit nach allen Seiten. »Kind« und »Sonnenschein« besitzen daher viele tatsächliche und symbolische Übereinstimmungen.

Die Kreativität ist die kunstvolle Nutzung des Feuers. Mit ihr können wir aus dem scheinbaren Stroh Gold spinnen. Damit werden besondere Chancen geboren und neue Lösungen gefunden, die nur dem Weg des Feuers offenstehen. Die Spannbreite der Kreativität reicht von der punktuellen Verschönerung und dem kleinen Ruck, »mehr« zu versuchen, bis hin zu den großen Lebenszielen, der Kreativität als Lebensweg. Im Alltag bleiben Sexualität, Kreativität, Kinderwelt und Sonnenschein (Sonnenhunger, Freizeitkultur) oftmals getrennt, sie stehen nebeneinander oder sogar gegeneinander. Das Feuer in uns möchte diese Unterscheidungen überwinden. Wenn wir das As der Stäbe in die Hand nehmen, möchte es uns zu unserer *Lebensmitte* hinführen, zum Mittelpunkt unserer Lebensenergie, worin wir Künstler und Zuschauer, Kind und Erwachsener, Herrscher und Hexe zugleich sein können.

Die Feuerenergien erneuern sich witzigerweise dadurch, daß sie verbrennen. Es mag Erfahrungen geben, die Sie vom Feuer abhalten. »Gebranntes Kind scheut das Feuer«. Doch gerade solche Verbrennungen zeigen, daß es jetzt Ihre Aufgabe ist, das Feuer zu meistern. Tragen Sie dazu bei, daß menschliche Kälte, Farblosigkeit und »tote Hosen« ebenso in ihre Schranken verwiesen werden, wie die ohnmächtigen und gewaltsamen Feuerkräfte, die über die Erde irrlichten. Die Hand aus der Wolke bedeutet: Es ist ein Geschenk des Lebens, daß Sie jetzt das Feuer noch einmal neuentdecken, selber in die Hand nehmen können. Wie der Fluß im Bild sich in steter Veränderung und Bewegung befindet, gerade dadurch aber als solcher sich gleich bleibt, so müssen auch Sie Ihre Energie fließen lassen, um sich selbst treu zu bleiben. Der *Wille zu sich selbst* und die *Lust, über sich hinauszuwachsen*, stellen die beiden Pole eines Feuerstabs dar. Leben Sie damit.

Schöpfungsvermögen

Diese Karte handelt von der großen Kraft, die Sie brauchen, die Sie gewinnen, wenn Sie Ihre Energien in kleine Schritte einteilen und auf große Ziele lenken ...

Die Stäbe bedeuten Triebkraft, Tatendrang und das Bedürfnis nach Selbstentfaltung. *Zwei* Stäbe stellen dabei Polaritäten dar, die sich wechselseitig blockieren oder bestärken können. Wie gehen Sie mit widersprüchlichen Motiven und Zielen um – mit wichtigen Interessen und Absichten, die innerhalb Ihrer eigenen Person oder zwischen Ihnen und anderen Menschen kontrovers sind?

Eine Leugnung oder Vermeidung von Widersprüchen würde für Sie zum Verlust jener Reibungsflächen im Leben führen, welche das Feuer immer wieder anfachen. Wenn von zwei Stäben einer nicht mehr erfaßt wird, weist dies auf die Gefahr einer einseitigen Triebentfaltung, die sich genauso in unbeherrschter Wildheit wie in unentschlossener Schlaffheit äußern kann. Andererseits kann die Karte aber auch zeigen, daß Sie sich zwischen bestimmten existentiellen Widersprüchen viel zu sehr eingerichtet haben, daß Sie selbst zum *lebenden Widerspruch* geworden sind.

Was das vorliegende Bild so einfach, so unspektakulär ausdrückt, ist in Wirklichkeit buchstäblich eine *bahnbrechende Aktion:* Eine Hand faßt den einen Stab, eine Hand die Kugel und ein Stab bleibt unberührt. Hier wird nicht weniger verlangt als (1) am Ganzen festzuhalten, alle Energien eines Augenblicks zu ballen und in die Hand zu nehmen (wie die Weltkugel) und zugleich (2) sich auf den nächsten Schritt zu konzentrieren, sich stückweise Ziele zu setzen, den geeignetsten Stab (Trieb, Antrieb) einzusetzen und ungeeignete Impulse und Energien loszulassen bzw. ruhigzustellen. – Im Ganzen nur Stückwerk zu fabrizieren – oder aber Stück für Stück etwas Ganzes zu schaffen, das ist die Kardinalfrage dieser Karte. Sie können im Leben vieles erreichen und doch das Ganze verpassen – und umgekehrt, Sie mögen vieles scheitern lassen, doch das Ganze gewinnen!

Damit dies Ihnen gelingt, ist es entscheidend, daß Sie persönlich ein geeignetes Weltbild erwerben und eine Weltanschauung entwickeln, die Sie anfassen und mit der Sie etwas anfangen können.

Die Sache mit der Weltanschauung ist ganz wörtlich zu nehmen: Es geht um Ihre Optik! Die Welt sieht anders aus, je nachdem, ob »man« sie sieht oder ob »ich« sie sehe. Beide Perspektiven sind richtig und notwendig, wenn wir weder auf persönliche Bedeutung noch auf Teilhabe an einer uns gemeinsamen Welt verzichten mögen.

Jede *Wahrnehmung* ist zugleich auch ein Stück *Wahrgebung*. Was Sie in Ihren aktuellen Fragen *anders* sehen als (alle) andere(n), das zählt, das zeigt den Unterschied, den Ihre Person, Ihre Anwesenheit in der Welt wirklich macht. So besteht denn auch die eine große Aufgabe dieser Karte darin, zu entdecken, wie Sie auf Ihre Art die Welt auffassen (dafür ist die Hand, welche die Weltkugel buchstäblich erfaßt und auffängt, ein konkretes Sinnbild). Die zweite große Aufgabe liegt darin, die eigene Weltauffassung in die Tat umzusetzen, eine Welt für sich zu bauen (dies illustriert die Hand, welche den Stab erfaßt). Um dies zu verwirklichen, müssen Sie jedoch wissen, wie andere Menschen die Dinge sehen und praktizieren würden (dafür steht der zweite, von der Bildfigur unberührte Stab im Bild).

Die roten Früchte und die weißen Lilien zusammen mit dem schwarzen Kreuz vorne links im Bild, stellen mehr als ein Wappen dar:

Schwarz-Weiß-Rot sind die Stufen des alchemistischen Transformationsprozesses. Dabei soll sich das Grobe in das Feine, das Unausgegorene in das Vollendete verwandeln. Wer die grundlegenden Widersprüche seiner wirklichen An-Triebe und Motive unterschätzt, wird scheitern. *Scheitern* heißt aber auch, Holz in Stücke zu teilen. Wer Scheite fabriziert, wird gescheit! Auf einen groben Klotz einen Keil zu setzen, eigene und fremde Absichten genau zu unterscheiden und Stück für Stück *mit* den eigenen und mit fremden Energien zu arbeiten, das wird Sie mit guten Energien ausstatten und zu schönen, stimmigen Erfolgen führen.

In Ihren aktuellen Fragen entwickelt sich etwas Neues, das nur Sie entdecken können. Warten Sie solange, bis Sie es gefunden haben und bis sich Ihre Sicht der Dinge abgerundet hat. Berücksichtigen Sie dabei anderslautende Absichten und Auffassungen. Wenn Sie soweit sind, zögern Sie nicht länger. Bringen Sie Ihren Ball ins Spiel! Handeln Sie mit ganzer Macht.

Neue Lösungen

Unternehmungsgeist und Aufbruchstimmung führen zu lohnenden neuen Zielen, wenn Sie das große Unbekannte nicht nur vor, sondern auch hinter sich suchen ...

Die drei Stäbe im Bild erinnern an die »drei Säulen der Feuerenergie« – Sexualität, Kinder und Kreativität (s. As der Stäbe). Die beiden Stäbe im Rücken der Bildfigur stellen die Lösungsaufgaben der Karte »Stab 2« dar. Sie sind entweder als Rückendeckung bekannt oder als hinterrücks bestehende Widersprüche noch unbekannt. Das Bild zeigt ein altes und ein neues Ufer, dazwischen ein sonnenüberflutetes Meer, das eben wegen der reichlichen Sonne, in seiner gelben und bräunlichen Färbung, auch wie eine wüstenhafte Durststrecke anmuten mag.

Die Stellung der Bildfigur erlaubt mehrere Deutungen: Bitte beachten Sie, welche der drei folgenden Möglichkeiten Ihnen am meisten bekannt vorkommt: (1) Hier überlegt jemand, wie er oder sie am besten oder am schnellsten zum gegenüberliegenden Ufer gelangt. (2) Hier ist eine/r zu spät gekommen. Die Schiffe sind schon abgefahren. Was tun? (3) Hier betrachtet jemand mit viel »Sonne« und Besonnenheit den Strand und den Lauf der Dinge.

Die Deutung, die Ihnen am meisten geläufig erscheint, sollten Sie sich besonders merken. Sie zeigt Ihnen eine Ihrer Sonnenseiten! Wenn Sie im Sinne der ersten Variante am liebsten überlegen, wie Sie auf die andere Seite und zu neuen Ufern gelangen, spricht das für Ihren Unternehmungsgeist und Ihren Tatendrang. Bevor Sie in Ihren aktuellen Angelegenheiten aber in Aktion treten, sollten Sie prüfen, ob Sie die Kehrseiten Ihrer Projekte und Absichten auch kennen. Die Bildfigur jedenfalls schaut nach vorne, zeigt uns als Betrachtern aber ihre Rückseite. Der Rücken ist der Ort des Unbemerkten, des Unberücksichtigten und deshalb der Platz des Schattens. (Denn der Schatten ist zunächst immer unsichtbar und kaum merklich.) Rüsten Sie sich für neue Taten, aber »berücksichtigen« Sie, was hinter Ihnen steht. Achten Sie ,auf gegenläufige Tendenzen bei Ihnen selbst und/oder anderen.

Wenn Ihnen die zweite Deutungsvariante am meisten einleuchtet und Sie das Gefühl haben, der Zug sei bereits abgefahren, dann haben Sie mit Ihrer Anschauung zur Hälfte Recht. Denn das Bild betont mit der Rückansicht der Bildfigur durchaus die vorhandenen Nachteile und ein mögliches Hintertreffen in der aktuellen Situation. Aber kennen Sie auch Ihre Vorderseite und Ihr Gesicht? Die Bildfigur enthält uns beides vor. »Gesicht« steht für Identität und Image (Erscheinungsbild), die Vorderseite symbolisiert Ihre Schokoladenseite, die persönlichen Vor-Teile. Es ist gut, wenn Sie einen klaren Blick für die gegebenen Nachteile Ihrer aktuellen Situation besitzen; aber diese Nachteile sind nur die eine Seite des Ganzen. Wenn Sie Ihre Identität ins Spiel bringen, Gesicht und Profil zeigen und ebenso aufmerksam für Ihre Vorteile und für das Unbekannte vor Ihren Augen werden, dann werden Sie neue Aufgaben und Chancen entdecken, von denen Sie bislang keine Ahnung hatten.

Wenn Sie im Bild vor allem eine Etappe der Besonnenheit und der Betrachtung erkennen (das war die dritte der genannten Möglichkeiten), so kann darin eine glückliche Verbindung der ersten beiden Alternativen zum Ausdruck kommen. Wenn Sie Ihre Identität im Neuen wie im Alten finden, Rücksicht auf das Bekannte wie das Unbekannte in Ihren aktuellen Fragen nehmen, dann werden Sie zum »Kolumbus« in eigener Sache. Vorausgesetzt, Sie verfügen über die Kraft der Begeisterung, mit der Sie Durststrecken überwinden und auch bei Schwierigkeiten Ihr Ziel verfolgen können. – Die Begeisterung stellt die feinste Stufe der Feuerenergie dar. Sie bezeichnet den Übergang, die Vermischung von Feuer und Luft. Deshalb ist es kein Zufall, daß wir hier *Segelschiffe* antreffen, die bei einer Stab-Karte (Feuer) auf die Wirkung des Geistes (Luft) hinweisen.

Beachten Sie, daß der Himmel nicht knallig Gelb wiedergegeben ist, wie in anderen Bildern. Dem gelben Himmel ist ein leichter grauer Unterton eingezeichnet. Das bedeutet: Sonnen- und Schattenseiten sind gemeinsam vorhanden, beide zugleich erkennbar und ineinander aufgehoben! Das symbolisiert noch einmal jene glückliche Verbindung von Vorder- und Rückenansicht, von Absicht und Rücksicht usw. Zusätzlich aber stellt das gebrochene Gelb des Himmels ein bedeutsames Zeichen der Bewußtheit dar, eben weil Licht und Schatten gleichermaßen darin aufgehoben sind. *Bewußtheit in und bei Ihren Aktionen, Unternehmungen und Auftritten* ist der entscheidende Inhalt einer *Begeisterung*, die sich vom bloßen Enthusiasmus dadurch unterscheidet, daß sie weiß, was sie tut.

Widersprüche zum Tanzen

Einen lebhaften und bunten Alltag verspricht diese Karte. Sie schenkt Ihnen »viel Glück und viel Segen«, wenn Sie einen Blick für die verführerischen Tücken der Situation besitzen ...

Beschwingtes Lebensgefühl, eine Zeit der Feier, ein »Richtfest« (B. Schöber-Paweska), der Tanz des Lebens, Feierabend, ein pulsierendes Zentrum – energievoll, blühend, erotisch und aufhauend: Das Bild zeigt uns das Leben an einem Kraftort, in einem kreativen Miteinander, in einer Atmosphäre optimistischer Gemeinsamkeit. Einen *Kraftort* finden wir übrigens nicht nur an bestimmten Naturschauplätzen oder magischen Stätten. Kraftzentren finden wir überall, wo das blühende Leben sich entfalten kann. Für den einen ist es die Disco oder das Theater, für andere eine florierende Firma, für dritte eine große Familie oder Wohngemeinschaft, für wieder andere die persönlichen Liebhabereien, Hobbys und Leidenschaften.

Das Leben an einem Kraftort bedeutet nicht nur ein »Kribbeln im Bauch«, sondern ein Kribbeln, das Körper, Geist, Seele und Wille (alle vier Elemente) und den ganzen Menschen erfaßt. Die vier Stäbe deuten auf diese aufregende Einheit hin. Die Girlande mit Blumen und Früchten ragt hoch in den Himmel, und das symbolisiert Hochspannung, high life und Leben auf einem hohen Energieniveau.

Ein solches Leben beflügelt unser Dasein. Wir alle haben eine große Sehnsucht danach, aber vielleicht auch eine gewisse Furcht davor, weil es den Rahmen des Üblichen sprengen könnte. Die Lust, »außer Rand und Band« zu geraten, löst auch Ängste aus. Und diese müssen hier berücksichtigt, können hier aufgehoben werden.

Beachten Sie, daß die große, geschmückte Girlande nicht alle vier Stäbe verbindet und daß die beiden Hauptfiguren sich ebenfalls nicht berühren. Mit ihren roten und blauen Gewändern weisen die beiden Gestalten, die zwischen den Stäben stehen, auf die Spannung zwischen Mann und Frau oder allgemeiner, zwischen Seele und Wille, Gefühl und Lebenskraft hin. Im guten wie im schlechten Sinne sind diese Polaritäten hier die Quelle aller Spannungen. Wenn es zu einer Verbindung kommt, wie es die Girlande mit den beiden äußeren Stäbe vorführt, dann kann die Energie fließen. Wo aber gewisse Dinge nicht mit einbezogen werden, wie die beiden inneren Stäbe, oder unberührt bleiben, wie die beiden Hauptfiguren im Bild, – da kann es geschehen, daß wichtige Seiten aller Beteiligten zu kurz kommen.

Kein Bild in diesem Tarot zeichnet alle darin enthaltenen Gestalten so *klein* wie dieses. Die Gefahr, *zu kurz* zu kommen und persönlich gleichsam unterzugehen, ist damit nirgends so groß wie hier. Natürlich kann die Darstellungsgröße auch bezwecken, das vergleichsweise riesige Ausmaß der Stab-Energie und der damit zusammenhängenden Hochspannung herauszustellen. Außerdem kann das kleine Format der Bildfiguren verdeutlichen, mit welchem Abstand, aus welch großer Perspektive wir das Bild betrachten sollen. Doch die Gefahr, unter Einfluß einer enorm aufgeladenen Situation als Person und Persönlichkeit zu einer Restgröße zu schrumpfen, müssen wir hier ebenfalls im Auge behalten.

Die Burg im Bild kann nicht nur Schutz und sichere Heimat bedeuten. Jeder Kraftort im Alltag – ob Beziehung, Familie, Beruf oder Freizeit – kann zum Handicap werden, wenn nicht *alle* wichtigen Stäbe, das heißt, alle maßgeblichen Triebe und Motive berücksichtigt werden. Hochgespannte Ziele und »übertriebene« Erwartungen (d. h. solche, die über die wirklichen Triebe hinausgehen) können als Ersatz für andere Bedürfnisse und Antriebe dienen, welche zur selben Zeit vergleichsweise klein gehalten werden. Der Mangel an Befriedigung aller vorhandenen Energien kann im Anschluß durch noch höher gestellte Erwartungen und noch feierlichere oder heißere Höhepunkte kompensiert werden, so daß ein spannungsgeladener, aber steriler Kreislauf beginnt (der Tanzkreis der kleinen Figuren links im Bild kann u. a. für einen solchen Kreislauf stehen). Übertreibung und Untertreibung, Übererregung und Unterversorgung können sich wechselseitig bis zur Hysterie oder einer fast blinden Gefolgschaft hochschrauben. Daß das Bild auf den ersten Eindruck meist eher nett und insoweit harmlos wirkt, zeigt nur die Schwierigkeit, die Tücken unserer berechtigten Sehnsucht nach dem Außergewöhnlichen zu erkennen!

Eine glückliche Lösung dieser Konflikte steht und fällt damit, ob hier Platz bleibt für das selbständige Wachstum einer/s jeden Beteiligten. Kraftzentren und Hochenergien können Sie nutzen, wenn Sie in der eigenen Mitte ruhen. Zugleich brauchen Sie Beziehungen, Aufgaben, Herausforderungen von hoher Spannungsintensität, weil nur so all Ihre Kräfte überhaupt die Chance erhalten, miteinander vereint zum Einsatz kommen.

Selbst-Bewußtsein

Kampf und Spiel sind etwas sehr Wesentliches, wenn das Wesen einer/s jeden Einzelnen darin Platz findet ...

Fünf junge Menschen scheinen hier zu wetteifern und mit ihren Kräften zu spielen. Was auf den ersten Blick vielleicht wie eine Gepflogenheit von jugendlichen »Halbstarken« aussieht, besitzt eine tiefere Bedeutung, die für jedes Lebensalter gilt.

Zunächst ist klar, Feuer muß brennen. Wenn es nicht in Bewegung bleibt, geht es aus.

Feuer braucht Nahrung und die Möglichkeit zum Energieaustausch. Streits, Wetten, Kämpfe und Spiele sind dazu erforderlich oder können doch dazu genutzt werden. So daß selbst ein an sich unerquicklicher Streit verblüffenderweise als Reibung, Berührung und Gemeinsamkeit, als Fortsetzung einer Partnerschaft mit anderen Mitteln sich herausstellen kann. Jede Auseinandersetzung setzt eine zumindest heimliche oder indirekte wechselseitige Anerkennung voraus. Und mancher Streit dient dem Ziel, sich gegenseitig zu größeren Taten, zum Leben mit einer gesteigerten Energie herauszufordern. Ein wesentliches Merkmal des Feuers ist es jedenfalls, latent vorhandene Kräfte freizusetzen, potentielle Energien wirklich zum Einsatz zu bringen. Denn erst dann brennt es!

Bringen Sie also sich selbst ins Spiel, messen Sie mit eigener Elle. Lassen Sie es zu und nutzen Sie es, von anderen Ellen gemessen, von den Energien, die Sie umgeben, herausgefordert zu werden.

Von Bedeutung sind Kampf und Spiel, weil in Ihnen etwas wesentlich Menschliches liegt. »Der Mensch spielt nur, wo er in voller Bedeutung des Wortes Mensch ist, und er ist nur da ganz Mensch, wo er spielt« (Friedrich Schiller). Was uns von anderen Lebewesen unterscheidet, sind Bewußtsein und Willen. Beides, die Freiheit des Geistes und des Handelns, blüht aber nur, wenn wir in jeder Frage des Lebens über *Alternativen* verfügen. Wir müssen viele Möglichkeiten und Varianten *durchspielen*, um zu wissen, was wir können und was wir wollen. Sodann müssen wir uns *auseinandersetzen*, um zu erfahren, was zusammenpaßt und was nicht. Wille und Bewußtsein fallen nicht nur vom Himmel, sie müssen auch erfahren und erstritten werden. Der *wahre Wille* eines jeden Menschen ist das Resultat vieler Bemühungen, Auseinandersetzungen *und* Kräftevergleiche. Er ist das Wesentliche, das nur im Spielen und Wetteifern, im Probieren und Studieren zu erreichen ist.

Es geht hier demnach um eine Kultur des Spielens, die etwas anderes meint als die Pflege von Unterhaltungs- oder Gesellschaftsspielen. Nichts dagegen, doch das ganze Leben als *Spiel zu nehmen, ohne es zu verspielen*, das ist die Chance und die Aufgabe, die sich hier stellen. Diese Kunst fängt damit an, daß Sie Ihren Willen weniger als etwas Feststehendes begreifen. Feuer ohne Bewegung erlischt, und Wille ohne Veränderung erschöpft sich in Willkür, bloßer Spontaneität oder Prinzipienreiterei. *Ihr Wille wandelt und bildet sich mit jeden Augenblick*, und dies zeigt uns das Bild in einer Momentaufnahme. Daß hier Jugendliche dargestellt sind, bedeutet, daß es besonders die *heranwachsenden*, die nachwachsenden Triebe in Ihnen sind, die an der aktuellen Auseinandersetzung und Neuformulierung Ihres Willens beteiligt sind.

Das Ziel einer »spielerischen Lebenskunst« ist ein Selbst-Zweck. Das meint ein Doppeltes: Spielen, Kämpfen und Wetteifern haben ihre Zwecke in sich selbst, und zugleich liegt ihr Zweck in der Herausbildung des Selbst in einem jeden Menschen. Die Kunst des bewußten Spielens befähigt Sie dazu, daß Sie Ihren Willen zum Maßstab für alles machen können, wenn Sie bereit sind, jeder/m anderen ein gleiches zuzugestehen!

Beobachten Sie sich selbst und andere, testen Sie: Welche Bestrebungen des Willens entsprechen wirklichen Wünschen und können deshalb etwas bewegen? Welche Willens- oder Kraftakte sind überflüssig, weil sie etwas erzwingen wollen, das keine wirksame Bedeutung besitzt? Schauen Sie, ob Sie mit anderen spielen können und ob Sie sie beim Spielen ernst nehmen. Welche neuen Kräfte und Triebe sehen Sie heranwachsen? Gibt es Impulse aus Ihrer Jugendzeit oder von Jugendlichen, die für Ihre aktuellen Fragen von besonderer Bedeutung sein können? Sorgen Sie für *Spielraum* in Ihrem Alltag und nutzen Sie ihn: Dazu können Mußestunden oder etwa die Einrichtung eines eigenen Zimmers verhelfen. Aber auch in Ihren privaten Beziehungen und Ihren beruflichen Aufgaben warten neue Alternativen darauf, daß Sie sie durchspielen und abklopfen. Tun Sie es!

Stärken und Schwächen

In diesem Bild grünt es. Fast die Hälfte der Bildfläche nimmt diese Farbe ein, die anzeigt: Hier ist etwas noch ganz frisch, auf dem Weg, dem Stadium der Unreife zu entwachsen ...

Zunächst mag Ihnen der erhabene Reiter ins Auge springen, der Held, der seinen Triumph erntet und vollendet. – Aber kann es nicht auch eine Reiterin sein? Wie der Stab ein Phallus-Symbol, so ist der grüne Kranz ein Symbol weiblicher Geschlechtskraft (was im Brauchtum in den verschiedenen Versionen des Ringreitens und Ringstechens zum Ausdruck kommt). Warum also nicht eine Reiterin, eine Heldin? – Und gibt es einen Triumph, der nur auf eigenem Erfolg beruht? »Der große Alexander eroberte das siebentorige Theben. Hatte er nicht wenigstens einen Koch dabei?« fragte B. Brecht ironisch.

Wer auf die Alternative von Held oder Masse, Führer oder Geführte setzt, teilt seine eigenen Kräfte in Stücke. Wer sich aber in *allen* Aspekten des Bildes wiedererkennt, hebt sie zu einem größeren Ganzen auf, das der erhöhte Kranz als Zeichen des »höheren Selbst« herausstellt.

Dabei geht es zunächst um die Anerkennung und die Annahme des Schattens. Das »Fußvolk« stellt eine Seite des Schattens des Helden dar. Denn das ist das Typische am Schatten, daß er uns stets auf dem Fuße folgt, wohin wir auch gehen. Einen noch größeren Stellenwert nimmt im Bild das an sich weiße Pferd ein. Ein Pferd symbolisiert den unwillkürlichen Bewegungsdrang, die Triebnatur, den Körper und die Sexualkraft. Das Weiße weicht dem Grün, oder das Grüne unterdrückt das Weiße. – Und da gibts noch einen dritten Schattenaspekt, dargestellt durch den vordersten der Fußsoldaten oder Fußgänger, dessen Gestalt, vom Pferd halb verdeckt, gar nicht zu erkennen ist. Das kaum Wahrnehmbare, das Gesichtslose, ist ebenfalls typisch für den eigenen Schatten. – Was bedeuten diese verschiedenen Schattenseiten praktisch?

Die große Reiterfigur bezeichnet unseren *bewußten Willen*, unsere Eigenregie. Der bewußte Wille ist das, was man gemeinhin als »Wille« versteht; dieser einfache Wille soll aber um die nun folgenden Aspekte erweitert werden. Das Pferd deutet auf die Eigendynamik der Feuerkräfte in uns; es steht für unseren *unbewußten Willen*. Dieses Pferd, das uns zu großen Sprüngen verhilft, ist in der Praxis das, was wir einfach tun oder lassen, wodurch wir schon handeln, während unser Bewußtsein noch überlegt. – Die »Fußgänger« vertreten den *bewußten Nichtwillen.* Denn ihr Merkmal ist weder Eigendynamik noch Eigenregie, sondern Gefolgschaft. In der Praxis geht es hierbei meist um Hingabe, Neugier oder Anpassung. Der Wille einer/s anderen wird verfolgt und befolgt. Oder eine passive Seite des eigenen Willen tut sich darin kund: die eigene Absicht, nicht zu agieren, sondern zu reagieren und sich dem Lauf der Dinge anzuschließen. – Der vierte und letzte Aspekt, dessen Gestalt und Gesicht unsichtbar bleiben, stellt unser einfaches Selbst dar, den *unbewußten Nichtwillen*, oder anders ausgedrückt, die Kraft der inneren Absichtslosigkeit. Hier geht es praktisch darum, weder zu agieren noch zu reagieren, sondern einfach dazusein und dabeizubleiben.

Nach der Begegnung mit dem Schatten führt eine nächste Stufe der Selbstwerdung dazu, die Kräfte des anderen Geschlechts in sich selbst zu erkennen. Männliches und weibliches Prinzip sind hier durch den Stab mit dem grünen Kranz dargestellt. – Weitere Stufen sind die Auseinandersetzung mit Archetypen (hier vor allem mit der Figur des »Helden«; wichtig auch der grüne Kranz in seiner Doppeldeutung als Sieger- und Totenkranz) und die Herausbildung eines persönlichen Mittelpunktes (hier vor allem in Gestalt von Reiter oder Reiterin).

Die Existenz von Gewinnern und Verlierern, Helden und Nicht-Helden setzt eine innere Zerstückelung in Teilwahrheiten und Teiltriebe voraus. Deren Überwindung, die Selbstwerdung, ist aber der entscheidende Triumph, bei dem *jede Seite* gewinnt. Darum geht es in Ihren aktuellen Fragen. – Testen Sie sich, welche der im Text genannte vier Willenskräfte Ihnen am meisten und welche Ihnen am wenigsten vertraut ist! Erst alle vier Ausprägungen zusammen machen ein bewegliches, starkes und erfolgreiches Selbst aus. Nutzen Sie diejenige Seite, die Sie am besten kennen und können, um auch die weniger oder gar nicht vertrauten Willensanteile wirken und gelten zu lassen! – Hier wächst etwas heran, das noch ganz »grün«, ganz jung und unerfahren ist! Für Ihre aktuellen Fragen gibt es daher nur *komplexe* Antworten. Scheuen Sie davor nicht zurück. Komplexe Antworten vergrößern den Spielraum, in dem Sie mit vielen Kräften zusammenleben und zusammenarbeiten können, während Sie genau das sind und das tun, was sie wollen.

Willensbildung

Es sieht aus wie Kampf. Viele Energien können und wollen auf einen Begriff gebracht werden ...

Manchmal muß man um den eigenen Standpunkt kämpfen – mit sich selbst oder mit anderen. Welcher »Stab« soll hier zur Hauptsache, zur wichtigsten Aufgabe werden? Welche Kräfte und Ereignisse sind von untergeordneter Bedeutung? Müssen Sie Ihre Überlegenheit verteidigen oder sich *eine* Sache überlegen – über-legen, höher halten als alles andere? Gibt es *niederträchtige*, aber kräftige Gegner oder *minderstarke*, aber wertvolle Freunde und Helfer? Werden Sie unterlaufen und unterfordert oder überfallen und überfordert?

Die Anordnung der Stäbe erinnert an ein Dreieck. Es kann also um eine Zuspitzung in Ihren aktuellen Fragen gehen, aber auch um eine Verwandlung. Das Bild handelt auch von unterschiedlichen Lebenslagen oder Lebensstufen. Es kann einen Bruch anzeigen, zum Beispiel zwischen oben und unten, Vergangenheit und Gegenwart. Die sechs unteren Stäbe können zusätzlich wie Kletterstangen gesehen werden, die der Bildfigur von unten nach oben hochgeholfen haben. Indem Sie mit all Ihren Kräften arbeiten, zugleich aber auch wissen, was Ihnen im Moment am wichtigsten ist, schaffen Sie den Sprung nach oben, erhöhen Ihr Energieniveau und machen einen Schritt weiter auf der Lebensleiter.

Außerdem kann es aber auch darum gehen, die eigenen Energien zu erden: Den Abstieg in die Tiefe zu wagen oder einen Abgrund zu überbrücken.

So oder so ist hier Ihr Mut zur Veränderung gefragt, Ihre Kraft zur Verwandlung. »Die Geburt des Selbst bedeutet für die bewußte Persönlichkeit nicht nur eine Verschiebung ihres bisherigen psychischen Zentrums, sondern als Folge davon eine vollständig veränderte Lebenseinstellung und Lebensauffassung, also eine ›Wandlung‹ im wahrsten Sinne des Wortes. ›Damit diese Wandlung zustande komme, ist die ausschließliche Konzentration auf die Mitte, d. h. auf den Ort der schöpferischen Wandlung unerläßlich. Dabei wird man von Tieren ›gebissen‹, d. h. man hat sich den tierhaften Impulsen des Unbewußten auszusetzen, ohne sich damit zu identifizieren und ohne ›davonzulaufen‹‹«

(Jolande Jacobi/C. G. Jung). Mit der Bereitschaft, aber auch der Abwehr, »von Tieren gebissen« zu werden, mag die auffällige Fußbekleidung der Bildfigur zusammenhängen. Schuh und Stiefel mögen Offenheit und Verschlossenheit gegenüber diesen »tierischen Impulsen« aus der Unterwelt des Unbewußten darstellen.

Auf einer höheren Ebene werden Probleme handhabbar und begreiflich, die »im Grunde« (auf einer tieferen Ebene) unlösbar erscheinen. Die höhere Ebene drückt die Aufhebung der früheren Gegensätze aus. »Die größten und wichtigsten Probleme sind im Grunde genommen alle unlösbar (...). Sie können nie gelöst, sondern nur *überwachsen* werden ... Dieses Überwachsen der persönlichen Probleme des Individuums stellte sich aber als eine Niveau-Erhöhung des Bewußtseins heraus. Irgendein höheres und weiteres Interesse trat in den Gesichtskreis, und durch diese Erweiterung des Horizontes verlor das unlösbare Problem die Dringlichkeit. Es wurde nicht in sich selber logisch gelöst, sondern verblaßte gegenüber einer neuen und stärkeren Lebensrichtung. Es wurde nicht verdrängt und unbewußt gemacht, sondern erschien bloß in einem anderen Lichte, und so wurde es auch anders. Was auf tieferer Stufe Anlaß zu den wildesten Konflikten und zu panischen Affektstürmen gegeben hätte, erschien nun, vom höheren Niveau der Persönlichkeit betrachtet, wie ein Talgewitter vom Gipfel eines hohen Berges aus gesehen. Damit ist dem Gewittersturm nichts von seiner Wirklichkeit genommen, aber man ist nicht mehr darin, sondern darüber« (C. G. Jung).

Behaupten und vertreten Sie Ihren Standpunkt! Lassen Sie den Boden unter Ihren Füßen nicht zu heiß werden. Machen Sie sich und anderen bewußt, was Sie wirklich wollen! So erlangen Sie die Fähigkeit, sich selbst und andere zu motivieren. Die verschiedensten Bestrebungen und Antriebe können weitgehend genutzt werden, wenn es gelingt, sie unter einem gemeinsamen Leitbild zu vereinen und in *eine* Hauptaufgabe für jeden Augenblick umzuschmieden. Darin werden die vielseitigen Interessen sowohl bestätigt wie auch zentriert und aufgehoben. Was Sie auch tun, tun Sie es ganz! Dies wird Ihren Standpunkt bestätigen, auf einer tieferen Grundlage verankern und auf ein erhöhtes Lebensniveau führen.

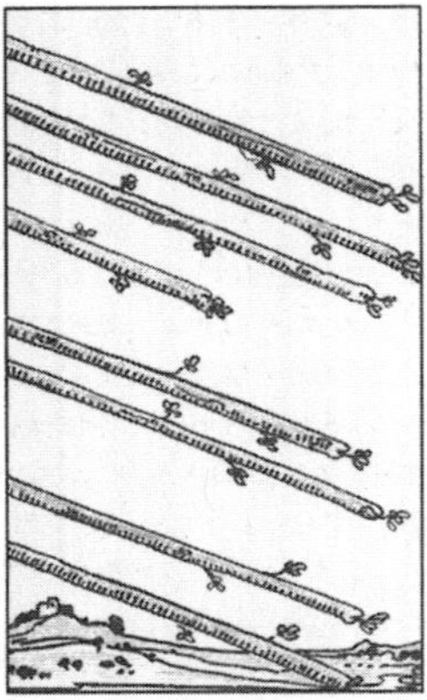

Höhere Verantwortung

»Es fliegt etwas durch die Luft«, und so soll es auch bleiben: Denn solange es in Bewegung ist, können Sie es am besten steuern ...

Manche Tiere, wie z. B. Katzen, erkennen die Dinge in ihrem Gesichtskreis am besten, wenn diese sich bewegen. Scheinbar ist es bei uns Menschen anders. Was feststeht, läßt sich klarer erfassen, so scheint es. Aber wird uns nicht oft ebenfalls durch eine Veränderung erst etwas bewußt, das vorher schlichtweg selbstverständlich war? Wenn wir unsere Energien, unsere Triebe und Motive in Schwung bringen und in Bewegung halten, müssen wir dann nicht mit permanenten Wechseln, mit veränderlichen Selbstverständlichkeiten rechnen? Ist es aber nicht gerade unsere innere Bereitschaft zum Wandel, die einen regelrechten Energieschub hervorruft?!

In der Wahrsagerei wird diese Karte zumeist mit »häuslicher Streitigkeit« interpretiert. Natürlich ist diese Aussage unzureichend. Allerdings kann sie vordergründig den Anschein von Wahrheit für sich beanspruchen: Wenn in einer Partnerschaft sich *ein* Partner verändert und frische Energien in Bewegung setzt, der andere aber nicht, dann werden bisherige Selbstverständlichkeiten einseitig in Frage gestellt, und das gibt gewöhnlich Streit!

Eine andere Möglichkeit besteht aber darin, Aufbrüche, Ankünfte, Entwicklungen und Veränderungen so zu steuern, daß jede/r der Beteiligten den eigenen Weg verfolgt, und daß gleichzeitig Parallelen zwischen den verschiedenen Wegen gesucht und gehalten werden, so wie es das Bild anzeigt. In diesem Fall müßte die Karte »Synchronizitäten« (gleichzeitige Begebenheiten) heißen. Diese Lösung schließt Streit zwar nicht aus, führt aber in der Regel zu einem größeren Glück, weil Entwicklungschancen genutzt werden und – so mag das Bild auch anzusehen sein – die häuslichen Verhältnisse sich von niederen auf höhere Schwingungsebenen begeben. Somit müßte das Bild »Himmelsleiter« oder »Kosmische Oktave« heißen.

Wie aber kann es gelingen, verschiedene Entwicklungslinien in einem Menschen oder zwischen mehreren Menschen zu koordinieren? Eine Orgelspielerin, der Dirigent eines großen Orchesters oder ein Jongleur verfügt über die Fähigkeit, viele »Energiequellen« gleichzeitig zu bedienen und zu leiten. Ohne Selbstbeteiligung und ohne Anteilnahme am anderen wäre dies nicht zu erreichen. Die Selbstbeteiligung ist aber ein Problem im vorliegenden Bild. Denn hier ist keine menschliche Gestalt zu sehen. So gleicht das Bild einem Menschen, der zum Wahrsager oder der Wahrsagerin geht, *anstatt* sich selbst ins Spiel zu bringen.

Die Wahrsagerei ist ein Beispiel für den Glauben, man könne für andere handeln, oder ohne eigenes Engagement sei irgend etwas zu erreichen. Dieser Glaube stellt sich hier wie ein Bretterzaun, der die Welt vernagelt, dar. Eine Ermunterung, eine positive Wirkung bekommt das Fehlen jeglicher Personen im Bild erst dann, wenn es bedeutet, daß wir uns selbst in unsere Ziele, Projekte und Absichten *ganz* hineingeben. Dann sind wir in dem, was uns bewegt und was wir bewegen, ganz enthalten, und Anteilnahme entsteht dadurch, daß wir uns auf vergleichbaren Wegen und/oder zu gemeinsamen Zielen bewegen.

Das Geheimnis der koordinierten Energien ist daher die Bereitschaft, ein höheres Maß an Verantwortung zu übernehmen. Darin liegen die Fähigkeiten, sich selbst zu bewegen und auf die Entwicklungen anderer Menschen selbständig zu antworten.

Achten Sie in Ihren aktuellen Fragen darauf, daß Sie einen unerquicklichen Schwebezustand beenden, indem Sie aus Betroffenheit, Ergriffenheit und Begeisterung selbst aktiv werden und an anderen Anteil nehmen. Lassen Sie sich von niemand das Gesetz des Handelns vorschreiben, genauso, wie Sie die Selbstverantwortung des anderen respektieren. Rechnen Sie mit Veränderungen auf vielen Ebenen, aber auch mit einem erhöhten Energieeinsatz, der vieles leichter und viel mehr möglich macht, als landläufigen Vorstellungen entsprechen würde.

Wirkungsvolle Intuition

In diesem Bild bewegt sich mehr, als man zunächst vermuten mag. Das könnte auch für Ihre aktuelle Frage gelten ...

Wie sehen Sie dieses Bild? Bei nicht wenigen Betrachtern und Betrachterinnen löst das Bild ein Gefühl von Unsicherheit oder Verlegenheit in der Interpretation aus: »Was geschieht denn hier?« Wie wäre es, wenn das gerade der *Inhalt* des Bildes wäre?

Was trägt die menschliche Gestalt an ihrem Kopf? Einen Verband, sagen viele der neueren Tarot-Kommentare etwas vorschnell und folgern, die Person müsse verletzt worden sein. Doch das ist bloße Spekulation. Ebenso kann es eine Kopfbinde oder ein Stirnband sein, Zeichen des Gerüstetseins, Merkmal eines »Kriegers« auf seinem Pfad. Außerdem ließe ein Verband nicht nur auf Verletzung schließen. Wenn der Kopf verbunden ist, so deutet dies auch auf *verbundene Gedanken und Einsichten* hin. Linke und rechte Gehirnhälfte (bewußte und unbewußte Seite) wären hier miteinander verbunden. »Unser Kopf ist rund, damit das Denken die Richtung wechseln kann« (Francis Picabia). Und nicht nur das Denken, sondern auch die Aufmerksamkeit, das Beobachtungs- und Auffassungsvermögen!

Weiß die Bildfigur, was hinter ihrem Rücken vorgeht? Berücksichtigt Sie die vielen Stäbe, diese Energien und Triebe auf breitester Front? Wenn nein, so erklärt sich, warum Skepsis, Verlegenheit oder Unsicherheit hier einschlagen: Es tut sich etwas, und die Gestalt im Vordergrund bekommt es nicht mit. – Stäbe symbolisieren Feuer und Wachstum. Sie stellen nichts Statisches dar. Zusätzlich macht noch das satte frische Grün der Landschaft den lebendigen, in Wachstum und Entwicklung begriffenen Inhalt der Situation deutlich. Außerdem weisen die unterschiedlichen Längen der Stäbe auf verschiedenartige oder verschieden schnelle Entwicklungen zur gleichen Zeit hin.

Wenn die dargestellte Person all das mitbekommen möchte, was um sie herum und hinter ihr in Bewegung und Veränderung ist, muß sie lauschen, ihre Augen überall haben und rundum achtsam sein. Sie braucht eine allseitige Aufmerksamkeit, wie ein Jäger oder eine Katze auf der Pirsch, wie eine Forscherin oder ein Kundschafter bei der Arbeit.

Feuer bedeutet u. a. Wachheit. Viele verschiedene Entwicklungslinien zur gleichen Zeit zu berücksichtigen, das braucht und weckt diese Wachheit. Wenn die Aufmerksamkeit sich daran orientiert, was sich tatsächlich tut und bewegt, dann bleiben Gefahren erspart, die sonst in einer starren Anspannung aller Kräfte (»allzeit bereit«) oder in einer nur abwartenden Haltung bestehen.

Feuer ist nicht allein gleichbedeutend mit Tatenlust und Schaffensdrang. Die Aufmerksamkeit für alles Lebendige zählt ebenso zu den typischen Feuer-Merkmalen. Intuition heißt wörtlich: Etwas ansehen, (sorgsam) betrachten, erwägen, im Auge behalten, beachten und in sich bewahren. (In einer Nebenbedeutung auch: sich schützen oder etwas schützen.) So ist Intuition nicht nur die Gabe der ganzheitlichen Betrachtung, sondern auch der schützende Blick für alles, was in Bewegung, Entwicklung und Wachstum begriffen ist.

Das Auge ist eine »Schnittstelle« zwischen Außen- und Innenwelt. Intuition bewirkt eine feine Wahrnehmung der Vorgänge vor wie hinter dem Auge. Die Aufmerksamkeit, mit der wir die Ereignisse draußen beobachten, ist ein Spiegel der (inneren) Selbst-Wahrnehmung.

»Was geschieht denn hier?« – diese Einstellung vermeidet vorschnelle Feststellungen und Handlungen, die nur den Blick versperren würden. Die aufmerksame Berücksichtigung und *Musterung* aller wirksamen Triebe und Motive fordert und entwickelt eine ganzheitliche und schützende Intuition. Und die Kraft der Intuition brauchen Sie, um in jeder Lage den aktuellen »Stab« auszuwählen, die brennendste Angelegenheit in den Vordergrund zu stellen.

Verlassen Sie sich in Ihren aktuellen Fragen auf Beobachtungen und Intuition. Spitzen Sie die Ohren, schärfen Sie Ihren Blick, aber entspannen Sie sich dabei, damit Sie auf alles achten können. Geben Sie nichts auf Gerüchte, seien Sie skeptisch gegenüber Mutmaßungen und bloßen Behauptungen. Falls Sie einer Vermutung folgen, bleiben Sie dennoch offen für mögliche andere Zusammenhänge. Beachten Sie auch zurückliegende Erfahrungen und Ereignisse. Bewahren Sie alle wichtigen Entwicklungen Ihrer Frage im Blick und halten Sie sich an das Dringendste!

Gebündelte Energien

Es lohnt sich, keine »halben Sachen« zu machen, denn das ist schließlich der einfachste Weg ...

Die »zehn Stäbe« stellen eine Situation der Erfüllung und zugleich eine Grenzsituation des Feuerelementes dar. Sie sind Ziel und neuer Ausgangspunkt der Stäbe, bergen die gleichen Gefahren und die gleichen Chancen wie das »As der Stäbe«, nur in differenzierter Form. – Falsche Zielvorstellungen, auch solche, die man schon lange vor sich hergetragen hat, können hier an einen Punkt gelangen, wo nichts mehr geht. Geeignete Wünsche und Absichten jedoch, die Sie mit konsequentem Nachdruck und hundertprozentigem Einsatz vorantragen, finden ihre erfolgreiche Bestätigung!

Das Bild zeigt im wahrsten Sinne des Wortes ein Energiebündel. – Nein, eigentlich sind es *zwei* Energiebündel: Die zusammengefaßten Stäbe stellen gebündelte, in einem Punkt konzentrierte und auf der anderen Seite entflochtene, aufgespaltene Feuer-Energien dar. Und die menschliche Gestalt, welche diese Stäbe vorwärts trägt, muß selbst ein Energiebündel, ein Ausbund an Willens- und Triebkraft sein.

Die Haltung dieser Figur kann auf der einen Seite sicherlich Überlastung, Bedrückung oder einen Mißerfolg ausdrücken. In einer solchen Situation bedeutet die Karte: Sie sehen vor lauter Bäumen den Wald nicht mehr. Sie müssen Ballast abwerfen und von Grund auf neuen Kontakt zu Ihrem Feuer aufnehmen. Achten Sie also darauf, daß Sie sich selbst, Ihre Identität im Blick behalten und daß Sie sich selbst weiterhin in die Augen schauen können!

Gesicht, Identität und Augenmerk stecken hier ganz in den vorangetragenen, den vorgetragenen Energien, Projekten, Interessen und Absichten. Darin liegt auch eine Aufforderung. Hier zeigt sich ganz bildhaft, was es heißt, mit aller Kraft den eigenen *Neigungen* zu folgen. Sie müssen sich nach vorne neigen, sich vollständig hineingeben. Wie das Vorwärtskommen auf einem steilen Bergweg erleichtert wird, wenn man sich etwas nach vorne fallenläßt, so trägt auch die menschliche Gestalt in diesem Bild die Früchte ihrer Bemühungen um so leichter nach Hause, als sie sich ganz den Stäben zuneigt, welche ihr gleichsam ans Herz gewachsen sind. So hat sie die Nase vorn.

Das Haus am Bildrand wird zumeist als Ziel verstanden, auf welches der Mensch mit den Stäben sich noch zubewegt. Diese Interpretation ist möglich und plausibel. Gleichzeitig kann jedoch auch eine andere Betrachtung in Frage kommen. Jedes Detailsymbol, hier: das Haus, kann exemplarisch für das gesamte Bild stehen. In dieser »holografischen« Betrachtung zeigt das kleine Haus nichts anderes als das, was das gesamte Bild bedeutet: Als Warnung – daß die eigene Identität, die eigene Heimat recht klein geraten ist, unterzugehen droht, an den Rand gedrückt wird. Als Ermunterung – daß der Mensch immer dann ganz bei sich zuhause ist, wenn er alle seine Kräfte zum Einsatz bringen kann.

Überall dort finden auch Sie Ihr Zuhause, wo Sie alle Ihre Kräfte verwirklichen, wo Sie »hundert Blumen« blühen lassen und wo Sie vielfältige Neigungen und Ziele miteinander verbinden können. Heimat, das ist nicht nur ein Ort, das sind nicht nur Menschen – das ist auch ein Energiezustand!

Wenn wir alle Kräfte einsetzen, so geht dem voraus, daß wir alle vorhandenen Kräfte erst einmal annehmen. Über viel Energie zu verfügen, ist ein Glück, wenn wir wissen, wohin damit. Wie ein/e Leistungssportler/in permanent Bewegung und Anstrengung braucht, um sich wohlzufühlen, so benötigt das Feuer in uns geeignete Aufgaben und Lebensziele, welche den Energieumsatz in Fluß halten. Unterforderung hemmt den Energiefluß ebenso wie Überforderung. Gestaute Energien aber belasten, sie ermüden bald und erschweren jeden Schritt. Deshalb ist es besser, »sein Kreuz auf sich zu nehmen« und Anstrengungen nicht zu vermeiden, soweit diese die Lebenskräfte im Endeffekt voranbringen.

Abenteuer heißt Ankunft (schon vom Wort her, vgl. Anmerkung). Sich Lebenszielen und solchen Aufgaben zu stellen, die alle vorhandenen Energien in Bewegung und Wachstum halten, ist eine lohnende Herausforderung und ein permanentes Abenteuer, zu gleich aber auch eine ständige Ankunft bei sich selbst.

Jetzt ist Ihr Einsatz gefragt. Geben Sie alles! Dabei wird Ihr Erfolg vor allem dadurch bestimmt, ob Sie auch in komplizierten Situationen mit vielschichtigen Ansprüchen und Ansichten immer wieder herausfinden, wo im Augenblick das Wesentliche liegt. Je mehr Sie tun und machen, um so mehr müssen Sie darauf achten, (auch) bei sich selbst anzukommen. Finden Sie Ihre Aufgaben in der Welt, an denen Sie weiter wachsen können und die mit Ihrer Entwicklung Schritt halten. Entscheiden Sie sich danach auch in Ihren aktuellen Fragen.

Kelche

»Auf die innere Einstellung kommt es an«: Kelch-Karten stellen ein Angebot dar, etwas zu empfangen (passiv) oder (von anderen) empfangen zu lassen (aktiv). Ihre Seele zeigt Ihnen die richtige Antwort oder Lösung. Bleiben Sie auf dem Laufenden, und halten Sie die Dinge im Fluß. Beachten Sie die Bedürfnisse Ihrer Mitmenschen, und berücksichtigen Sie alle wirksamen Gefühle.

■ «Wer kann etwas für seine Gefühle ...?

■ «Und solang du das nicht hast, /Dieses: Stirb und werde!/Bist du nur ein trüber Gast/Auf der dunklen Erde.«

■ «Alles fließt, und das Harte unterliegt.«

Das Gefäß, das dem Wasser Halt gibt: Die Kelche, auch Pokale genannt, werden traditionell dem Element Wasser zugeordnet. Von daher hat sich eine Gleichsetzung Kelche = Wasser eingebürgert, die jedoch verdient, genauer betrachtet zu werden. Merkmal des Wassers ist sein *flüssiger*, formloser Zustand; Kennzeichen des Kelches dagegen seine feste Form. Wasser ist an sich ungreifbar (und im übertragenen Sinne unbegreifbar); durch die Kelche wird es faßlich, erfaßbar und handhabbar. Wenn das Wasser unsere Gefühle symbolisiert, so stellen die Kelche all das dar, was unseren an sich ungreifbaren Gefühlen eine faßbare Form verleiht. Die Kelche sind ein *Inbegriff bestimmter Gefühle.*

Sinnbildlich kann demnach alles, was dem Wasser eine bestimmte Form gibt, den Kelchen entsprechen: Quelle, Brunnen, Flußbett, See und Stausee bis hin zur Landschaft, der Ökologie, den Meeren und dem Wasserkreislauf insgesamt. Jedesmal drückt die Gestalt des Kelches dabei den Widerspruch zwischen Fließendem und Bestehendem aus: Ohne Flußbett keine Strömung, kein Fließen, und ohne *bestimmte* Gefühle kein persönliches Fassungsvermögen für die Energien der Seele. Doch wie ein stehendes Gewässer auch abgestanden und »gestaut« sein kann, so bewirkt eine allzu starre Fixierung auf bestimmte Gefühle möglicherweise eine Eintrübung oder einen Stau der Gefühle, so daß wir betrübt werden, im Trüben fischen oder Trübsal blasen ... Eine

Wasserverschmutzung gibt es jedenfalls auch im seelischen Bereich; auch da müssen ganze Flüsse saniert werden.

Bestimmte Gefühle sind vor allem unsere Wünsche und Ängste, allgemeiner alle seelischen Bedürfnisse sowie das (seelische) Verlangen und der Glaube. Denn Wünsche und Ängste, die so groß sind, daß sie die gesamte Lebensspanne umfassen, sind eine Sache des Glaubens.

In zahlreichen Erzählungen wird der Mensch selbst als Gefäß aufgefaßt, welches am großen »Wasserkreislauf« – am Meer der Seelen und am Strom der Zeit – teilhat. Der heilige Gral wurde als Schale oder als Kelch verstanden; er läßt sich ebenfalls im Sinne der Tarot-Kelche interpretieren. Einerseits gleicht der Mensch, der zur Person wird und ein eigenes seelisches Fassungsvermögen entwickelt, dem Kelch. Andererseits gilt: Wenn wir von der Ökologie, den Meeren und dem kompletten Wasserkreislauf als größter Form des Kelches ausgehen, dann gleichen wir nicht dem Kelch, sondern einem Teil *seines Inhalts*.

Als Symbol des weiblichen Schoßes verkörpern die Kelche Sexualkraft und *Weiblichkeit*. Als Zeichen und Produkt des Kunsthandwerkes beinhalten die Kelche eine traditionell *männliche* Komponente. Ein Kelch kann Quelle und Mündung darstellen, im übertragenen Sinne auch Ursprung und Ziel, Leere und Erfüllung. – Weitere Stichworte:

»Hoch die Tassen«, das Wasser bis zum Halse, untertauchen, »badengehen«, sich freischwimmen. Die Suppe auslöffeln. Träume, Tränen, Trunk und auf dem Trockenen sitzen. (Ein Effekt der Symbolkunde besteht darin, daß wir sogenannte »funktionale Äquivalente« kennenlernen: Bei bestimmten Anlässen ist es so, daß Frauen weinen und Männer »einen trinken gehen«. Das unterschiedliche Verhalten besitzt dieselbe Bedeutung – jedesmal geht es darum, daß »es« fließt!)

Das Wasser des Lebens: Bis in die Frühzeit der abendländischen Kultur läßt sich die Vorstellung vom »Wasser des Lebens« zurückverfolgen. Die Ägypter glaubten z. B., daß das Wasser aus der Todesstarre befreie. Die babylonische Göttin Ischtar mußte in die Welt der Toten hinuntersteigen, um das Wasser des Lebens zu holen. – Weil das Wasser den Ursprung allen irdischen Lebens darstellt, symbolisiert das Wiedereintauchen in das Wasser u. a. eine Rückkehr zu verflossenen Urzeiten. In der Evolutionsgeschichte stellt die Zeit des Lebens *im* Wasser aus menschlicher Sicht eine *Vorzeit* dar, eine Zeitspanne, die der Entstehung der menschlichen Rasse vorausging. In der Individualgeschichte wiederholt sich im kleinen Maßstab und im Zeitraffer die gesamte Entwicklung. Im Mutterleib macht jeder Mensch bekanntlich den Weg gleichsam von der Kaulquappe bis hin zur Menschwerdung durch, um dann mit der Geburt das große Wasser zu verlassen. Das Wasser kann für den Menschen einen Ort der vollkommenen Geborgenheit, aber auch der vollständigen Umschließung und Gefangenschaft darstellen. Aus der Perspektive eines Menschen, der den aufrechten Gang und die frische Luft schätzen gelernt hat, bedeutet die Rückkehr zum Wasser und ein gänzliches Wiedereintauchen in das nasse Element möglicherweise eine Art Selbstaufgabe. Das Wasser besitzt von daher auch einen bedrohlichen Charakter, der in Bildern und Geschichten der Vernichtung Ausdruck gefunden hat: Etwa im Mythos der Sintflut, in den Erzählungen von Jonas und anderen, die von einem Wal verschlungen werden.

Doppelnatur des Wasser: Das Wasser kann Leben spenden oder aber zerstören. Doch diese Eigenschaft besitzt jedes der vier Grundelemente Feuer, Wasser, Luft und Erde. Der typische Doppelcharakter des Elementes Wasser bezieht sich noch auf ein anderes Thema: Wir haben das Wasser in uns, so wie es der menschliche Körper auf einen Wasseranteil von 60-70 Prozent bringt. Auf der anderen Seite sind wir *vom Wasser umgeben*. Bis zu den Tiefen der Erde und den Höhen des Himmels reicht der Wasserkreislauf, und etwa drei Viertel der Erdoberfläche bestehen aus Wasser. Wir haben »es« in uns und »es« hat uns umschlossen. Weil das so ist, gibt es überhaupt die Möglichkeit der Resonanz, des »Verständnisses« zwischen Innen- und Außenwelt, des Mitgefühls (Sympathie und Antipathie) zwischen verschiedenen Menschen, ein Mitgefühl, das so groß sein kann, daß es Kontinente verbindet oder sogar die ganze Welt umfaßt. So, wie das Individuum als eine Massentatsache aber eine ganz junge Errungenschaft der Geschichte darstellt, ist es ein großes, oft auch schwieriges Thema, die geeignete Resonanz, die richtige Stimmung und Wechselwirkung zwischen den eigenen, privaten und andererseits den »ozeanischen« Gefühlen, den kollektiven Stimmungslagen und Trends herauszufinden. Das Eigene abzugrenzen, ohne sich gleichzeitig für das Größere zu verschließen, ist eine der wesentlichen Aufgaben des Wasserelementes für uns. Deren glückliche Lösung wird durch das häufige Vorurteil erschwert, Wasser kenne keine Trennungen. Angeblich sei es allein Kennzeichen des analytischen Verstandes, zu trennen und zu unterscheiden. Tatsächlich aber nimmt jedes Element Unterteilungen vor. Das Wasser in der Natur weist die verschiedenartigsten Sorten, Formen und Aggregatszustände auf. Im Seelenleben entspricht diesen eben die Unterscheidung von Eigenem und Anderem, von stimmigen und unstimmigen Gefühlen. Eine Seele besitzen alle Lebewesen. Aber erst durch die Unterscheidung der Gefühle, durch die Ausbildung eines individuellen seelischen Fassungsvermögens wird der Mensch zur Person, zu einem eigenen Resonanzkörper für das große kosmische Geschehen, zu einem Wesen mit *persönlicher* Seele.

Große Passion: Wenn der private »Wasserhaushalt« und der kosmische, kollektive »Wasserkreislauf« eine stimmige Resonanz, eine harmonische Übereinstimmung bilden, dann wird aus dem einzelnen Leben ein großes Leben. Wir finden uns dann mit unseren Gefühlen, mit unserer innersten Befindlichkeit in unserer Umgebung und Außenwelt wieder, genauso wie die große Welt ihren Widerhall und Nachklang in uns selber besitzt. Diese Harmonie zwischen Seele und allem Leben auf der Welt in Vergangenheit, Gegenwart und Zukunft – ist selbst ein seelisches Bedürfnis. Wo dieses existentielle Bedürfnis verletzt wird, leiden wir im großen Umfang. Und wo dasselbe Bedürfnis erfüllt wird, erfahren wir das Leben mit Kraft und Leidenschaft in gleichfalls großem Umfang. Große Passionen sind unser »Kelch« für die Grenzerfahrungen, für die größtmögliche seelische Spannbreite unseres Lebens. Es hängt tatsächlich viel von unserer inneren Einstellung ab. Wir müssen die »Grammatik der Gefühle« kennen und zu benutzen verstehen, damit wir in kleinen und großen Gefühlen, bis hin zu Glaube, Liebe und Passion, *fruchtbare Resonanzen* erzeugen und empfangen.

Zusammenfassung: Wir selber gleichen dem Kelch, der dem Wasser der Seele Fassung, Form und Ausdruck verleiht. Zugleich sind wir selber Inhalt eines viel größeren Kelches, der nichts anderes ist als das Ergebnis der bisherigen Natur- und Menschheitsgeschichte.

Kelche stellen bestimmte Gefühle dar, Zuneigungen und Abneigungen, Wünsche und Ängste, Freude und Trauer, Leere und Erfüllung. Sie entsprechen dem Element Wasser.

Wasser bedeutet Lebenselixier, Lebensfülle, Seele und Seligkeiten. In der Natur bringen der Mond sowie Gewässer jeder Art die Kraft des Elements Wasser zum Ausdruck. Im menschlichen Verhalten sind es vor allem innere Bedürfnisse, seelisches *Verlangen* und der persönliche *Glaube*, die der Wasserkraft Ausdruck verleihen. – Weitere Merkmale:

Mitgefühl, Eingebung, Träume, Stimmungen und Ahnungen. Charakteristisch für das Element Wasser sind Offenheit, Empfänglichkeit und Hingabe. Schwierige Situationen (»sich freischwimmen müssen«) werden gemeistert, indem man die Gefühle prüft: »Auf die innere Einstellung kommt es an«.

Kostbarkeit der Seele

Eine gefühlsstarke und selbstbestimmte Persönlichkeit mit einem besonderen Reichtum ...

Die Königin hält, wie der Vergleich mit den anderen Kelch-Karten zeigt, einen besonders wertvollen Kelch in Händen, dessen weitere Besonderheit darin besteht, daß er nicht halboffen, sondern geschlossen ist. Sie hat »nah' am Wasser gebaut«, und ihre Kleidung verrät, daß sie vom Wasser durchdrungen ist. (Das entspricht nebenbei der biologischen Tatsache, daß der menschliche Körper zu 60-70 Prozent aus Wasser besteht.) So verfügt sie über reiche Gefühle. Wenn sie mit sich im Reinen ist, bezieht sie daraus Kraft und eine fruchtbare Fantasie. Sie kann, wenn sie auf sich achtet, ein heiteres und tiefes, ein schönes und wahrhaft erfülltes Leben verwirklichen, mit glücklichen Überraschungen, herzlicher Freude und echter Glückseligkeit.

Es besteht ein wichtiger Unterschied zwischen dem offenen Wasser in Fluß, See und Meer und andererseits dem Wasser, das wir in unserem Kelch jeweils fassen können. Gut ist es, die Gemeinsamkeiten zu fühlen:

Daß der eigene Kelch ein Teil des großen, viel größeren Wasserkreislaufs ist. Genauso notwendig und schön ist es jedoch, den Unterschied des einzelnen Kelches hervorzuheben. So werden Eigenständigkeit und Würde jeder Seele faßbar. Indem sie den einzelnen Kelch in seiner Besonderheit und Kostbarkeit darstellt, verdeutlicht die Königin, daß ihr die Eigenständigkeit der Seele und die Würde des Eigenen heilig sind. Auch der heilige Gral – diese zentrale Figur der mittelalterlichen Geisteswelt in Nord- und Westeuropa – wurde als Schale oder Kelch verstanden. Die »Königin der Kelche« ist *in Begriff* (in Besitz und Inbegriff) des Grals ...

Traditionelle Deutungen dieser Karte kamen oft schnell auf eine mögliche (sexuelle) Gefühlskälte der Königin zu sprechen. Doch das trifft nicht richtig. Abgesehen davon, daß *alle* Gefühle der Königin vertraut sein können, also auch hitzige Gefühle und »Wildwasser«, – geht es hier viel eher um eine stark ausgeprägte Neigung zum Eigenleben und um den Schutz der Eigendynamik der privaten Gefühle. Die Konsequenz daraus ist heute jedenfalls viel eher das »Single«-Dasein als eine emotionale oder sexuelle Verfrorenheit.

Wenn wir dem Reichtum unseres Gefühlslebens begegnen, glauben wir oft, wir hätten »zuviel« Gefühl oder zu komplizierte Seelenklänge, die eine gute oder eine konstante Beziehung zu sich selbst oder zu anderen erschwerten. Doch in der Regel trifft das nicht zu, im Gegenteil: Erst reiche Gefühle machen die natürlichen Grenzen des Einfühlungsvermögens deutlich, jene Grenzen, an denen spürbar wird, daß das eigene Fassungsvermögen erfüllt ist und an denen der andere Mensch in seiner seelischen Besonderheit sich unterscheidet. An diesem Punkt hat die »Königin der Kelche« die eigenen Gefühle gänzlich erfaßt; erst dann *schließt* sich ihr Kelch, und sie wird ohne weiteres fähig zu Beziehungen, welche Gemeinsamkeit und Eigenleben, Nestwärme und Autonomie, Mitgefühl und Selbstgefühl verbinden.

Die Geschlossenheit des Kelches drückt die Ganzheit der Seele aus; sie dient der Heranbildung der Seele zu voller Schönheit. Wie eine Perle in der Perlmutter, so brauchen unsere Gefühle Sicherheit und ein Reich für sich, bis daraus eine runde Sache wird, die ihren Wert für sich besitzt. Die Offenheit für andere und zu anderen, welche durch die Rückwand des Thrones in Form einer offenen Muschelschale dargestellt ist, setzt eine intakte eigene Mitte voraus. Wie ein Parabolspiegel in der Mitte einen Kollektor, einen Sammelpunkt benötigt, so sind hier seelische Offenheit und seelische Geschlossenheit zwei sich gegenseitig bedingende Voraussetzungen eines intakten Seelenlebens. Beide Pole zusammen sind die Quelle der Persönlichkeit. Sie sorgen dafür, daß wir weder zerfließen noch verhärten.

Ihre aktuellen Fragen erfordern Mut zum Gefühl und mehr noch: Mut zu Ihren Gefühlen in ihrer Ganzheit! Für Frauen ist dabei wichtig zu sehen, daß die große seelische Rückwand nicht nur Echo zu geben und zu empfangen in der Lage ist, sondern auch als Sprachrohr benutzt werden kann. Die Wirklichkeit der Seele ist eine Realität wie jede andere auch; mit der gleichen Selbstverständlichkeit, mit der gleichen Deutlichkeit soll sie sich auch in allen Alltagsfragen bemerkbar machen können. Auf eben diese seelische Wirklichkeit zu lauschen, darauf kommt es oftmals für die Männer an. Ohne den eigenen Kelch selber in die Hand zu nehmen und mit klarem Blick seine Kostbarkeit und seine Grenzen zu erkennen, existiert entweder kein persönlicher Bezugspunkt, oder mann gibt seine innere Sicherheit, den Wert und die Bewertung des Eigenen in andere Hände!

Tragendes Verlangen

Eine fordernde und würdevolle Persönlichkeit mit einer beinahe unwahrscheinlichen Fähigkeit ...

Der »König der Kelche« hat seinen Thron auf dem Wasser aufgeschlagen. Beinahe unwahrscheinlich, daß das Wasser einen steinernen Thron trägt, und absolut erstaunlich, daß er in dem erkennbaren Wellengang sicher seinen Platz behält. Es muß einen *inneren* Grund geben, der dem König genügend Auftrieb und noch dazu genügend Stabilität verleiht.

Als »König der Kelche« würden wir uns, so dürfen wir schlußfolgern, solange haltlos fühlen, wie wir nach äußeren Sicherheiten fahnden. Wir müssen unsere inneren Antriebe und Bedürfnisse *ergründen*, wenn wir nach Sicherheit und Festigkeit im Umgang mit dem Wasser des Lebens und der Welt der Gefühle suchen.

Für den »König der Kelche« kommt es jedenfalls darauf an, daß ihm auch *verborgene* Gefühle *deutlich* werden. Der Fisch, den er am Halse trägt, ist nur ein »kleiner Fisch« im Verhältnis zum Reichtum der Welt unterhalb der Wasseroberfläche. Hinter seinem Rücken schaut ein Fisch, ein Schlangenkopf oder etwas ähnliches aus dem Wasser heraus (am linken Bildrand). Was sonst *unter* der Oberfläche verborgen ist, gibt sich hier zu erkennen; der König muß es nur beachten. Der Respekt (wörtlich: Rücksicht) für unterschwellige Gefühle und Bedürfnisse ist der Schlüssel zur Tragfähigkeit des Wasser.

Ein anderes Wort für unterschwellige Gefühle und Bedürfnisse ist das *wirkliche Verlangen*. Eigentümlich genug, ist es sein Verlangen, daß dem König festen Boden unter den Füßen – inmitten einer uferlosen Wasserwelt – verleiht. Denn das Verlangen unterscheidet sich vom bloßem Gefühl dadurch, daß eine zusätzliche Dynamik sowie eine erhöhte Betroffenheit und Verbindlichkeit ins Spiel bringt. Sehnsüchtiges Verlangen und leidenschaftliches Begehren *verdichten* die Gefühle und machen sie zur *Grundlage* des persönlichen Verhaltens.

Während ungenutzte, nichtsverlangende Gefühle den Unterbau des Königs schwächen oder sogar auflösen würden, brächte umgekehrt ein Begehren, in dem viele Emotionen unterschiedslos verschmelzen, die Gefahren der Verhärtung und der Zügellosigkeit mit sich. Sowohl ein ohnmächtiges wie auch ein übermächtiges Verlangen kann uns zu Stein erstarren lassen oder wie eine Springflut mit sich ziehen. Damit das Wasser seine belebende und beflügelnde Wirkung entfalten kann, kommt es also auf ein gesundes oder ein im persönlichen Sinne *richtiges Verlangen* an.

Dem entspricht im praktischen Verhalten das persönlich richtige Maß an *Spannung*. Ein spannungsloser Zustand unterfordert und entmotiviert. Andererseits führen untauglichen Ansprüche und ungeeignete »Objekte der Begierde« zu überfordernden An- und Verspannungen. Im Interesse seiner Gefühle, seines Verlangens und seiner Würde als Herrscher des Wassers ist der »König der Kelche« darauf angewiesen, seinen Standort entsprechend der konkreten Situation zu bestimmen, immer wieder also den *aktuellen Schwerpunkt* des Verlangens in sich auszumachen. Indem er diesen Schwerpunkt bestimmt, gewinnt der König die Eigenschaften eines Segelschiffs (s. am rechten Bildrand), das auch bei hohen Wellen immer wieder in die eigene Mitte zurückfindet.

So gleicht der König im guten Sinne einem »Stehauf-Männchen«. Ihn wirft so leicht nichts um, weil er nicht nur weiß, was er will, sondern auch, wo die Grenzen seiner Würde und seines Verlangens erreicht sind. Durch diese Gewißheit verliert er auch die Angst, sich »naßzumachen« (badenzugehen, unterzugehen, die Hände schmutzig zu machen), für die dieses Bild durchaus stehen kann. Indem er die Botschaften von Segelschiff und Fisch beherzigt, wird er ferner ein mögliches Handicap los, das dieses Bild anzeigt: Nämlich einen »Frosch im Hals« zu spüren, oder sich selbst als »Frosch« zu fühlen (dem seine Gefühle voller Selbstmitleid, Wut oder Ohnmacht zum Halse heraushängen); wofür jedesmal der Fisch auf seiner Brust ein Zeichen sein kann.

Gehen Sie in Ihren aktuellen Fragen den Gefühlen (aller Beteiligten) auf den Grund. Achten Sie auf tiefsitzende Bedürfnisse, und haben Sie den Mut, Ihr wahres Verlangen zu ermitteln und auszudrücken. Suchen Sie nicht Stärke oder aber Unterordnung bei anderen, um eigene Unsicherheiten auszugleichen. Sprechen Sie vielmehr auch unbestimmte Ängste und unterschwellige Wünsche aus, bringen Sie sie in Ihre Beziehungen ein. Begreifen Sie Ihre Selbstachtung und Ihr Verlangen als Zepter!

Flügel für die Seele

Eine liebevolle und glaubensstarke Persönlichkeit mit beflügelnden Fähigkeiten ...

Der Ritter der Kelche erinnert an die Gralssuche und an die Minne der Ritterzeit. Wenn er seine Gefühle in die Hand nimmt und in die Welt hineinträgt, fühlt er sich wie ein Fisch im Wasser, wie sein fischgeschmücktes Gewand deutlich macht. Seine Besonderheit sind die Flügel an Kopf und Füßen.

Diese zeigen zunächst, daß der »Ritter der Kelche« vom Scheitel bis zur Sohle eine Einheit »wie aus einem Guß« verkörpert. Es kommt also darauf an, welche Gefühle er hegt (*was* er in seinem Kelche trägt). Er kann beispielsweise gänzlich auf dem Trockenen sitzen; er mag von Bitterkeit erfüllt sein; er ist möglicherweise jedoch auch »von Kopf bis Fuß auf Liebe eingestellt«.

Die Flügel an Haupt und Füßen sind darüber hinaus die typischen Attribute des Götterboten Hermes (römisch Merkur). Dieser symbolisiert in erster Linie Kommunikation und Intelligenz. Dieser Zusammenhang gibt einen wichtigen Fingerzeig für den Weg des Kelch-Ritters. Wer viel Gefühl besitzt, große Gefühle, welche die ganze Existenz durchströmen und bestimmen, der oder die kann sich nur entfalten, wenn er/sie voll und ganz im seelischen Element aufgeht. Der »Ritter der Kelche« braucht einen konsequenten Glauben, doch er muß sich versichern, daß dieser Glaube für ihn stimmt. Aberglaube oder Unglaube würden ihn seinem Element und sich selbst entfremden. Die Symbolik des Merkur/Hermes bedeutet in diesem Zusammenhang, daß Vernunft und Verstand erforderlich sind, um auch und gerade in Gefühls- und Glaubensfragen geeignete von ungeeigneten Lösungswegen unterscheiden zu können. »Vernunft sei überall zugegen, /Wo Leben sich des Lebens freut. /Dann ist Vergangenheit beständig, /Das Künftige voraus lebendig, /Der Augenblick ist Ewigkeit« (Goethe, »Vermächtnis«).

Der Glaube kann und soll eben *kein Ersatz* für Wissen und Bewußtsein sein. Ein »vernünftiger Glaube« beginnt da, wo Gefühle, Erwartungen und inneres Verlangen so groß werden, daß sie sich zum Beispiel auf eine ganze Lebensspanne beziehen und daher nie durch die bisherigen Erfahrungen widerlegt oder bestätigt werden können. In diesem

Sinne geht es beim »Ritter der Kelche« um einen bewußten Glauben, um einen bewußten Umgang mit dem Unbewußten. Intelligenz, Vernunft und Verstand, sind dazu erforderlich. Sie schenken uns in Verbindung mit den großen Gefühlen eine beflügelte Fantasie und eine weitreichende Vorstellungskraft (Flügel am Kopf) sowie einen beschwingten Lebensstil auf einem tragfähigen Glaubensstandpunkt (Flügel an den Füßen).

Wenn wir Roß und Reiter als eine Einheit betrachten, so erkennen wir in ihr auch *Pegasos*, das geflügelte Roß der Musen und der Dichtkunst. Der griechische Mythos erzählt in Gestalt des Pegasos von der Aufgabe (und deren Lösung), die ungeheuren Kräfte des Wasserelements (des großen Unbewußten) aus zerstörerischen in inspirierende und festliche Gefühle umzuwandeln. Pegasos entsprang nämlich der Medusa, der schreckenerregenden Tochter eines Meergottes und eines Seeungeheuers. Als der Medusa das Haupt abgeschlagen wurde, entsprang ihrem Halse der Pegasos. Das geflügelte Pferd ließ sich fangen und zähmen, stieg zum Himmel auf und wurde später zu einem Sternbild, vor allem jedoch zum Sinnbild der Verwandlung eines ungeschlachtenen Daseins in eine kunstvoll-erhebende Kultur der Seelenkräfte, der Verwandlung eines »trockenen« Alltags in einen beschwingten Lebensgenuß mit Musenkuß!

Zur Lösung Ihrer aktuellen Fragen sind Sie auf eine besondere Konsequenz in Ihren Gefühlen und Bedürfnissen angewiesen. Sorgen Sie dafür, daß Sie nicht Ihre Gefühle, Träume und Erwartungen in eine vorgegebene Logik zwingen, sondern daß Sie umgekehrt die Logik Ihrer Seele – mit all ihren Widersprüchen und all ihrer Folgerichtigkeit – für Ihren Weg als Richtschnur nehmen. Als Frau müssen Sie dabei vielleicht besonderen Wert darauf legen, für Ihr Gefühl, Ihr Verlangen und Ihre Sicht der Dinge nicht auf einen reitenden Retter zu hoffen, sondern selbst die Welt zu erobern. Als Mann mag es für Sie eine besondere Herausforderung bedeuten, neben Berufswünschen und anderen handgreiflichen Zielen auch die »Karriere« Ihrer Seele zu planen und die »Laufbahn« Ihrer Gefühle aktiv zu gestalten. – Ob Mann oder Frau, in jedem Fall sind Sie sich diese seelische Konsequenz schuldig – man gönnt sich ja sonst nichts.

Seelische Fassung

Eine emotionale, temperamentvolle Persönlichkeit mit einem interessanten Widerspruch ...

Wie die Königin, so hat auch der Page der Kelche nahe *am* Wasser gebaut. Aber seine Kleidung verrät, daß er im Unterschied zu ihr nicht nur vom Wasser beseelt ist, sondern auch vom Rot des Herzbluts, des Willens und der Leidenschaft. Wie der König, so macht auch der Page den Fisch – den Inhalt der Wasserwelt, der sonst unter der Oberfläche verborgen ist – sichtbar. Aber er tut noch mehr:

Er läßt diesen Fisch faßbar, begreiflich werden, läuft aber auch Gefahr, den Fisch vertrocknen bzw. ersticken zu lassen. Wie der Ritter, so steht der Page mit seinem Kelch in der Welt, doch das Bild läßt nicht erkennen, ob dieser wie jener mit seinem Kelch auch etwas unternimmt.

In jedem Falle verkörpert der »Page der Kelche« einen besonderen Eifer, sonst eher unfaßbare Inhalte des Seelenlebens zum Vorschein zu bringen und dingfest zu machen. Sein mögliches Problem ist die Verständnis- oder Ahnungslosigkeit, mit der er riskiert, den Gegenstand der Untersuchung – den Fisch – seinem Element zu entfremden, so daß das Ergebnis lauten könnte: »Analyse gelungen, Fisch aber tot«. Die Wasserrosen auf dem Gewand des Pagen verdeutlichen den Reiz und die Schönheit dessen, was aus dem Wasser, dem Seelenleben hervorwächst; da sie aber auf dem Gewand keine Wurzeln, keinen Grund besitzen, drückt sich auch hierin die Gefahr eines Seelenlebens, das seine Grundlagen nicht mehr oder noch nicht kennt, aus.

Die Wasserblumen auf dem Gewand machen damit klar, daß den Pagen eine tiefere Haltlosigkeit kennzeichnen kann, während er zur gleichen Zeit meint, seine Gefühle zu begreifen, wie den Fisch im Kelch. Die besondere ringförmige Kopfbedeckung legt den Eindruck nahe, daß der Page in seinem Bewußtsein um Fassung *ringt*.

Alles fließt, und wenn wir nicht mutwillig oder willkürlich (wofür das Rot der Kleidung ebenfalls ein Zeichen sein kann) den Fluß der Dinge stören oder isolierte Ergebnisse herausfischen wollen, müssen wir uns fragen, was denn dem Gefühlsleben einen klaren Halt verleiht, wie der Kelch dem Wasser, ohne daß die beschriebenen Risiken und Nebenwirkungen auftreten. Die Antwort darauf liefern die drei anderen

Hofkarten der Kelche, deren Symbolik sich damit im Bild des Pagen nicht zufällig wiederholt und variiert: Eine abgerundete Persönlichkeit, die ihren Wert und ihre Bedürfnisse kennt (Königin), *und* Gefühle, die zum bewußten Verlangen verdichtet (König) und die zur treibenden Konsequenz werden (Ritter), erfüllen die gesuchte Anforderung, daß wir unser Seelenleben begreifen, es in seiner Bedeutung verstehen, ohne es dabei auszutrocknen. Wenn er sich nun darauf versteht, erweist sich der »Page der Kelche« in seiner schönsten Bedeutung als heitere und findige Zusammenfassung der Stärken aller Kelch-Persönlichkeiten (Hofkarten).

Gefühl, das sich mit Wille und Eifer paart, also eine bestimmte Leidenschaftlichkeit erleichtert die Untersuchung unserer Seeleninhalte und ihrer Bedeutungen: Wir müssen nur wissen oder fühlen, daß wir dabei zuerst und zuletzt nach der eigenen Bedeutung, d. h. nach der Bedeutung der eigenen Person in der Welt suchen. So führt uns das Bild (erneut) an den Ausgangspunkt unseres persönlichen Seelenlebens: Wir sind dem Wasser nahe, ihm einst entsprungen, ihm jetzt jedoch enthoben – frei, unseren eigenen Sinn darin zu erkennen.

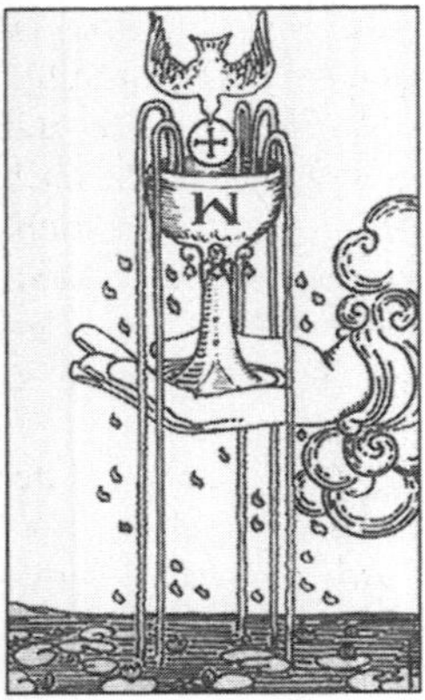

Wiedergeburt der Seele

Die Quintessenz des Wasserelements ...

Sicherlich kennen Sie ein Märchen, worin das »Wasser des Lebens« benötigt wird. Ein alter König oder ein ganzes Königreich liegt danieder, und wenn nicht dieses besondere Naß gefunden und gebracht werden kann, dann sieht es schlimm aus. Der Held oder die Heldin muß in ein Jenseits fahren, über ein großes Wasser zu einem fremden Kontinent oder bis ans Ende der Welt, dort meist noch verschiedene Prüfungen bestehen, bis es mit dem Wasser dann funktioniert. – Nichts anderes aber stellt auch das »As der Kelche« dar. Wir brauchen nicht in die weite Ferne, sondern nur diese Karte zu ziehen. Aber sie hat »es« in sich. Sie steht für machtvolle Erfahrungen, die denen des Märchens nicht nachstehen.

Das Bild zeigt die glückliche Verbindung der persönlichen Gefühle, die wir in unserem Kelch, in uns selber tragen, *mit* den großen »ozeanischen« Gefühlen. Ja, ein Sinnbild des gesamten Wasserkreislaufs läßt sich in den fünf Fontänen oder Strömen erkennen. Er reicht bis in die Höhen des Himmels, von denen die weiße Taube kündet, und bis zu den Gründen der Erde, auf die die Seerosen oder Wasserblumen hinweisen, weil sie ihre Wurzeln auf dem Grund haben. Sich zu öffnen, ohne zu zerfließen; das Eigene festzuhalten, ohne sich zu verschließen – das ist die Kunst oder die besondere Gnade dieses Bildes.

Der König im Märchen symbolisiert in heutigen Begriffen unser Ego, das Ich-Bewußtsein, das persönliche Selbstverständnis, das darüber entscheidet, wie wir uns selbst »regieren«. Wenn dieses kränkelt und danieder liegt, müssen wir uns auf die Suche nach fernen, anderen Quellen machen, um ein neues persönliches und seelisches Fassungsvermögen zu gewinnen. Solange aber das alte Selbstverständnis nicht mehr trägt und ein neues noch nicht vorhanden ist, das ja nur daraus entsteht, daß man sich in der Welt *selbst versteht*, solange erleben auch wir eine Übergangssituation, die ähnlich schwierig oder schmerzhaft sein kann wie die Suche und die Prüfungen im Märchen.

Uns geht es dabei oft genug wie einem Krebs im Wasser, der von Zeit zu Zeit sein Haus abstoßen muß, um sich ein neues, größeres zuzulegen. In der Übergangszeit zwischen alter und neuer seelischer Heimat ist er hilflos, schutzlos, roh und verletzlich wie sonst nie! Und doch ist für ihn die – seelische – Rundumerneuerung einfach eine Notwendigkeit, genauso wie für den König im Märchen. – Was hat das alles mit dem vorliegenden Bild zu tun? Nun, nur diese beschriebene Suche nach frischem Wasser und nach einem erweiterten seelischen und persönlichen Fassungsvermögen stellt die Übergänge her, die im Bild als strömende Verbindung und fließender Übergang zwischen Oben und Unten, zwischen dem persönlichen Kelch und dem großen Wasser des Lebens dargestellt sind.

Wir alle wissen, was eine Taufe ist. Sie ist die klassische Form, in der unsere Kultur diesen Übergang, diese Verbindung von individueller und kosmischer Seele pflegt(e). Aber es ist in Vergessenheit geraten oder noch nicht hinreichend bekannt, daß der Inhalt des Taufakts eben von derselben Dramatik und Heilkraft ist, wie die Suche nach dem Wasser des Lebens im Märchen. Die christliche Taufe wurde in ihren frühen Zeiten nicht an Kindern, sondern von Erwachsenen vollzogen, die zu diesem Zweck in ein Gewässer oder ein Taufhecken stiegen, in das sie mehrmals vollständig eintauchten. Dieser Taufritus ist in ähnlichen Formen aus vielen Religionen und Einweihungsschulen bekannt. Er bedeutet vordergründig eine Reinigung. Im tieferen Sinne vermittelt jede Taufe oder Wassereinweihung eine Erfahrung von Tod und Auferstehung.

Durch den Wiedereintritt in die Wasserwelt erlebt das gewohnte, bisherige »Ich« eine Auflösung, es erfährt auf einer sehr ursprünglichen Stufe seine Verbundenheit mit und seine Ähnlichkeit zu *allen* Lebewesen. Damit werden die Grenzen eines jeden individuellen Lebens spürbar, was auf die Gewißheit des Sterbens zu einer erlebten Realität der eigenen Person macht. Das Glück und die befreiende Wirkung an diesen Erfahrungen liegt nun im Wiederauftauchen: In einer Neugeburt, welche nunmehr ein Bild des eigenen »Ich« besitzt, worin eine allzu starre Fixierung auf das Ego aufgegeben und ein fließender Begriff einer erweiterten Individualität gewonnen ist.

Traditionell wurde diese Neugeburt als »Wiedergeburt aus Wasser und Geist« bezeichnet – Geist deshalb, weil durch den Taufakt ein (neues) *Bewußtsein* der Seelenkräfte entsteht.

Betrachten Sie es für Ihre aktuellen Fragen als ein Geschenk, daß Ihnen der Kelch und das Wasser hier neu angeboten werden. Überlegen Sie und hören Sie in sich, was Sie damit anfangen werden und was Sie brauchen, was Sie sich wünschen, um sich »wie neugeboren« zu fühlen.

Zauber der Seele

Die »zwei Kelche« gehören zu der Handvoll Tarot-Karten, die für die meisten Betrachter/innen auf den ersten Blick nur »positiv« aussehen. Die Bedeutung der dargestellten Situation hängt aber zum Beispiel davon ab, was in den Kelchen enthalten ist, welche Wasser hier fließen bzw. dargeboten werden ...

In der ausschließlich »positiven« Deutung dieses Bildes lebt ein Vorurteil, das für die Liebe und für das Seelenleben insgesamt nur zarte, liebevolle, einfühlsame Regungen kennen möchte. Die Becher mit trüben, ätzenden, abgestandenen oder sonstwie unangenehmen Inhalten, die wir alle schon in Händen gehabt, getrunken und weitergereicht haben, sind in verblüffender Allgemeingültigkeit – kein Thema.

Unbewußt sucht die Seele in Beziehungen und Begegnungen nach Übereinstimmung, möchte im anderen Menschen Vertrautes wiedererkennen. Dieser Prozeß der wechselseitigen Identifizierung kann ungemein beflügeln, die Gefühle und alle seelischen Kräfte zu reichem Fließen veranlassen. Dies geschieht gewöhnlich in Phasen erster Verliebtheit, und dies wäre bis hierher eine erste Deutung der Karte.

Irgendwann wird jedoch in jeder Beziehung deutlich, daß nicht nur die Übereinstimmung, sondern auch der *Unterschied* zwischen dem eigenen und dem anderen Kelch zu den Voraussetzung eines gedeihlichen und liebevollen Miteinanders gehört. Solche Unterscheidungen bringen um so mehr Glück, je mehr die Gefühle, die zuvor in der Suche nach Übereinstimmung keinen Platz hatten, nun zum Tragen kommen dürfen. So kann sich sogar zeigen, daß die Grundlage des bisherigen Austausches eine beiderseitige Halbheit war, so wie im Bild jede Person nur im Halbprofil zu sehen ist.

Denn das Bild läßt sich auch so verstehen, daß hier die Kelche zwar fleißig miteinander geteilt und getauscht werden, aber auf der Basis der Unzufriedenheit mit dem jeweils eigenen Kelch. Die eine Seite gibt ihren Kelch wieder und wieder *preis*, und die andere Seite *nimmt* und *sammelt* immer neue Kelche ein. Es ist wie ein böser Zauber. Der geflügelte Löwenkopf kann dann für abgehobene Ansprüche, aufgesetzte Mienen oder für losgelöste Leidenschaften stehen, die wie ein Druck auf der Beziehung oder der Begegnung lasten und wie ein Magnet alle Energien aus den Kelchen abziehen.

Der Löwenkopf bezeichnet insofern eine unselige Klammer, welche aus innerem Zwang oder seelischer Not entspringt: Eine Verklammerung von Wünschen und Ängsten, eine Verquickung der Gefühle, eine »Doppelbindung«, welche durch den Hermes-Stab über den beiden Kelchen im Bild dargestellt werden kann. Trotz seiner realen Wirksamkeit erscheint ein solcher Bann als schwer faßbar und als irgendwie unwirklich, weil er ja nicht auf äußerer Gewaltanwendung, sondern »nur« auf der Macht des Seelenlebens beruht.

Der geflügelte rote Löwe kann die »Schirmherrschaft«, die Übermacht völlig unsinniger Gefühlsanwandlungen anzeigen. Alles hängt bei dieser Karte tatsächlich davon ab, den *Sinn* der Gefühle und der seelischen Schwingungen zu verstehen und diese auch mit allen *Sinnen* auszuleben.

In der Praxis deutet diese Karte oft auf einen Gefühlsüberschuß hin. Dabei entsteht der Überschuß nicht daraus, daß Sie zuviele Gefühle und zuviel Liebe hätten, sondern daß Sie mehr davon wissen müßten, *wohin* mit Ihren Gefühlen und Bedürfnissen.

Nehmen Sie Ihren Kelch in die Hand und treten Sie sich selbst gegenüber! Wie bei jeder Karte, können mehrere Personen im Bild auf verschiedene Seiten der eigenen Person verweisen. So gesehen, geht es darum, daß Sie die berühmten »zwei Seelen in der Brust« unterscheiden und unter einen Hut bekommen. Damit können Ihre weiblichen und männlichen Persönlichkeitsanteile gemeint sein – oder Körper und Seele, Trieb und Vernunft, Zustimmung und Ablehnung in Liebesdingen. Üben Sie ganz konkret, bei jedem Gefühl und für jedes seelisches Verlangen zu erkennen, was es Ihnen praktisch bedeutet, was Ihnen guttut und was nicht, was andere von Ihnen wünschen und was nicht, usw.

Je besser Sie Gefühle zu *deuten* verstehen, desto klarer können Sie geeignete von ungeeigneten Ansinnen unterscheiden, jeweils berechtigte und unberechtigte Wünsche und Ängste auseinanderhalten. Wenn Sie Gefühle differenzieren können, werden Sie zugleich flexibler in Ihren Aktionen und Antworten. Damit gewinnen Sie Freiraum für Ihre Selbstentfaltung und Offenheit für die Entwicklung Ihrer Partnerinnen und Partner und schaffen Platz dafür, daß jede/r der Beteiligten über sich hinauswachsen kann. Dann wachsen der Seele Flügel, und der Löwe in Ihnen kommt ganz groß heraus!

Grammatik der Gefühle

Das Leben wird zum Fest, wenn Sie über sich hinauswachsen und auch in der Gemeinschaft Ihre seelische Eigenständigkeit zu behaupten wissen ...

Indem das vorliegende Bild an die drei Grazien, an die drei Nornen (Schicksalsgöttinnen), an die drei Wünsche des Märchens erinnern mag, führt es uns zu einem kosmischen Reigen: Aller guten Dinge sind drei. Drei wie die dreifache Göttin und Erdmutter, Flucht-, Ausgangs- und Zielpunkt aller Sehnsüchte nach Heimkehr und Heimat, erlösungsbedürftige und erlösende Kraft der Natur, gefürchtet und verehrungswürdig, wie es in den bekannten Schlußversen von Goethes »Faust« zum Ausdruck kommt:

Alles Vergängliche
Ist nur ein Gleichnis;
Das Unzulängliche,
Hier wird's Ereignis;
Das Unbeschreibliche,
Hier ist's getan;
Das Ewig-Weibliche
Zieht uns hinan.

Die Glückseligkeit, welche diese Bild darstellt, hängt auf den ersten Blick damit zusammen, daß wir uns als Person von anderen rundum angenommen fühlen. Auf den zweiten Blick zeigt sich zusätzlich, daß ein Grund des Glücks fließende, *zusammenhängende Gefühle* verschiedener Teile der eigenen Person sind: Aus mehreren Personenteilen wird eine einheitliche Persönlichkeit geboren.

Was bei den »2 Kelchen« als Zauber und Bezauberung angelegt ist, kann sich hier weiterentwickeln. Aber auch der Bann, welcher über den zwei Kelchen liegt, könnte sich hier weiter zuspitzen. Die Kelch-Haltung der Frauen in diesem Bild kann nicht nur Anmut, sondern auch Hochmut der Seelen darstellen.

Die größte Chance und die größte Gefahr dieser Karte bestehen darin, daß hier die Grenzen zwischen den beteiligten Personen fließend werden. Es ist nicht leicht auszumachen, welche der Gestalten welchen Kelch hält, wer hier was macht. Aktion und Reaktion, Ursache und Wirkung, Original und Imitation vermischen sich hier.

Im guten Sinne handelt dies alles von der bemerkenswerten Fähigkeit unserer Seele, zusammenzuwachsen, sich in andere einzufühlen und von anderen beeindrucken zu lassen, so wie es Novalis einmal vom Traum gesagt hat: »Der Traum belehrt uns auf eine merkwürdige Weise von der Leichtigkeit unserer Seele, in jedes Objekt einzudringen, sich in jedes sogleich zu verwandeln«. Auf der anderen Seite wird hier die Gefahr einer Gruppe oder einer Gemeinschaft sehr deutlich, in der nicht mehr klar ist, wo der/die einzelne anfängt und wo die Grenzen zum anderen bestehen. Damit ist ein Wir-Gefühl gemeint, worin die einzelne Persönlichkeit untergeht.

Unser persönliches Glück hängt wesentlich davon ab, daß wir einen Freundeskreis finden und in einem Lebenszusammenhang leben, worin wir Heimat, Geborgenheit, Zustimmung und Anerkennung finden. Unsere Seele, selber persönliches Echo und innerer Spiegel, braucht die Resonanz von anderen und zu anderen, damit sie wachsen und gedeihen kann.

Wenn dies eine reale Geltung haben soll, muß die wechselseitige Anerkennung auch die Schattenseiten eines Menschen einschließen, welche Ausdruck seiner Individualität und all ihrer noch unbekannten Möglichkeiten sind. Und diejenigen Schattenseiten muß der/die Einzelne in der Gruppe zurückweisen, die für Ihn persönlich unverträglich sind. Wo dies gelingt, hat das Glück einer Lebensgemeinschaft einen fruchtbaren Boden. Man muß sich an die Schattenseiten heranwagen und diese in ihrer unterschiedlichen Bedeutung trennen, anstatt ein Kreisspiel der Identifizierung zu betreiben, wo die Gültigkeit der eigenen Gefühle von der Zustimmung der anderen abhängt.

Erfolg und Dauer einer fruchtbaren Lebensgemeinschaft hängen davon ab, daß es gelingt, die persönliche Eigenart der/des Einzelnen einzubringen und zu beherzigen. Ein richtiges Wort zur richtigen Zeit kann Wunder wirken und verborgene Welten zum Vorschein bringen. Darauf kommt es hier besonders an.

Der Zauber der Gefühle braucht den Zauber der Gedanken, Worte und Taten, einen Reigen der persönlichen Ausdrucksformen. Denn erst wenn Ihre Gefühle Sie selber ganz durchdringen, wachsen Sie mit Körper, Geist und Seele zu einer Person zusammen. Dieser innere Zusammmenhalt aber ist Voraussetzung und Ergebnis eines glücklichen und dauerhaften Zusammenhalts mit anderen.

Persönliche Gründe

Diese Karte präsentiert Ihnen ein besonderes Geschenk. Doch nicht alles, was Ihnen geschickt wird, müssen Sie annehmen ...

Dieses Bild kann Eindrücke der Sommerfrische, der Ruhe, des Urlaubs und der Meditation hervorrufen. Aber auch Situationen der Verschlossenheit, der Niedergeschlagenheit oder der Verweigerung lassen sich hier wiedererkennen. Es gehört zu den merkwürdigsten Momenten der Selbsterfahrung, daß gerade dann, wenn etwas Neues in unser Leben treten will, wenn neue Gefühle auf uns zukommen, wir unter einer Art Schockzustand leiden können. Dieser kann alle Sinne, alle sinnliche Wahrnehmung lahmlegen, Betäubung, seelische Blindheit oder Schlaflosigkeit verursachen. Das Problem besteht in einer solchen Frage aber nicht darin, daß keine Gefühle oder keine Sinne vorhanden wären oder daß innerlich nichts »laufen« würde. Es fehlt nur der rechte Begriff für das, was da seelisch abläuft. Das kann eine/n fertig machen, aber, bitte schön im doppelten Sinne des Wortes:

Erschöpft, weil alte Begriffe und bisherige Bilder, die wir von uns selbst gemacht haben, nicht mehr funktionieren; doch auch fertig im Sinne von *reif*.

Der Baum im Bild ist ein Symbol der Natur, aber auch des Menschen als eines speziellen Teils der Natur (»Mit den Füßen auf der Erde, mit dem Kopf im Himmel«). Wenn die Bildfigur also an den Wurzeln des Baumes sitzt, verweilt sie sinnbildlich an ihren eigenen. *Zurück zu den Wurzeln* lautet also das Gebot der Stunde! Einmal kann es darum gehen, die Alltagsroutine zu unterbrechen und bewußt Einkehr, Urlaub und Besinnung zu finden. Ein andermal bedeutet die Rückkehr zu den eigenen Grundlagen, das Grübeln zu beenden, um wirklich in die Tiefe zu gehen und zugleich sich persönlich neu auszurichten und weit in den Himmel zu strecken, wie es der Baum im Bild ebenfalls illustriert.

Eine neue seelische Erfahrung kommt auf Sie zu. Der Kelch auf der Wolke erinnert an das »As der Kelche«. Deshalb ist es kein Wunder, wenn die Höhen und Tiefen von Freude und Trauer, die mit diesem As verbunden sind, auch hier wirksam werden. Wie beim As der Kelche, so geht es auch hier darum, die eigenen Gefühle in die richtige Verbindung und den richtigen Abstand zu den Gefühlen der Mitmenschen zu bringen. Einmal müssen Sie diesen neuen Kelch annehmen, wohl oder übel, ob er nun süßen Wein oder bittere Medizin enthält. Ein andermal aber ist es umgekehrt gerade wichtig, diesen Kelch zurückzuweisen und zu sagen: »Laß diesen Kelch an mir vorübergehen!« In manchen Fällen ist es nämlich gerade diese Ablehnung, dieses Neinsagen, was im bisherigen Leben noch gefehlt hat.

So oder so bedeuten der vierte Kelch und das gesamte Bild ein Angebot zur Selbst-Findung. *»Eine Tugend gibt es, die liebe ich sehr, eine einzige. Sie heißt Eigensinn. (...) Alle andern, so sehr beliebten und belobten Tugenden sind Gehorsam gegen Gesetze, welche von Menschen gegeben sind. Einzig der Eigensinn ist es, der nach diesen Gesetzen nicht fragt. Wer eigensinnig ist, gehorcht einem anderen Gesetz, einem einzigen, unbedingt heiligen, dem Gesetz in sich selbst, dem ›Sinn‹ des ›Eigenen‹«* (Hermann Hesse). Selbstfindung und Rückkehr zu den persönlichen Wurzeln fordern Sie zu einem *seelischen Neubeginn* auf. Entdecken Sie Ihren »Eigensinn«, Ihr eigenes Programm, und handeln Sie nach dem, was für Sie natürlich und selbstverständlich ist!

Stimmige und unsinnige Wünsche, sinnvolle und unbegründete Ängste müssen hier bilanziert und auf einen Begriff gebracht werden. Diese verschiedenen Gefühlsqualitäten aufzuspüren und zu bearbeiten, ist weder psychologischen Fachleuten vorbehalten noch eine Sache von beschwörenden Ritualen. Hier hilft kein Wunderglauben und auch kein bloßes Zuwarten. Bauen Sie auf die Treue zu sich selbst, fassen Sie Zutrauen zur »inneren Stimme«, probieren Sie es einmal aus, jeden Menschen in seinem »Eigensinn«, in seiner Beschaffenheit zu lieben, Ihren Nächsten ebensosehr wie sich selbst, mit *all* Ihren Gefühlen, die dazu gehören, seien es Gefühle der Zuneigung oder der Ablehnung.

Ende der Täuschung

Das Schwarz, die Farbe der Tiefe, ist in jedem einzelnen Bild enthalten. Doch es stellt ein besonderes Signal her, wenn das Schwarze so deutlich wie in diesem Bild vor Augen tritt ...

Im Grunde ist es eine vorteilhafte Position: Wenn man den Schatten vor Augen hat, so steht die Sonne im Rücken. Eigentlich eine dankbare Situation: Der Schatten, sonst allgegenwärtig, aber unsichtbar, gibt sich zu erkennen. Eine erstrebenswerte Begegnung! – Dennoch löst diese Karte oft genug auch beunruhigende Gefühle aus. Sorge, Kummer und vor allem Enttäuschung fallen uns häufig als erstes ein, wenn wir dieses Bild betrachten.

Den geleerten Kelchen stehen unversehrte Trinkgefäße gegenüber. Verflossene Gefühle stoßen auf vorhandene oder künftige seelische Erfahrungen (Kelche). Alles fließt und ändert sich, wie der Fluß, der sich dennoch gleich bleibt. Dem schwarzen Schattenwesen entspricht oder entgegnet in der Ferne eine weiße Brücke, welche zu einer Burg führt, die sowohl Hort des Verflossenen und Vergangenen wie auch des Fließenden und Zufließenden in Gegenwart und Zukunft sein kann. Wo starke Gefühle aufeinanderstoßen – Freude und Trauer, Erfüllung und Verlust -, *begegnen* wir dem Schatten. Wir kommen an die Grenze dessen, was wir (bisher) seelisch zu erfassen vermögen. Diese *Seelenfinsternis* besitzt aber unterschiedliche Bedeutungen mit völlig verschiedenen praktischen Konsequenzen.

Wenn die Seele »schwarz« sieht, gilt dies zunächst als *Alarmsignal*. Legen Sie sich Rechenschaft ab, wovon Sie bedroht sind, was Ihnen Angst macht, wovon Sie sich so enttäuscht und verlassen fühlen! In dieser Situation müssen Sie zu außergewöhnlichen Maßnahmen greifen. Sagen Sie alle Termine oder Verpflichtungen ab, damit Sie mit sich allein sein können. Lassen Sie Ihren Gefühlen freien Lauf, ohne Hemmungen und ohne Vorzensur! *Oder* rufen Sie jemanden an, besuchen Sie jemanden. Bleiben Sie nicht allein. Besorgen Sie sich Hilfe oder Begleitung, ohne Hemmungen oder falschen Stolz. – Wenn Sie eine solche Situation der Trauer, der Angst oder der Enttäuschung entweder überwunden haben oder – was ebenso oft vorkommt – für Sie selbst gar nicht als zutreffend erkennen konnten, als Sie die Karte aufdeckten, dann gelangen Sie auf die andere Seite der Bedeutung der schwarzen Seelennacht. Die Seele wird oft mit einem Spiegel verglichen. Ein Spiegel kann aber nur solche Ereignisse reflektieren, von denen er bereits ein Bild, einen Eindruck oder wenigstens eine Ahnung gewonnen hat.

Alles, was »ganz anders« ist, als die Summe der bisherigen Erfahrungen, erscheint der Seele als Finsternis. Wo wir offen werden für neue seelische Realitäten, die jenseits unserer Erwartungen und Vorerfahrungen liegen, da werden wir neugeboren. Wir entdecken neue, unbekannte Seiten an uns und an anderen. Wir finden, wie im vorliegenden Bild, eine Brücke in seelisches Neuland, das erschlossen sein will. Diese schwarze Nacht der Seele ist Grund zur Freude! *Diese* Art der Konfrontation mit dem Schatten, diese »Begegnung der unbekannten Art«, gleicht einer erfolgreichen Überfahrt, wie wenn nach langer Schiffsreise wieder Land in dunklen, ersten Umrissen in Sicht kommt.

»Ein Abschied schmerzt immer, auch wenn man sich schon lange auf ihn freut« (Arthur Schnitzler).

Kummer, Sorgen, Wut, Groll, Gram und viele andere »blinde« oder »dunkle« innere Haltungen, treten an diesem Bild in den Vordergrund, wenn sie bisher zu kurzgekommen sind. Wenn dem so ist, sollten Sie die Ermutigung beherzigen, daß es besser ist, richtige Dinge »spät« zu akzeptieren als gar nicht. Eine Enttäuschung bietet die Gelegenheit der Ent-Täuschung, das heißt des Starts in ein Leben mit einer wiedergewonnenen persönlichen Wahrhaftigkeit. Das Ende einer Täuschung, deren Lektion Sie gelernt haben, setzt enorme Energien frei.

Rechnen Sie mit neuen Gefühlen und seelischen Bedürfnissen. Sie haben die Möglichkeit, alten Streß zu verabschieden und Ihre innere Kraft, Ihre ganze Liebe wirken zu lassen. Es steckt ein besonderes Glücksmoment in Ihren aktuellen Fragen.

Zurück in die Zukunft

Ein anscheinend nettes Bild mit einer in Wirklichkeit wuchtigen Botschaft. Sind Sie bereit zu einem Abstecher ins Kinderland ...?

Ein märchenhaftes Bild. Träume, frühe Erinnerungen, die schönen Stunden der Kindheit. Der Zauber von Fantasie und zweckfreiem Spiel. Unschuld und kindliche Sorglosigkeit. Die Freude, zu schenken und beschenkt zu werden. Geborgenheit, Wissen, wohin man gehört. Eine goldene Zeit. – So oder ähnlich lauten häufig die ersten Reaktionen auf dieses Bild. Unser berechtigter Wunsch nach einer »heilen Welt« wirkt sich darin aus. Wenn nun der Erwachsenenalltag wenig »märchenhaft« erscheint, dann verteidigen wir – insoweit mit Recht – wenigstens die Vorstellung einer goldenen Kindheit, wenn vielleicht auch mit wehmütiger Nostalgie.

Ein märchenhaftes Bild: Es gibt kaum ein Märchen, dessen glückliche Lösung nicht durch einen tiefgreifenden Wandlungsprozeß erzielt würde. Die Märchen selber bieten keine heile Welt an. Verzauberungen und Verwundungen an Leib und Seele, entsetzliche Gefahren und Ängste, schier hoffnungslose Lebenslagen usw. bestimmen neben heilsamen Kräften die Märchenszene. Wenn dann alles »wie im Märchen« gut endet, dann haben sich in der Regel zuvor *alle* am Märchengeschehen beteiligten Gestalten *gewandelt* – in diesem Sinne ist das vorliegende Bild besonders märchenhaft. Es beschreibt neben den Wundern, etwas versteckt, auch die Wunden der Kindheit. Und es macht in Form und Inhalt die Aspekte einer inneren Wandlung so deutlich, wie kein anderes Bild des Tarot.

Jede Karte kann wie ein Vexierbild ganz unterschiedliche Ansichten präsentieren. Hier aber ist noch ein spezielles Wandelbild enthalten:

Beachten Sie die doppelte Haltung der kleinen Frau rechts im Bild. Einmal schaut sie von dem Männchen weg (das Gelbe ist dann ihr Gesicht, links und rechts umgeben vom rotorangen Kopftuch). Ein andermal sieht sie zu dem Männlein hin (das Gelbe ist jetzt ihr Zopf, links davon ihr Gesicht und rechts davon ihr Kopftuch). Das Männchen mußt tatsächlich mit Annahme und mit Ablehnung seines blühenden Kelches rechnen. Und die kleine Frau bietet offene Zuwendung sowie abgekehrte Verweigerung an. Vielleicht erkennen Sie im ersten Moment nur den aufschauenden oder nur den abgewandten Blick der kleinen Frau. So geschieht es nach der Erfahrung des Verfassers bei dieser Karte jedenfalls meistens: allein *eine* Betrachtungsweise wird wahrgenommen. Das große Aha-Erlebnis ergibt sich dann in der Begegnung mit anderen Leuten (z. B. in einem Tarot-Seminar), wenn die eine Hälfte der Teilnehmer/innen das zugewandte und der andere Teil das abgewandte Gesicht der kleinen Frau im Kartenbild erkennt.

Die Doppeldeutigkeit im Detail setzt sich in den Blumen fort. Es sollen Stechapfelblüten sein, die dort aus den Kelchen ragen. Stechapfel, ein Nachtschattengewächs, ist eines der bekanntesten »Hexenkräuter« – gefährlich giftig, richtig angewandt aber eine Medizin für Leib und Seele. – Die Burg last not least zeigt machtvolle Geborgenheit sowie andererseits eine mächtige Umzingelung, Umschließung an. – Nun testen Sie sich selbst: Was fällt Ihnen bei der Bildbetrachtung spontan als erstes auf? Zuwendung oder Abwendung im Blick der kleinen Frau? Die Blumen der Liebe oder die »Blumen des Bösen«? Schützende Geborgenheit oder umschließende Begrenzung? Die Aspekte, die Ihnen am wenigsten eingängig sind, symbolisieren die Themen, die bei Ihnen persönlich am tiefsten in *Schatten* verborgen sind.

In Wirklichkeit sind beide Blickrichtungen der Seele notwendig. – Zuwendung *und* Abneigung als die aufbauende und die abbauende, platzschaffende Seite des Seelenlebens. Die Gefühle von Sympathie und von Antipathie halten das Seelenleben im Fluß. Erst *beide* Ausrichtungen der Seele erlauben eine gefühlsmäßige Offenheit, welche über Alternativen und damit auch im seelischen Bereich über Unterscheidungs- und Orientierungsvermögen verfugt. Diese Weichenstellung markiert das X-Kreuz auf dem Podest im Bild. – Der Wanderer links im Bild symbolisiert ein weiteres Mal die Aufgabenstellung dieser Karte: Er *wandelt* im Kinderland, und das heißt, jede wirkliche Wandlung in unserem Leben setzt einen Ausflug ins Land unserer tiefsten Erfahrungen und Träume voraus; bestimmte Erfahrungen müssen wir erinnern und neu durchspielen, korrigieren oder bestätigen.

Beobachten Sie, welche Aspekte der Karte erst einmal *unerkannt* bleiben. Setzen Sie diese Übung fort: Beachten Sie bei *jeder* Tarot-Karte die positiven *und* die negativen Bildansichten. Versuchen Sie ein gleiches für Fotos, Aufzeichnungen und Erinnerungen aus Ihrer Kindheit. Welches war in Ihrer Kindheit eigentlich Ihr Lieblingsmärchen? Welche Träume hatten sie vor 10, 20, 30 usw. Jahren? Welche Rolle spielen Kinder in Ihrem Leben? – Die Antworten darauf sind bestimmend für Ihre aktuellen Fragen.

Gelebte Träume

Zu den bemerkenswerten Eigenschaften der Seele gehört die Fähigkeit, sich zu vergrößern und über sich hinauszuwachsen. Diese Karte zeigt, inwieweit dies ratsam ist und wie weit nicht ...

Visionen, aber nicht von Dauer oder Bedeutung; Illusionen; Fata Morgana; Wunschdenken; Traumtänzerei – die Liste der häufigsten Beschreibung dieses Bildes liest sich wie eine lange Variation auf das Thema »Träume sind Schäume«. Sind denn nicht für große Teile der modernen Psychologie die *Träume* und ihre Deutung »der Königsweg zur Kenntnis des Unbewußten«? Sind denn die Märchen nur naiver »Kinderkram«, wenn sie davon erzählen, daß das *Wünschen* hilft? Dürfen Visionen nicht auch schwankend sein? -Träume, Wünsche und Visionen erweitern und bereichern die persönliche Realität, *wenn* Sie nicht die einzige Realität bleiben!

Die sieben Kelche präsentieren Gaben und Geschenke in verheißungsvoller, aber auch abschreckender Bedeutung. Der *Kopf* symbolisiert Schönheit und ewige Jugend, andererseits Eitelkeit und fehlende Reife. Die *turmartige Burg* steht für Macht und Größe, andererseits für Abgehobenheit und Einsamkeit. *Perlen und Edelsteine* sprechen für sich selbst. Der Kelch daneben trägt einen *Lorbeerkranz*; am Kelch selbst ist ein *Totenkopf* zu erkennen, so daß der grüne Kranz auch ein Totenkranz sein könnte. Die Erinnerung an den Tod bedeutet, daß erst im Bewußtsein der Zeitlichkeit wir unsere besten Früchte ernten. Der *Drache* steht für die Kräfte der Unterwelt oder des Schattenreichs mit ihren verschlingenden oder aber glücksbringenden Bedeutungen. Die *Schlange* symbolisiert Weisheit, daher auch Falschheit und niedere Motive. Der siebte Kelch schließlich mit der *verhüllten und strahlenden Gestalt* ist ein Zeichen für die Geheimnisse, die wunderbaren oder aber mysteriösen Seiten des Lebens. Der siebte Kelch macht deutlich, daß in jedem Traum, jeder Seele und jeder Person *mehr* enthalten ist, als man zu gegebenen Zeit bereits erkennen kann.

Die große schwarze Gestalt stellt in diesem Sinne die Aufforderung dar, Schattenseiten – eigene und fremde – anzunehmen oder anzuerkennen. Der Schatten gleicht einer Brücke in seelisches Neuland. Er stellt Sie vor die Alternative: *Entweder* lassen Sie Ihre Träume entschwinden bzw. halten Sie stets unverbindlich in der Schwebe, dann werden Sie selbst ein traumloses Schattendasein führen. *Oder* sie geben diese Art von bodenlosem »Realismus« auf, springen über Ihren Schatten und setzen sich mit den Schattenseiten auseinander. Dann werden Sie sich den berechtigten Ängsten vor den Gefahren der sieben Kelche ebenso widmen können wie den begründeten Hoffnungen auf die ebenfalls enthaltenen Versprechungen.

Während es insoweit um die Annahme von Schattenseiten geht, besitzt die schwarze Bildfigur noch eine weitere, gerade umgekehrte Bedeutung in der *Aufforderung, damit aufzuhören*, wieder und wieder Schattenseiten zu suchen und sich anzuziehen. Wenn Träume, Wünsche und Visionen die einzige Wahrheit in Ihrem Leben bleiben, dann wird Ihnen auch das eine Schattenexistenz bescheren. In der Praxis geht es beim letzteren meist um Formen der ständigen Unzufriedenheit und der Unersättlichkeit. Alles in der Realität Ereichte ist dann nicht gut genug und wird sogleich auf den Wert »Null« gesetzt, damit man sich auf neue Träume, Hoffnungen und Verlangen ausrichten kann. Wenn alles Vorhandene mit Füßen getreten wird, verlieren Sie den Kontakt zu den eigenen Wurzeln (was das Bild durch den fehlenden Unterbau, die Boden- oder Standpunktlosigkeit der schwarzen Gestalt illustriert). – Keine Träume oder nichts als Träume – das kommt sich im Endeffekt gleich. Nur, daß einmal Selbstverleugnung und einmal Selbstanmaßung im Spiel ist.

Wie sehen Sie das Bild? Welchen Platz räumen Sie Träumen, Wünschen und Visionen in Ihrem Leben ein? Und wieviel Raum bleibt Ihnen selber noch, wenn Sie Ihren Träumen, Idealen und Hoffnungen nachgehen? Ihre diffizile Aufgabe besteht jetzt darin, festzustellen, welche Träume und welche Ängste für Sie persönlich wirklich wesentlich sind. Solange Sie *diese* nicht erreicht und erledigt haben, wäre jeder Verzicht oder Kompromiß ein Verrat an Ihnen selbst. Finden Sie heraus, an welchen Punkten Sie nicht nachlassen und nicht nachgeben dürfen – und wo umgekehrt ein Weniger mehr und besser wäre! In einem Falle kann selbst die größte Herausforderung und die »unrealistischste« Vision gerade die richtige Aufgabe darstellen, die Sie mit Gespür und Geschick auch bewältigen werden. In einem anderen Falle aber mag selbst die kleinste Verlockung und die aussichtsreichste Versprechung von Übel sein. Diese delikate Gratwanderung werden Sie um so sicherer beschreiten, als Sie Ihre Träume ernstnehmen und selbständig deuten.

Gelebter Glaube

Ein geheimnisvolles, vieldeutiges Bild, das Ihren Mut und Ihre Wut in besonderer Weise unterstützen und herausfordern kann ...

Am halbdunklen (oder halbhellen) Himmel finden wir Sonne und Mond in einer bemerkenswerten Darstellung. Eine abnehmende Mondsichel, die den Vollmond oder die Sonne umfängt, läßt sich hierin erkennen – oder eine partielle Sonnenfinsternis, wobei der Mond sich vor die Sonne schiebt.

Das Bild zeigt ein Gewässer, das wie ein Fluß, ein Fjord, teilweise wie ein Teich (im mittleren Bildteil) und wie ein Kanal (im vorderen Bereich) anzusehen ist. Eine menschliche Gestalt wandert und wandelt am Flußufer entlang und/oder steigt die kleine Anhöhe am rechten Bildrand empor. Acht Kelche stehen im Vordergrund, mit einer Lücke, welche die Bildfigur betont; im Hintergrund dunkle größere Berge, Hügel oder Klippen.

Wenn das Wasser *fließt*, folgt es seinem Gefälle. Für die Bildfigur heißt das entsprechend, daß sie ihrem Energiefluß folgt (sie folgt ihrem inneren Gefälle und steigt dabei im äußeren *empor*). Sie bewegt sich mit dem Fluß zur Mündung hin – oder ihre innere Energie führt sie einstweilen zurück zur Quelle. Die rote Kleidung der Person könnte besagen, daß dies der »rote Faden« im Leben ist – dem *inneren* Strom zu folgen. Der Fluß der seelischen Energien, Gefühle und Bedürfnisse erscheint damit hier als Leitlinie des Lebensweges. Über Klippen hinweg und an Abgründen entlang vermag er uns Sicherheit, festen Boden und gang-bare Pfade zu weisen. Denn der »Fluß« hält uns auf Schritt und Tritt in Verbindung mit Quelle und Mündung, Herkunft und Ziel.

Das Bild lebt von dem Widerspruch zwischen der Macht des Bestehenden und Bleibenden (Felsen, Berge ...) und der Kraft des Fließenden und Veränderlichen (Wasser ...) Alle Kelche handeln vom Widerspruch zwischen Bestehendem und Flüssigem, denn dieses Spannungsverhältnis verkörpert jeder Kelch als solcher. Bei diesem Bild besteht aber eine Besonderheit darin, daß die *ganze Landschaft* von diesem Thema geprägt ist. Was sonst *in* einem Kelch sich abspielt, ist hier nach draußen verlagert. Die Umgebung, ja der gesamte Lebensweg wird gleichsam zu einem großen Kelch. Die acht Kelche im Vordergrund sind so angeordnet, daß sie wie *ein* Kelch anzusehen sind, der die menschliche Gestalt halb umschließt.

Gefühle, seelische Energien und Bedürfnisse, die uns umhüllen und umschließen, sind »große Gefühle«, Lebensträume und Glaubenswege. Im Interesse dieser bedeutenden Gefühle ist es für uns alle wichtig, die Macht des Bestehenden zu schätzen und zu nutzen. Denn ohne Ufer (ohne faßbaren Kelche) würde der Fluß nach allen Seiten zerrinnen; sein Gefälle und sein Strom wären ruiniert. Ebenso wichtig ist es jedoch, sich von der Macht des Bestehenden nicht am Fließen hindern zu lassen. Zwar heißt es so schön: »Alles fließt«; aber erst, wenn wir bestehende Hindernisse auch zu umspielen und zu umspülen wissen, kommt das innere Strömen zur Geltung. Das muß man sehen, um die Gefahren zu beheben, die das Bild anzeigt. Ein Mond, der sich vor die Sonne schiebt (oder in anderer Betrachtung, eine Mondsichel, die die Sonne in die Zange nimmt), signalisiert möglicherweise eine Verdunklung des Bewußtsein. Im positiven Sinne bedeutet derselbe Vorgang, daß der Mond (die Kraft des Seelenlebens und des Unbewußten) vor die Sonne des Bewußtseins tritt und damit besonders erkennbar wird; die Rückseite des Mondes, seine Schattenseite, wird dabei besonders erleuchtet. – Eine Bildfigur, die ihr Gesicht nicht zu erkennen gibt, vom Betrachter wegwandert, warnt vor einer möglichen Selbstentfremdung und einem Identitätsverlust. Im guten Sinne symbolisiert sie jedoch wiederum, daß der Betrachter oder die Betrachterin die eigene Kehrseite voll überblickt.

Sie können Ihre großen Emotionen zwar nicht in den Griff bekommen, eher ist es so, daß diese Sie im Griff haben. Aber Ihr Bewußtsein (Sonne), Ihr Lebensmut, Ihre Wut und Ihr Herzblut (roter Anhaltspunkt im Bild) können einen bewußten und gewollten Weg für Ihre seelischen Energien finden. So schützen Sie sich vor einer Suche, die zur Sucht wird, wenn Sie sich allein vom »Wasser« treiben läßt. Und so bewahren Sie sich vor einem »Gefühlsstau«, der Sie träge macht, wenn Sie Hindernisse nicht überwinden. – Manchmal verdunkelt der Mond die Sonne, damit wir ihn überhaupt bemerken, und wir mehr auf ihn achten. Manchmal aber werden wir hier der Dunkelheit gewahr, damit wir die Sonne nicht vergessen und sie in unser Leben zurückholen! Einmal ermuntert uns das Bild Verstocktes und Versteinertes wieder flüssigzumachen; Tränen und Trank tun dann gut. Ein andermal kommt es darauf an, »trocken« zu werden, sich selbst ins Gesicht zu schauen und sich vernünftige Ziele zu setzen. So oder so besteht hier die Lösung darin, sich zu lösen – von inneren Abhängigkeiten, gleich welcher Art, damit »es« fließt!

Berücksichtigte Bedürfnisse

Ein sehr anspruchs- und verheißungsvolles Bild, in dem sich jedoch einige Schwierigkeiten verbergen. Wenn Sie diese meistern, können Sie hier einen wahren Jungbrunnen erleben ...

Großes Glück oder eitle Selbstzufriedenheit – was fällt Ihnen an diesem Bild zuerst auf? Wo finden wir Anhaltspunkte im Bild, die uns sagen, wie wir das eine erreichen, das andere vermeiden? Nun, hier geht es nicht um einen, zwei oder drei Kelche, sondern um Ihre Kelche – Gefühle und Bedürfnisse – in großer Bandbreite. Ihr gesamter *Gefühlshaushalt* kommt ins Bild. »Alles ist wichtig«, kein Gefühl, kein Teil des Seelenleben soll per se ausgeschlossen sein.

Das A und O bei diesem Bild ist die *Rücksichtnahme auf seelische Bedürfnisse in vieler Gestalt.* Das ist ganz bildhaft aufzufassen: Die Bildfigur hat neun Kelche im Rücken. »Hinter dem Rücken« aber ist zunächst ein klassischer Ort des Unbewußten. Die Figur in der Bildmitte muß alle Kelche kennenlernen und deren Inhalten sich zu eigen machen. Dann erst bedeutet die Plazierung der Kelche hinter ihrem Rücken buchstäblich eine volle *Berücksichtigung* Ihrer seelischen Bedürfnisse und Erwartungen.

Die Botschaft der Karte lautet bis hierher: Sie sind der Mensch im Mittelpunkt, Ihnen stehen viele Quellen zur Verfügung. Schöpfen Sie diese aus. »Wenn alle Brünnlein fließen«, dürfen Sie von sich sagen:

»Nichts Menschliches ist mir fremd«. Sie besitzen und benötigen den weiten inneren Horizont, einen tiefgefächerten seelischen Hintergrund, der Ihnen in jeder Beziehung Rückendeckung zu geben vermag.

Beachten Sie im weiteren den Abstand, der zwischen der menschlichen Gestalt und den Kelchen liegt. Außerdem lassen sich die Kelche auch so betrachten, daß Sie weniger nach hinten versetzt, als vielmehr gegenüber der Bildfigur *erhöht* erscheinen, so daß die neun Kelche auch einen Bogen über den Kopf der Figur andeuten (einen Bogen, der bei der folgenden Karte, Kelch 10, vollends deutlich werden wird). Die Distanz und die Erhöhung der Kelche gegenüber der Bildfigur erlauben uns einige wichtige *Rückschlüsse.*

Ist Ihre Distanz zu Ihren Gefühlen zu groß, so sitzen Sie auf dem Trockenen. Ist sie zu klein, laufen Sie Gefahr, »badenzugehen«, das heißt von Ihren hochwogenden Emotionen sich gleichsam umzingelt und überwältigt zu fühlen. Die Bildfigur verkörpert einmal eine grandiose Steifheit. Sie ist vielleicht nicht so leicht aus der Fassung zu bringen, aber sie läßt nichts fließen, sie läßt nichts zu. Auf der anderen Seite mag die Bildfigur aber auch eine unglaubliche Duldsamkeit symbolisieren. Sie läßt alles fließen, sie läßt den Dingen ihren Lauf, und sie ist nicht so leicht *in* eine Fassung zu bringen. Einmal begegnen wir der Angst, es würde eine Kettenreaktion zwischen den aufgereihten Kelchen beginnen, sie würden wie Dominosteine einander in Bewegung setzen und eine Lawine auslösen, wenn man nur an *einer* Stelle sich auf seine Gefühle wirklich einlassen würde. Ein andermal sehen wir uns hier der Hilflosigkeit gegenüber, daß wir wirklich nicht wissen, wo wir einen Anfang finden sollen.

Die große Aufgabe dieses Bildes besteht darin, mit den persönlichen Bedürfnissen, Gefühlen und Emotionen zu haushalten, wie ein guter Hausmeister den Gefühlshaushalt zu verwalten. Nicht zuviel, nicht zuwenig Abstand zu den Gefühlen ist dazu erforderlich. Die Erhöhung der Kelche beschreibt einen Vorgang, der am besten durch das vieldeutige deutsche Wort der *Aufhebung* wiedergegeben wird. Aufhebung bedeutet ein Mehrfaches: Die Gefühle sollen bewahrt, beendet und emporgehoben werden. Damit ist *Arbeit in Gefühlsdingen* angezeigt. Geeignete Wünsche und berechtigte Ängste sollen bewahrt werden, unfruchtbare Gefühle sollen beendet werden, und unbewußte Emotionen sollen bewußtgemacht, d. h. emporgehoben werden. So wird die Beschäftigung mit dieser Karte auch einige Ihrer bisherigen Tabuthemen berühren. Sexuelle und Liebeswünsche, aber auch Bedürfnisse nach Macht und Eroberung spielen bei dieser Karte eine große Rolle. »Berücksichtigen« Sie diese!

Je mehr das gelingt, wechseln Sie vom »Hausmeister« zum Meister in Ihren Gefühlen. Die rote Farbe an Strümpfen und Hut der Bildgestalt spricht von der Lebenskraft und von dem Willen, welche Sie benötigen, die Sie aber auch gewinnen, wenn Sie wie ein Dirigent oder wie eine Regisseurin Ihre vielen Gefühle agieren und spielen lassen.

Eine gute Karte für einen »Frühjahrsputz« im Haushalt der Gefühle. Notieren oder merken Sie sich (neun) wichtige Wünsche oder Ängste. Setzen Sie sich konkrete Ziele für Ihr Wachstum und Ihr Wohlbefinden. Stellen Sie fest, welche Unterstützung Sie für Ihre Bedürfnisse gewinnen können und auf welche Bedürfnisse von anderen Menschen Sie (mehr) Rücksicht nehmen wollen.

Kultivierte Leidenschaften

Eine persönliche Kultur der Bedürfnisse und Passionen erwächst aus dem Verzicht *auf Überflüssiges und einer reichlichen* Erfüllung *bzw. Erledigung von Wünschen und Ängsten ...*

Die verschiedensten Stand- und Gesichtspunkte lassen sich wunderbar miteinander vereinen. Mann und Frau, Junge und Mädchen, Erwachsene und Kinder, Himmel und Erde sowie Feuer und Wasser gehen hier eine kosmische, umfassende Verbindung ein, für die der Regenbogen ein besonders schönes Zeichen darstellt. Wie bei jeder Kelch-Karte so ist auch hier die entscheidende Frage, wie weit es gelingt, im Gefühls- und Seelenleben die notwendigen Unterscheidungen vorzunehmen. Die bloße Verschmelzung von Feuer und Wasser, weiblicher und männlicher Energien usw. bedeutet gleichfalls auch erhebliche Gefahren, welche häufig nicht beachtet werden. Es ist hier gerade umgekehrt wie bei dem Bild »Schwert 10«. Bei jenem werden oft die positiven Seiten nicht wahrgenommen; bei dieser Karte fehlt auf den ersten Blick oft das Verständnis für die hier enthaltenen Schwierigkeiten.

Eine Lebenssituation aber, in welcher große Emotionen und Leidenschaften zwar enthalten, aber nicht verarbeitet, vielleicht nicht einmal bewußt sind, stellt starke Abhängigkeiten und Bindungen her, die um so fataler wirken, als sie nicht direkt sichtbar, sondern nur gefühlsmäßig und seelisch spürbar sind. Die zehn Kelche im Regenbogen zeigen u. a. eine vollständige *Abschirmung*. Diese bewirkt im guten Sinne eine Rundum-Geborgenheit, den Schutz eines geeigneten Glaubens und Vertrauens. Im schlimmen Falle aber stellt diese Abschirmung eine Art *Käseglocke*, eine *Glaswand* oder einen *Magnetschirm* dar, welche nur mühsam zu durchbrechen sein können. Ein Leben wie hinter einer Glasscheibe ist ein in den Künsten häufig zitiertes Motiv (von »Tonio Kröger« von Thomas Mann bis zu »Paris, Texas« von Wim Wenders). Solche hermetischen Lebens-, Glaubens- oder Liebesverhältnisse wirken bestenfalls wie ein Treibhaus: Sie schützen, aber sie halten auch das wirkliche Leben fern. Sie schaffen zwar ein *Kraftfeld*, aber die Identität der/des Einzelnen geht dabei unter, so wie im Bild die Gesichter der Erwachsenenfiguren nicht zu erkennen sind.

Wenn die großen Gefühle und Emotionen sich in Freiheit entfalten sollen, müssen sie aufgehoben sein – »aufgehoben« im mehrfachen Sinne von Aufhebung als gleichzeitige Bewahrung, Beendigung und Erhöhung; auch dies symbolisieren die zehn Kelche im Regenbogen. Das Bild macht deutlich: Die großen Emotionen zu befriedigender Erfüllung zu führen, dies ist eine »Kulturarbeit«, ein Gesamtkunstwerk, in dem Sie selbst *mittendrin* stehen. Dies gleicht einer Landschaftsgestaltung, einer Ökologie der Seele und der praktischen Spiritualität.

Für Ihre aktuellen Fragen übermittelt die Karte vor allem die Botschaft: Haben Sie Mut zum Gefühl! Keine Angst vor großen Emotionen und »ozeanischen Gefühlen«! Jetzt ist eine gute Gelegenheit, seelische, psychische und spirituelle Leidensgeschichten anzunehmen und aufzuheben, kraftvollen und kühnen Leidenschaften beherzt ins Auge zu schauen. Sie werden sich dabei um so sicherer fühlen, als Sie unterscheiden können, ob und wie weit Sie sich und anderen *trauen* können. Ihre Selbsterfahrung und Ihre Menschenkenntnis werden hier auf eine Probe gestellt. Je mehr Sie den persönlichen Erwartungshorizont (für sich und von anderen) ab- und aufklären können, um so mehr steht Ihnen der »Himmel« weit offen.

Das Bild kann außerdem als Hochzeit (Hochzeitsfeier, Hochzeitstag) gedeutet werden. Eine Hochzeit können wir aber, genau genommen, nicht nur einmal (oder einige wenige Male) im Leben feiern: Eine »Hoch-Zeit«, eine hohe Blüte des Lebens können Sie heute und an vielen Tagen erleben. Machen Sie sich dazu bereit!

Man soll sich eben nicht nur einmal (oder nur ein paar Mal) »trauen«. Vielmehr macht uns die Karte das gerade zur permanenten Aufgabe:

Sich und anderen vertrauen; sich selbst und den Mitmenschen etwas zutrauen und anvertrauen; sich mit vielen verbünden und mit einigen verbinden; mit allen und allem, was das Herz bewegt, einen Bund fürs Leben schließen!

Schwerter

»Das ist doch klar«: Schwert-Karten stellen eine Aufgabe dar, etwas geistig zu durchdringen (aktiv) oder sich durchleuchten, aufklären und erleuchten zu lassen (passiv). Auf der geistigen Ebene finden Sie die gesuchte Antwort oder Lösung. Folgen Sie Ihren Gedanken und Erkenntnissen, behalten Sie den Überblick und erweitern Sie Ihr Wissen. Beachten Sie die Entscheidungen Ihrer Mitmenschen und berücksichtigen Sie alle denkbaren Möglichkeiten.

- »Das Denken ist eines der größten Vergnügen der menschlichen Rasse.«
- »Wissen ohne Gewissen ist Halbwissen.«
- »Wer seine Lage erkannt hat, wie soll der aufzuhalten sein ...«

Schwerter oder die Waffen des Geistes: Die *Schwerter* stellen ein Zeichen der Rüstung dar, ein Werkzeug, ein Mittel des Kampfes und des Kriegs, der Verletzung und der Befreiung. Sie verkörpern – jeweils mit positiven und negativen Aspekten – Mündigkeit, Selbständigkeit und Freiheit; Verteidigungs- oder Aggressionsbereitschaft; Ritterlichkeit, Autorität oder Arroganz; Schärfe und Zuspitzung; Härte, Durchschlagskraft u. a. m.

Ein Schwert zu tragen, war in der Geschichte ein Privileg der adeligen Ritter, Symbol ihrer Freiheit und Autonomie im Rahmen der mittelalterlichen Ständegesellschaft. Von daher liegen beim Symbol des Schwertes neben den Bedeutungen von Krieg und Kampf auch die Stichworte Freiheit, Mündigkeit, Eigengesetzlichkeit usw. nahe.

Sodann ist seit alten Zeiten das Schwert ein Inbegriff der *Urteilskraft*, der Fähigkeiten, sich ein Urteil zu bilden und zu vollstrecken. Mit dem Schwert werden in diesem Sinne Bestimmungen, Unterscheidungen und Klassifizierungen vorgenommen. Mit dem Unterscheidungsvermögen wachsen auch die Aufgabe und die Fähigkeit, sich zu entscheiden und Erkenntnisse zu sammeln. Kurz, damit kommt das gesamte Luftreich des Geistes in Beziehung zur Schwerter-Symbolik.

Hauptinhalt der Schwerter als Waffen des Geistes sind *Denken, Wis-*

sen und Urteilskraft. Darüber hinaus kommen alle »Techniken der geistigen Arbeit« (von einfachen Rechenoperationen bis hin zu komplexen Gedankengebäuden, von den enggefaßten Regeln der traditionellen Logik bis hin zu den fließenden Bewegungen oder den sprunghaften Betätigungen des Geistes, z. B. in Meditationen oder in einem brainstorming) als praktische Bedeutung der Schwerter in Betracht.

Die Luft der Freiheit: Es ist nicht zu übersehen, daß die Schwerter in der Tarot-Literatur bis in die heutige Zeit oft nicht sonderlich beliebt sind. Die Voreingenommenheit gegenüber dem Geist, die nur ein bestimmtes Denken zulassen möchte, ist immer ein Anzeichen für unausgesprochene Tabus im Hintergrund. Die Waffen des Geistes sind an sich neutral. Auch darin besteht ihr Prinzip der Freiheit, daß sie sich zu jedem gewünschten Zwecke einsetzen lassen. Ein »positives Denken« läuft genauso wie die Vorstellung von »negativen Schwertern« auf eine Halbierung und Entwertung des Geistes hinaus. Denken ist denken. Denken ist (zuerst und zuletzt) weder positiv noch negativ, sondern entscheidet sich danach, ob es funktioniert oder nicht – wie das Abzählen, das Buchstabieren und das Zusammenzählen.

Die Luft vermag bis in die kleinste Zelle alles Lebenden einzudringen und sich zugleich von jeder einzelnen Gegebenheit zu entfernen und weit über die Erde tragen zu lassen. Ein Körper im Wasser, eine Flamme im Feuer oder ein Objekt in der Luft bekommt *Auftrieb*, wenn ihm Luft zugeführt wird. In diesem Sinne kann die Luft alles *leichter* machen. Ihre Merkmale sind Freiheit und Erleichterung. Und das gleiche verkörpert auch das Schwert, insofern es in Dinge und Sachverhalte eindringen, sie aufschließen und unterscheiden kann.

Die Doppelnatur der Luft: Das Reich der Luft ist der Raum zwischen Himmel und Erde. Auf diesen Luftraum des Geistes ist das geflügelte Wort gemünzt: »Es gibt mehr Dinge zwischen Himmel und Erde, als die Schulweisheit sich erträumen mag« (W. Shakespeare). – Der Luftraum aber war die längste Zeit der Menschheitsgeschichte relativ wenig benutzt. Erst einige Jahrzehnte ist es her, daß wir nicht nur in Traum oder Fantasie, sondern auch in Wirklichkeit *fliegen* und damit uns in diesem Luftraum bewegen können. So ist es auch neu, daß Abermillionen von Menschen den Luftraum als ihr geistiges Zuhause schätzen lernen und nicht nur für gelegentliche kleine Luftsprünge nutzen. Fliegen können, daß steht im übertragenen Sinne für die Höhenflüge des Geistes – und der Liebe. Diese Wechselbeziehung von Geist und Liebe, die sich traditionell in der Symbolik des *Vogels* niedergeschlagen hat, hat wiederum W. Shakespeare in dem treffenden Spruch zusammengefaßt: »Die Augen des Geistes sind die Augen der Liebe«.

Die eigenen geistigen Kapazitäten zu erforschen und einzusetzen, ist – jedenfalls was die Masse der Bevölkerung, auch in den »entwickelten« Ländern angeht – historisch ebenso neu und jung, wie die Möglichkeit freigewählter, persönlicher Liebesbeziehungen. Während noch im vergangenen Jahrhundert das Reich der Notwendigkeit nur wenig Raum für Freiheit und Freizeit übrigließ, und während noch im Anfang dieses Jahrhunderts das Fliegen erst einmal erfunden werden mußte, – wird heute in den Medien schon die Frage diskutiert, ob angesichts der Zahl der Linien-, Charter- und Frachtflüge der Luftraum nicht allmählich zu eng werde! (Aber vielleicht wird tatsächlich nicht der Luftraum zu eng, sondern nur der geltende geistige Horizont, das *bisherige* Verständnis unserer geistigen Möglichkeiten und Aufgaben.) Auch angesichts der erheblichen Luftverschmutzung kristallisiert sich als die entscheidende Zukunftsfrage heraus, wie wir den irdischen Luftraum in sinnvoller und vergnüglicher Weise nutzen können.

Die Doppelnatur der Luft besteht in ihrem Zwischenzustand. Solange wir nur zwischen den Welten zuhause sind und hin und her pendeln, wie der Fährmann im Märchen, der ruhelos von einem Ufer zum anderen fährt, solange »hängen wir in der Luft« und sind nirgends wirklich zuhause. Erst wenn wir die Geister vertreiben und beerben und selber im Reich des einen und einenden Geistes heimisch werden, kann der uralte Gegensatz von Geist und Natur, Himmel und Erde überbrückt werden, und wir sind überall zuhause.

Fruchtbare Erkenntnis: Es gibt Tatsachen, Gegebenheiten und Kenntnisse, die für alle Menschen gleich sind. Aber was sie bedeuten, ist eine Frage ihrer individuellen Wahrheit. Die Tarot-Karten sind selber dafür ein gutes Beispiel. Im Unterschied zu früheren Zeiten gelten heute weder abstrakte Wahrheiten, die für alle Menschen eine gleiche Gültigkeit beanspruchen, noch die bloße Auflösung ewiger Werte und Wahrheiten in eine pure Beliebigkeit. Der Satz »Alles ist relativ« wird oft so verstanden, als sage er, es sei alles egal. »Relativ« heißt jedoch »zurückbezogen«. *Alles ist zurück bezogen* – auf die Natur der Sache, auf die Perspektive der Betrachtung, auf die Persönlichkeit des Betrachters oder der Betrachterin, auf die Qualität der Zeit und anderes mehr. Es *gibt* verlässliche Erkenntnisse und gültige Wahrheiten, deren Kenntnis für jeden Menschen einen wesentlichen Unterschied im Leben ausmacht;

neu ist nur, daß diese verbindlichen Wahrheiten heute stets an das einzelne Individuum geknüpft sind. Dabei wird jedoch die individuelle Besonderheit eines Menschen erst deutlich, wenn wir *allgemeine* Begriffe und Vorstellungen besitzen.

Zusammenfassung: Wir selber gleichen dem Schwert, sind Produkt und Wegbereiter des menschlichen Unterscheidungs-, Urteils- und Vollstreckungsvermögens. Traditionell lag das Augenmerk auf der Frage:

Wozu benutzen wir die Schwerter? Nachdem der Gang der Erkenntnis heute mit dem *Luftraum* eine komplette Welt *zwischen* Himmel und Erde zugänglich gemacht hat, erreichen Gefahren und Chancen der »Schwerter« eine neue Dimension. Wir müssen buchstäblich flügge werden und die Frage beantworten: Wie gestalten wir dieses Reich der Lüfte, und wie gehen wir mit dieser Situation um, für die wir aus der gesamten Geschichte kein Beispiel und kein Vorbild kennen?

Schwerter stellen die Waffen des Geistes dar. Sie entsprechen dem Element Luft.

Luft bedeutet menschliche Atmosphäre, Lebensgeister, geistige Energie- und Gedankenwelt. In der Natur sind es der Luftraum und die Erdatmosphäre und im übrigen die Sterne (die durch die irdischen Luftschichten erst für uns funkeln), die die Kraft des Elements Luft in seinen verschiedenen Formen zur Geltung bringen. Im menschlichen Verhalten sind es besonders *Denken, Wissen* und *Urteilskraft*. – Weitere Merkmale des Elements Luft: Geistesgegenwart und Gedankenkraft, Begriffe, Bewertungen und Beurteilungen, Mitteilungs- und Darstellungskünste. Charakteristisch für das Element Luft: Erkenntnisse und Entscheidungen. Schwierige Situationen (»harte Nüsse«) werden gemeistert, indem man die erforderlichen Lernprozesse bewältigt: »Jetzt ist es klar«.

Jenseits der Halbheiten

Eine Elfenkönigin und eine Richterin – eine Persönlichkeit, hart wie ihr steinener Thron und lustig-leicht wie die Schmetterlinge an Thron und Krone ...

Kopf und Krone der Bildfigur ragen über die Wolken empor: So besitzt sie einen weiten Horizont, einen im Wortsinne hervorragenden Überblick und einen genügenden Abstand zu allem Niederem und Kleinlichem. Ebenso groß wie dieser Abstand ist allerdings auch die Entfernung zwischen Kopf und Füßen geraten. Die Größe der Bäume erscheint als vergleichsweise gering gegenüber dem gewaltigen Gefälle zwischen Scheitel und Sohle. Im Alltag kann es deshalb vorkommen, daß Sie im Sinne dieser Karte mit dem Kopf etwas entscheiden, was bei Ihnen »unten« gar nicht ankommt. Was Herz und Kopf wollen ist das eine; das tatsächliche Verhalten – die Abstimmung mit den Füßen – ist das andere.

Der Thron zeigt u. a. einen Schmetterling, einen Kinderkopf und zwei Mondsicheln, welche in dieser Anordnung (die beiden Sicheln berühren sich mit ihren gekrümmten Seiten) sowohl an das Zeichen des Uranus erinnert wie auch an die Doppelaxt (Labrys), das Symbol der vorantiken Matriarchate in Kreta und anderswo. Fraulichkeit und Weiblichkeit, Mutterrecht und weibliche Selbstbestimmung schwingen in dieser Symbolik mit; ebenso das Prinzip der Freiheit und der Unkonventionalität (Uranus). Die Mondsicheln verweisen auf die Macht der Nacht, die Kraft der Träume, der Stimmungen und der Ahnungen in ihren wechselnden Gestalten. Der »Kindskopf« spielt auf das »innere Kind«, die eigene Kindheit, sowie die Mutter-Kind-Beziehungen an. Der Schmetterling letztendlich zeugt von Leichtigkeit, von Flatterhaftigkeit, aber auch von einer reifen, befreiten Daseinsweise, denn der Schmetterling ist keine Raupe mehr. Die graue Färbung des Throns steht für steinerne Festigkeit; zusätzlich – und das wird oft übersehen – zunächst für einen *unbewußten* Zustand.

Der Thron weist damit Merkmale auf, die in einem weitreichenden Gegensatz zu den Eigenschaften des Schwertes stehen: Auf der einen Seite beinhaltet der Thron Frauenmacht, Kinder und Kindheit, Fantasie, Freiheit, Lust, Laune und alles Unbewußte; auf der anderen Seite steht das Schwert für eine männliche Tradition, Erwachsenenwelt, Sachlichkeit, Pflicht, Konsequenz, Realitätssinn und alles Bewußte.

Eine besondere Schwierigkeit des Bildes liegt nun darin, daß Schwert und Thron mit ihrer jeweiligen Bedeutung aus Sicht der Königin *nicht offensichtlich* gegeneinander stehen. Der Thron ist ihr *unbewußter Unterbau*, für sie so schwer zu erkennen, wie für uns als Betrachter die linke Körperseite der Königin. Links ist die Seite des Unbewußten, und dieses liegt hier – so oder so – im Schatten. Die Königin kann eine Meisterin der Verdrängung sein!

Das Ziel besteht in der Bewußtwerdung der Schattenseiten. Die goldene Schmetterlingskrone zeigt es deutlich: Was vorher im grauen Thron des Unbewußten eingeschlossen war, das soll sich die Königin bewußt in den Kopf setzen. Solange dieses Ziel *nicht* erreicht ist, ist ihr Kopf gleichsam halbiert. Darin liegt eine der Bedeutungen ihres bemerkenswerten Seitenprofils. Die Königin kann geltungs- und profilierungssüchtig sein. Sie mag sich aber auch fürchten, dem Betrachter das ganze Gesicht zu zeigen (vgl. »Das Phantom der Oper«).

Die einzigen Anhaltspunkte auf dem Weg zur Ganzheit findet die Königin in ihrem Blick auf den unendlichen Horizont über den Wolken – und in dem Vogel über ihr, zu dem ihr Schwert hinaufreicht. In der Mathematik heißt es, Parallelen schneiden sich im Unendlichen. Intuitiv oder visionär sucht die Königin nach dieser Ganzheit (möglicherweise nicht ohne unendliche Absolutheitsansprüche), *bis* sie endlich ihren Vogel begreift. Ihr »Vogel« ist ihr Spleen, ihre Halbheit. Und andererseits führt sie ihr Vogel auch auf die fehlende andere Seite ihrer Persönlichkeit. Ein *Vogel* symbolisiert Geist und Weisheit sowie Eros und geschlechtliche Liebe. Wenn sie ihre Höhenflüge, ihre Ideale und Ansprüche, ihre Bedürfnisse nach Liebe und Weisheit ernstnimmt und begreift, findet die Königin zum Anderen hin und hebt das Unbewußte in und an ihrer Persönlichkeit auf. – Das ist ihre Aufgabe und, wenn sie aus ihrer Not eine Tugend macht, auch ihr besonderes Talent.

Der Weg zur Ganzheit ist hier ein Weg wachsender Emanzipation und Bewußtwerdung, der damit zusammenhängt, daß wir unseren persönlichen »Vogel« erkennen. In Ihren aktuellen Fragen sollten Sie als Frau besonders darauf achten, daß Ihren Bedürfnissen in ihrer Gesamtheit Gerechtigkeit widerfährt, daß Sie sich selbst *und* anderen gerecht werden, ohne Ihre Bedürfnisse zu vernachlässigen. Als Mann sollten Sie besonderen Wert auf solche Lösungen legen, die die Freiheit des Anderen respektieren und die den gesamten Bedürfnissen aller Beteiligten möglichst weitgehend gerecht werden.

Ins Blaue

Eine brillante und unabhängige Persönlichkeit mit einer Neigung zum Bewußten ...

Einen Hinweis darauf, welche Energien hier wirksam werden, liefern schon die Vögel, die Symboltiere der Schwerter-Hofkarten. Diese stellen hochfliegende Gedanken, geistige Erkenntnisse und einen Überblick wie aus der Vogelperspektive dar. Wenn von Vögeln die Rede ist, schwingt zugleich eine sexuelle Bedeutung mit. Die Höhenflüge des Geistes wie die der Liebe und des Eros werden seit alters durch das Vögel-Symbol angesprochen.

Die Farben der Kleidung des Schwert-Königs sprechen ebenfalls Bände. *Hellblau*, die Grundfarbe seines Gewandes ist die Farbe des offenen Himmels, aber auch des (klaren) Wassers. Geist *und* Seele machen den Grundton der Aura dieses Königs aus. Dabei ist Blau nicht nur eine »kalte« Farbe. Aus Begriffen wie »Blues«, »blaue Stunde« oder »blue movie« kennen wir es auch als Inbegriff starker Emotionen und Triebe. Die Sufis beziehen das Blau sogar auf das Innerste einer Flamme. Für sie drückt diese Farbe höchste Leidenschaft *und* Erkenntnis aus, vergleichbar mit dem aus der deutschen Romantik bekannten Symbol der »Blauen Blume«. – Daneben zeigt die Kleidung des Königs *Rot* und *Gold-Gelb* in den bekannten Bedeutungen von Wille, Lebenskraft und Gemüt bzw. von Sonne, Geist und Bewußtsein. – Die äußere Hülle ist violett gehalten, einer Farbe der Ausgeglichenheit und der Vollkommenheit, aber auch der Grenzerfahrung und der Grenzüberschreitung. Violett ist die Farbe am Rande des Unsichtbaren, des Ultraviolett. Sie steht für feinste Schwingungen und Inspirationen, für die Suche nach dem Transzendenten.

Eben diese Suche nach den Übergängen in eine größere, kosmische Dimension (Transzendenz) zeigt die ganze Gestaltung dieses Königs der Schwerter. Er verbindet wahrhaft Welten in sich: »Mit dem Kopf im Himmel und mit den Füßen auf der Erde«, so sitzt er da. Die hohe Rückwand des Thrones gleicht einer »Himmelsleiter«, einer Brücke oder einem Fahrstuhl zwischen Unten und Oben.

Allerdings befindet sich diese Verbindung zu höheren Dimensionen im Rücken des Königs, d. h. sie liegt in seinem toten Winkel, in seinem Schattenbereich. Das Schwert des Königs neigt sich zu seiner Rechten hin, er hat eine Neigung zum Bewußten. Solange er deshalb das Unbewußte verneint und sich sagt »Was ich nicht weiß, macht mich nicht heiß«, verpaßt er seine größeren Möglichkeiten. Während er sich seines bewußten Wissens sicher meint, bleiben seine unbewußten Widersprüche tatsächlich im Verborgenen. – Ohne Widersprüche aber setzt er sein Bewußtsein schachmatt. (Denn ohne Polaritäten keine Spannung, und ohne Spannung kein Strom, keine geistige Energie). Andererseits gehören Widersprüche zu seinem Dasein dazu. Allein die Bäume, die bei ihm als einziger der Schwerter-Hofkarten an *beiden* Bildrändern plaziert sind, machen es deutlich. Ohne bewußten Umgang mit seinen Widersprüchen, einschließlich seiner unbewußten Seiten, würde der König zwischen Hüh und Hott zu großer Nervosität und Hektik verurteilt sein, sich selbst und anderen mit Antreiberei und Kontrolle auf die Nerven gehen.

Für eine gedeihliche und glückliche Entwicklung muß der König deshalb die Widersprüche hinter seinem Rücken und im Luftraum des Geistes erforschen. Daher finden sich hier auch *zwei* Vögel im Bild. Es reicht nicht, wenn er weiß, was er weiß; er muß auch wissen, was er nicht weiß. Dazu braucht er seine Geisteskraft und Überlegenheit. Er gewinnt dadurch einen bewußten Umgang mit dem Unbewußten (einen gewissenhaften Umgang mit dem Ungewissen). Das heißt praktisch, daß eben Liebe und Geist, Leidenschaft und Erkenntnis für ihn keine getrennten Welten mehr bleiben. Wenn er ins Blaue trifft, besitzt er eine einzigartige Begabung, den Bedürfnissen und Ansprüchen seiner Liebe und seiner Triebe bewußt den Weg freizumachen sowie mit Lust und Leidenschaft seine geistigen Ziele zu verwirklichen.

Diese Karte deutet auf starke geistige Kräfte, auf mentale, wissens- und gewissensmäßige Energien, die von Ihnen ausgehen und mit denen andere auf Sie einzuwirken suchen. Sorgen Sie für Festigkeit und Gründlichkeit in Ihrem Bewußtsein. Machen Sie klar, was Sie wissen, und bestimmen Sie, was Sie nicht wissen. Als Frau finden Sie hier besonderen Anlaß, Ihre Bedürfnisse und Erwartungen in vollem Umfang bewußt zu vertreten. Als Mann erreichen Sie verblüffende, neue Lösungen, wenn Sie Ihr Wissen und Denken bis zu dessen Grenzen – und dann noch darüber hinaus – durchleuchten.

Schneller als der Schatten

Eine energiegeladene und kommunikative Persönlichkeit mit viel Gegenwind ...

Da das Schwert für das Luftelement des Geistes steht, bezieht sich das außerordentliche Tempo von Roß und Reiter hier vor allem auf die Geschwindigkeit der Gedanken. Wir können sie trainieren. So, wie sich die Nachrichtenübermittlung vom Boten über die Postkutsche bis hin zu Telefon und Satellitenfunk beschleunigt hat, vermag auch das menschliche Denken sich zu steigern, wenn wir es pflegen und entwickeln.

Die höchste bisher bekannte Geschwindigkeit ist die Lichtgeschwindigkeit. Wenn es *im* Menschen eine Entsprechung für diese in der Außenwelt gefundene Größe gibt, dann ist dies die Bewegung der Gedanken. Von der Lichtgeschwindigkeit wissen wir, daß sie traditionelle Vorstellungen von Raum und Zeit, von Ursache und Wirkung aufhebt. Das Licht breitet sich nach allen Seiten zur gleichen Zeit und mit gleicher Geschwindigkeit aus. Es erreicht also »gegensätzliche« Zielpunkte zur gleichen Zeit, bewegt sich mit einem Moment in die verschiedensten Richtungen und existiert zeitgleich an vielen Schauplätzen. Dasselbe gilt – der Möglichkeit nach – für die Bewegung der Gedanken. Fantasie- und Zeitreisen, Orts-, Personen- und Perspektivenwechsel gelingen Ihnen in »atemberaubendem« Tempo.

Der Ritter der Schwerter bewegt sich zur linken Bildseite hin, aus der hier der Wind weht. Er zeigt uns seine linke Körperhälfte. Er richtet sich also zum Unbewußten hin – eine Ausrichtung, die verschiedene Schlüsse erlaubt.

Erstens ist möglicherweise sein Denken selber unbewußt. Dann handelt das Bild von einem sogenannten »wilden Denken«. Wenn das Denken dem Chaos des Unbewußten folgt, ist es zwar schneller, vielfältiger und beweglicher als das Denken in einer begrenzten Logik. Aber es wird selber chaotisch, in der Tendenz halt- und ziellos. Als »Ritter der Schwerter« laufen wir dann Gefahr, zum »Geisterfahrer« zu werden. Es kommt zu Spaltungstendenzen im Bewußtsein oder im Verhalten (wofür die vielen Vögel hoch oben im Bild ebenso stehen wie im positiven Sinne für eine Vielseitigkeit des Denkens). Viele Phänomene aus dem Spiritismus (Geistererscheinungen) und die sogenannten »Out-ofbody«-Erlebnisse (Erfahrungen, daß der Geist sich vom Körper trennt oder daß sich ein Teil des eigenen Ich vom anderen Teil abhebt und diesen wie aus der Vogelsperspektive betrachtet) gehören in diesen Zusammenhang. Der Schatten – das Unbewußte – verselbständigt sich insoweit auf geistiger Ebene – eine Entwicklung, die als Überbrückung gewisser Schwierigkeiten vielleicht nützlich, als Dauerzustand aber alles andere als förderlich ist.

Eine *zweite* Bedeutung der Ausrichtung des Geistes auf das Unbewußte besteht darin, daß das Bewußtsein *Jagd* auf alles Unbewußte macht. Es ist gut, wenn wir alles im Leben *auch* geistig durchdringen wollen, wenn wir Sachverhalte aufklären und uns selbst mit frischer Luft und gutem Atem bis in jede Körperzelle versorgen können. Aber etwas völlig anderes ist es, das geistige Bewußtsein zum Alleinherrscher zu machen und das Unbewußte zu bekriegen und zu bekämpfen. Das aber geschieht recht häufig, zum Beispiel wenn wir »alles in den Griff« bekommen wollen oder wenn wir uns auf bestimmte Ziele und Zwecke fixieren. Das schattenhafte Unbewußte wird zum Streitfall, zum Beispiel zum Kampf gegen die »Schwäche der Natur« bei sich selbst oder gegen die »Dummheit« der anderen.

Eine *dritte* Möglichkeit ist der bewußte Umgang mit dem Unbewußten. Der Geist dient dazu, die Bewegungen des Unbewußten zu koordinieren und auszurichten. Erst in der *Freundschaft* zwischen bewußten und unbewußten Seiten (in einem Menschen und zwischen verschiedenen Menschen) lassen sich die beschriebenen Gegensätze bearbeiten und aufklären. Das Wohlergehen und die Reichweite des einen hängen vom Spielraum und der Qualität des anderen ab. Und wenn der Geist nicht auf ein Schneckentempo gedrosselt werden soll, brauchen auch der Körper, die Seele und der Wille freie Bahn zu ihrer Entfaltung. Ohne Politik der Ekstase keine Politik der Erkenntnis« (Wolfgang Neuss). Die Aufgabe des Schwertes und die praktische Bedeutung der geistigen Erkenntnis liegen ebendarin, für die Erhöhung der Reichweite, der Intensität und der Qualität des Lebens *den Weg freizumachen.*

Gehen Sie in Ihren aktuellen Entscheidungen aufs Ganze: Bevorzugen Sie solche Lösungen, die Ihre persönliche Ganzheit auf Dauer fördern. Für Frauen kommt es dabei oft auf eine konsequente und freundschaftliche Auseinandersetzung mit sich selber an. Noch soviel Austausch und Auseinandersetzung mit anderen ersparen nicht den Weg der »Individuation«, d. h. der persönlichen Selbstwerdung. Für Männer spielt oft die kritische und liebevolle Zuwendung zu anderen hier die größere Rolle.

Abenteuer des Geistes

Eine ideenreiche, geistig bewegte Persönlichkeit, nach vielen Seiten offen ...

Die fünf Vögel aus dem Bild des Ritters haben sich hier auf zehn verdoppelt. Gemeinsam ist dem Ritter und dem Page im übrigen ein Schwert, dessen Oberteil und Spitze *nicht* mehr im Bild enthalten sind. Beide führen uns somit geistige Kräfte vor Augen, die über den »Bildrand«, d. h. über den Rand unserer Vorstellungen hinausgehen. Vom »König der Schwerter« besitzt der Page die roten Schuhe, den violetten Überwurf und die blauen Berge im Hintergrund. Wie die Königin, hält auch der Page das Schwert auf der rechten Bildseite, und das »innere Kind« als besonderes Thema der »Königin der Schwerter« bezeichnet den Pagen insgesamt, der entweder mit jugendlicher Vorsicht und Neugier oder aber mit kindhaften Gemüt das Schwert führt.

Die vielen Vögel im Bild des Pagen signalisieren Vielseitigkeit oder aber »Verzettelung« des Denkens. Wenn ein Detailsymbol sich häufig wiederholt, spricht man von *Multiplizität.* Diese kann ein kreatives Ereignis sein, so daß der Page für ein *brainstorming*, für den »stürmischen« Austausch vielfältigster, auch sprunghafter Ideen und Assoziationen steht. Allerdings kann sich hierin auch die Unfähigkeit äußern, Gedanken zu konzentrieren, sie zu durchdenken und auf ihre Konsequenzen hin zuzuspitzen.

Wie der Ritter schaut der Page zur linken Bildseite hin, aber für ihn selbst ist es seine rechte Seite. Was andere für unbewußt (»links«) halten, mag für ihn als ganz bewußt und vernünftig gelten. So kann er mit scheinbar verrückten Ideen Dinge durchschauen oder ausdrücken, die anderen nur schwer zugänglich sind. Andererseits kann ihm eine geeignete Selbstkontrolle abgehen, so daß Kopf und Hand, Denken und praktisches Verhalten auseinanderdriften.

Sein Spielbein tippt die Erde nur an. Der Page kann sich leichter lösen als etwa die Königin oder der König, und er besitzt dennoch mehr unmittelbaren Bodenkontakt als der Ritter. Die Stiefel des Pagen, sein Berührungspunkt mit der Erde, sind rot. Das heißt, Lebendigkeit, Herz und Wille sind seine Basis. Er verliert weniger schnell den Kontakt dazu als etwa König und Königin mit ihren Köpfen über den Wolken. Andererseits mag er zu subjektiv in seinen Grundlagen sein, d. h. daß seine Entscheidungen mehr auf seinem Willen als auf wirklicher Erkenntnis fußen, so daß sein Blick nicht höher als die Wolken reicht, also möglicherweise »umwölkt« ist.

Der menschliche Geist entfaltet sich zu voller Kraft, wenn er sich konsequent aus allen Bedingtheiten des Denkens löst, um andererseits zu den speziellen Bedingungen des persönlichen Daseins hinzufinden. Indem der Page möglicherweise sein Schwert künstlich zurückhält und indem er vielleicht nur soviel sich bewußtmacht, wie es seinem individuellen, wechselhaften Interessenstandpunkt entspricht, verdeutlicht er die Gefahren einer Persönlichkeit, die ihr Schwert nur zur Hälfte nutzt oder begreift. Diese Halbheit stellt eine ungeeignete Form der »Leichtigkeit« des Geistes dar. Sie läßt die geistigen Kräfte als solche bedeutungslos werden, macht sie zum Handlanger, zum verlängerten Arm willkürlicher Vorstellungen und Entschlüsse.

Dagegen ist die Beweglichkeit ein Qualitätsmerkmal des Geistes. Zwischen verschiedenen Positionen den eigenen Standort zu bestimmen, Übergänge zwischen scheinbaren und tatsächlichen Gegensätzen zu finden, ein freies Denken und ein gerechtes Urteil mit der eigenen Betroffenheit zu verbinden, – dies und anderes mehr verdeutlicht die Chancen einer Persönlichkeit, die ihr Schwert mit wirklicher Leichtigkeit führt. – Eine Flamme im Feuer, ein Körper im Wasser oder ein Objekt in der Luft bekommt *Auftrieb*, wenn ihm »Luft« zugeführt wird. Ebenso fallen uns unsere Entscheidungen leichter und so bekommt unser Dasein Auftrieb, wenn wir unseren Geist bewegen und uns durch jenen *einen* Geist, der in *allem* steckt, bewegen lassen. Dafür steht nicht zuletzt das violette Gewand, dessen Farbe auf das hinweist, was größer ist als wir selber.

Geist, der in sich Offenheit und Betroffenheit verbindet, erleichtert das Dasein und schützt gegen die Halbierungen des Denkens, des Wissen und des Urteils. Halten Sie Ihren Geist in Bewegung, zeigen Sie geistige Initiative und nutzen Sie Ihre Gedanken und Vorstellungen. Spüren Sie, daß der Teil, den wir begreifen können, kleiner ist als das, was *ist*. Aber ob wir den uns möglichen Teil begreifen und benutzen, das macht in jeder Beziehung einen großen Unterschied aus. Darum dreht es sich auch in Ihren aktuellen Fragen.

Krönung des Geistes

Die Quintessenz des Luftelements ...

Schon in einem Schwert ist die ganze Zweischneidigkeit des Geistes enthalten. Der menschliche Geist stellt auf der einen Seite die Krone der Schöpfung dar, auf der anderen Seite die maximale Entfernung und Entfremdung von der Natur. Das »As der Schwerter« zeigt in der einen Betrachtung, wie das Schwert gerade noch die letzten Zweige (oder Zweig und Alge) von der Erde abgerupft und sich als Zeichen seines Triumphes an die Krone geheftet hat, während die Erde in Folge der Entfremdung des Geistes alles Grüne, jedes Lebenszeichen verloren hat und kalt und kahl zurückgelassen bleibt. Wie Irrlichter ziehen in Gestalt der sechs kleinen Flämmchen abstrakte Ideen und fleischlose Geister durch den Luftraum, nachdem der Kontakt zwischen Geist und Natur verloren scheint.

In einer anderen Betrachtung zeigt dasselbe Bild die Lorbeeren, die wir verdienen, den »grünen Zweig«, auf dem wir kommen, sowie die persönliche Krönung, die wir erreichen, wenn wir unser Bewußtsein schärfen und erheben. Das Schwert hat sich einerseits von der stummen Macht der dunklen Erde befreit und trägt eine Krone, deren Zweige (oder Zweig und Alge) andererseits wieder auf die Erde zurückverweisen, deren blaue Färbung ein Zeichen der glücklichen Verbindung von Himmel und Erde darstellt, sowie auch die grüngeschmückte Krone die Verbundenheit von Geist und Natur dokumentiert. Wie die Feuerzungen aus der Pfingstgeschichte stellen die sechs kleinen Flämmchen den »Eintritt des heiligen Geistes in die sichtbare Welt«, die Materialisierung des Geistes und die Erhebung des irdischen Lebens durch die Kraft der Begeisterung dar.

Die Luft ist geistreich – und geister-reich! Hatten wir uns nicht bereits an die Vorstellung gewöhnt, die Zeit der Geister und Gespenster sei vorbei? Der Glaube an Spuk, an umherfliegende Engel, an heimliche Teufel usw. hat tatsächlich an Einfluß verloren, und das ist gut so. Aber wir erleben seit einigen Jahren auch eine scheinbare Wiederbelebung der Geisterwelten. In einem Teil des esoterischen Bereiches sind »Engel« und andere »Lichtwesen« zu einer vorübergehenden Mode geworden. Kinder und Jugendliche spielen ghostbusters, die »fröhliche Geisterjagd«, und lassen sich von gespensterhaften Kobolden faszinieren. Der »Zeitgeist« beflügelt kritische Intellektuelle, die sich auf »Zeitgeistreisen« begeben wie andere auf einen Abenteuerurlaub. Während in einem Teil der spirituellen Szene »Geistheilerinnen« und »Geistheiler« populär sind, lassen sich nicht wenige Wirtschaftsmanager oder Spitzensportler ein Mentaltraining (d. h. ein Geisttraining) verabreichen. Was äußert sich in diesen und anderen Phänomenen?

Wir erschließen derzeit den »Luftraum« in einem Umfang und in einer Intensität, die historisch ohne Beispiel sind. Damit es nicht zu einer Herrschaft von unbegriffenen, unpersönlichen Geistwesen kommt, damit also ein neuer Spuk uns erspart bleibt, ist die gedeihliche Fortentwicklung der persönlichen Individualität der Angelpunkt. Geister sind Zerfallsprodukte einer verlorengegangenen Einheit des Geistes – aber auch Bausteine einer neuen Einheit, Bildungsmomente des *einen* und geeinten Geistes, den der Mensch besitzt, wenn er sich in der Welt und im Universum selbst versteht.

Der Geist ist ein *Extrakt* der Natur. Extrakt heißt Auszug, und das aus der Erde *herausgezogene* Grün an der Krone ist ein Sinnbild für diesen Zusammenhang. Als Extrakt stellt der Geist entweder eine Plünderung der Natur dar oder – eine andere Form des Extrakts – die Quintessenz der Natur. Ein Symbol dieser Quintessenz (wörtlich: fünfte Essenz, fünftes Element) ist die Krone, an der vier Zacken zu erkennen sind und zu der als *fünfte Kraft* das Schwert hinzutritt.

Als Quintessenz – nicht als Plünderung – der Natur stellt der menschliche Geist die Krone der Schöpfung dar. Doch die Krönung des Geistes ist das menschliche Bewußtsein.

Bewußtsein heißt *bewußtes Sein*, es stellt als solches die Verbindung von abstraktem Geist und konkreter Existenz her, so wie im Bild die Krone das Schwert und die Zweige, die Ableger der Natur zusammenbringt. Zugleich steht die Krone als in sich geschlossener Kreis für die *Einheit* des Bewußtseins. Das Bild macht es deutlich: Erst die Einheit des Bewußtseins, dargestellt durch die Krone, hebt in sich die Zweischneidigkeit des Schwertes auf!

So bedeutet die Karte für Ihre aktuellen Fragen, daß Sie Ihr Bewußtsein schärfen und erheben sollen, um Widersprüche zuzuspitzen und auf einen Nenner zu bringen, um die Einheit Ihres Denkens und Handelns, die Eindeutigkeit Ihrer Person von Zweifeln und Zweideutigkeiten zu befreien. Nehmen Sie es als ein Geschenk des Lebens, daß Ihnen hier Schwert, Luft und Geist neu angeboten werden. Nehmen Sie es an, nutzen und mehren Sie es. Denn ein fruchtbares Bewußtsein ist die Krönung des Glücks.

Eine Frage der Balance

Sie machen sich Dinge bewußt, die unter der Oberfläche existieren und die über den Augenschein hinausreichen. Sie verstehen den Sinn bestimmter Erfahrungen und Ereignisse …

Das Bild verleitet auf den ersten Blick häufig zu Assoziationen von Verschlossenheit, Abwehr und Blindheit. Wie eine Absperrung kann die Haltung der Bildfigur wirken und die Augenbinde »setzt noch einen drauf«, mag mangelnden Durchblick, fehlende Ansichten oder Aussichten anzeigen. Doch das Bild bedeutet auch: Der erste Blick ist oft ungenügend; er bleibt schleierhaft und spiegelt nur den Anschein wider. Erweitern Sie Ihren Vorstellungshorizont, auf daß er eine ebenso große Bandbreite erreicht, wie die Spannweite der Schwerter im Bild. Riskieren Sie also ruhig einen zweiten Blick.

Kennen wir die Augenbinde nicht als Symbol der Justitia? Vorurteilslosigkeit, Unparteilichkeit und – die Unbeeindruckbarkeit durch den Augenschein soll sie dokumentieren. Allerdings fassen nicht wenige die Augenbinde heute eher als eine Karikatur auf die Gerechtigkeit auf, insofern sie Anlaß haben, gewisse Justiz-Urteile als »blind« und befangen abzulehnen. – Im griechischen Mythos gibt es die Figur des blinden Sehers. Er weiß Rat, wenn andere nicht mehr weiterwissen. Dem Teiresias, dem blinden Seher aus Theben (der Stadt des Odysseus), ist es als einzigem vergönnt, auch im Schattenreich der Unterwelt sein Bewußtsein zu bewahren. In der Welt der Schatten beweist er somit ein »Sehvermögen« anderer Art. Aber das altehrwürdige Bild des blinden Sehers ist in der Moderne (und der »Postmoderne«) nicht selten ebenfalls zu einer Figur des Spotts oder der Kritik geworden. Allein durch den Roman (und den Film) »Der Name der Rose« kennt heute ein Millionenpublikum den blinden Seher eben nicht als Weisen, sondern als gefährlichen Verführer und Verbrecher.

Mit solchermaßen extrem unterschiedlichen Bewertungen eines Symbols müssen wir umgehen lernen, und auch davon handelt das vorliegende Bild. Zwei große Traditionen fließen hier ein: Die Hervorhebung einer geistigen Welt, die ebenda beginnt, wo der Augenschein endet. Andererseits die Verteidigung der Sinneseindrücke, ohne die es keine praktische Orientierung geben kann. Wie können wir beiden Seiten gerecht werden? Schon oft ist die eine gegen die andere Wahrheit ausgespielt worden. Eine alleinige *Berücksichtigung der sinnfälligen Realität* findet sich in vordergründigen Beschreibungen dieser Karte als Bild des Zweifels, der Blockade, oder der »Schranken des Intellekts« wieder. Eine *Verabsolutierung der geistigen Wirklichkeit* dagegen drückt sich in solchen Maximen aus wie »Das Eigentliche ist unsichtbar« und »Alles Sichtbare ist nur ein Gleichnis, eine Chiffre höherer Ideen«. Es gibt jedoch einen Weg, der diese schlechten Alternativen aufzuheben vermag.

Mit *verbundenen* Augen zu schauen, bedeutet auch, daß *beide Augen miteinander verbunden* sind. Dieses Wortspiel hat seinen Sinn: Das menschliche Auge weist bekanntlich einen blinden Flecken auf (er besteht da, wo der Sehnerv die Netzhaut berührt). Wenn sich diese stellenweise Blindheit in der Regel nicht bemerkbar macht, so liegt das daran, daß unser Gehirn die Wahrnehmung *beider* Augen aufnimmt, aus beiden Eindrücken *ein* Bild herstellt und somit den blinden Fleck überbrückt. Erst wenn wir mit »verbundenen Augen« schauen, ersten *und* zweiten Eindruck gelten lassen und beide durch ein geistiges Band verknüpfen, dann bekommt das, was wir sehen, auch seinen Sinn. Das Augenmerk verdoppelt sich, die einfache Wahrnehmung wächst über sich hinaus und wird zu innerer Einsicht und äußerer Erkenntnis. Sie gewinnen eine katzenhafte Hellsicht gerade in solchen Lebensbereichen, die »lichtscheu«, zuviel oder zuwenig »belichtet« sind! Für diesen Funken der Erkenntnis steht der blau-weiße Fleck auf der Stirn der Bildfigur (Andeutung des »dritten« Auges).

Mit »verbundenen Augen« zu schauen, heißt, in sich zu gehen und über den Tellerrand hinauszuschauen. Achten Sie die Sinne, aber mißtrauen Sie dem bloßen Augenschein. Hören Sie auf, »Blindekuh« zu spielen gegenüber einer Wirklichkeit, die nicht aus Einbahnstraßen und Einweg-Lösungen besteht. Bewahren Sie sich diesen Platz an der Nahtstelle von Bewußtem und Unbewußtem. Bringen Sie Ihre Fantasie ins Spiel, und prüfen Sie Ihre Vorstellungskraft. So vertreiben Sie jeden Grauschleier« aus Ihrem Alltag.

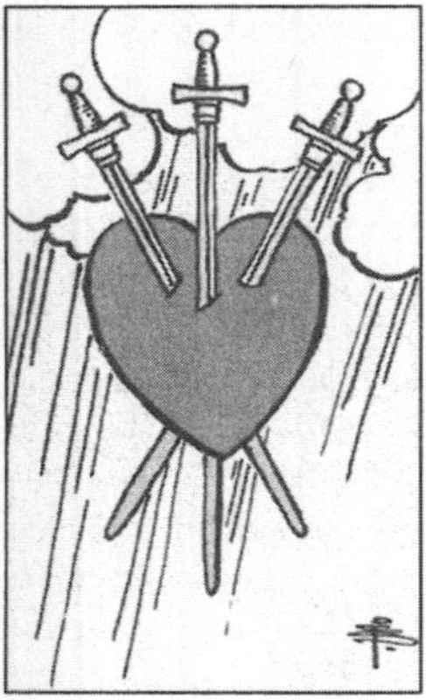

»Schnittstelle«

Die Symbolik dieses Bildes betrifft einen wahrhaft empfindlichen Punkt. Entgegen der weithin üblichen Sichtweise sind damit nicht nur Verletzung und Schmerz verbunden, sondern – in einer anderen Optik – auch Befreiung und Erleichterung …

Auf den ersten Blick ist der Sachverhalt schnell klar: Die drei Schwerter durchbohren das Herz. Was soll dies anderes als Schmerz, Leid, Beleidigung, Kummer usw. bedeuten? Liebeskummer, Ärger, Haß und Neid – alles, was das »Herz« kränkt, kann selbstverständlich hier Thema sein. Aber ist das alles? – Kennen wir nicht auch das Bild von den Pfeilen des Amors, die das Herz durchdringen? Ist es nicht so, daß die Pfeile des Amors uns zwar verwunden mögen, daß wir aber diesen Gott der Liebe und des Eros im allgemeinen willkommen heißen?! In diesem Sinne besitzen wir mit den Pfeilen der Liebe einen zweiten Zugang zu diesem Bild.

Wie bei anderen Karten auch, so bedeuten die Schwerter u. a. die Waffen des Geistes (Denken, Wissen, Vorstellungskraft). Das Herz symbolisiert u. a. Gemüt und Lebenskraft, die persönliche Lebensmitte und alles, was einer/m am Herzen oder im Blute liegt. Was heißt es nun, wenn die Waffen des Geistes das Herz berühren und durchdringen? Es besagt, daß Geist und Gemüt sich treffen und verzahnen. In einer neutralen Betrachtung zeigt das Bild genau das, was wir aus der Computertechnik als *Schnittstelle* kennen. »Schnittstelle« oder Interface nennt sich dort die Verbindung zweier getrennter Systeme, und diese Bedeutung trifft auch auf dieses Bild voll zu. Innen- und Außenwelt, Geist und Gemüt finden zueinander und vernetzen sich. Die bewußten Gedanken dringen überhaupt zu dem vor, was das Herz im Innersten empfindet; was im Herzen zunächst keimhaft und intuitiv erfaßt war, wächst jetzt in Gestalt der Schwerter über sich hinaus. »Es« kann sich in nunmehr bewußter Form ausdrücken, ja, in *differenzierter Weise* (durch *drei* Schwerter) artikulieren und darstellen.

Oft wird es mit Schmerzen oder Kummer verbunden sein, wenn auf diese Art unangenehme Wahrheiten ans Licht kommen. Aber bedenken Sie: Neu ist hier nur, daß Sie diese bemerken. Das Leid oder der Kummer hätte sonst im Verborgenem existiert und sich über indirekte Wege

(Krankheit, Krise, » Pech«) Ausdruck verschafft. Insofern kann der *bewußte* Umgang mit Verwundung und Schmerz als solcher schon heilsam sein. – Aber in vielen Fällen erfahren wir durchaus angenehme Wahrheiten, wenn Kopf und Herz endlich zueinander kommen. Möglicherweise finden Sie klare Worte und Begriffe für etwas, was Sie bisher nur gefühlsmäßig ausdrücken konnten. Vielleicht verstehen Sie jetzt den Sinn bestimmter Gedanken, die Ihnen schon lange durch den Kopf gehen.

Vielleicht wundern Sie sich, daß das Bild Sie sehr betroffen macht. Doch das ist gerade sein Inhalt: Es zeigt eine *ganzheitliche Betroffenheit.* Einmal mag diese Erfahrung weh tun; in anderen Fällen jedoch beschert sie Ruhe, Klarheit und unumstößlicher Gewißheit. Die beiden unterschiedlichen Arten der Betroffenheit stellen sich auch ganz bildhaft dar: In einer Betrachtung zeigt das Bild Regen und graue Wolken (wie es in einem Liedvers heißt: »It's raining in my heart«, es regnet in meinem Herzen); in einer anderen Optik jedoch deuten die Schraffuren im Bild einen Spiegel an: Nebelwolken lichten sich, und im Spiegel wird – konzentriert in *einem* Brennpunkt – erkennbar, was Ihre Person oder Ihre Angelegenheiten im Innersten zusammenhält.

»Man sieht nur mit dem Herzen gut«, heißt es in einer Geschichte aus »Der kleine Prinz«. Und das trifft auch das, was Shakespeare in die bekannten Worte faßte: »Die Augen der Liebe sind die Augen des Geistes«! Nur der Mangel an Liebe kann uns so verwunden, wie es das Bild in der einen Weise zeigt. Nur das Wunder der Liebe kann auf der ganz anderen Seite diese beglückende Betroffenheit schenken, die unser Inneres und unser Äußeres erblühen läßt. Die Karte zeigt ein Bild der Verwundung, aber auch der Verwunderung und der Heilung. Liebe ohne Geist ist so schmerzhaft wie Geist ohne Liebe. Wenn Sie aber Ihre Betroffenheit bejahen und Herz und Verstand ganz einbringen, werden Sie Wunden kurieren und wirkliche Wunder erleben!

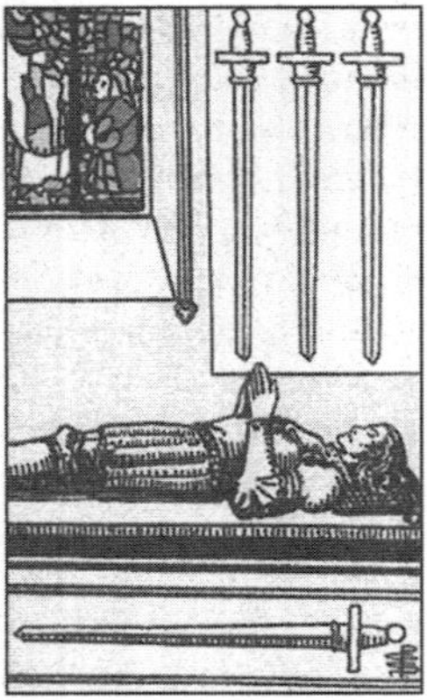

Gewissensruhe

Diese Karte konfrontiert Sie mit einem großen Geheimnis in der Welt der Schwerter: Der menschliche Geist findet um so mehr zu Frieden und Entspannung, je mehr er eingeschaltet und genutzt wird ...

Diese Karte ermuntert zu geistiger Konzentration und Gewissenhaftigkeit. Sie warnt zugleich vor *unbegriffenen* Gedanken und Vorstellungen, die eine/n matt, blutleer und starr machen können. Die körperliche Ruhe ist hier eine Voraussetzung für verstärkte geistige Arbeit. Viele Methoden der Bewußtseinserweiterung arbeiten mit dieser Technik. So können wir uns hier an die berühmte Couch von Sigmund Freud erinnert fühlen, an einen *Bildungsurlaub* oder auch den Samadhi-Tank, der durch eine vollständige Abschirmung von Umweltreizen sowohl zu körperlicher Entspannung wie zu Bewußtseinsreisen anregt.

Diese Techniken verfolgen vor allem das Ziel, die *Einschränkungen* auszuschalten, welche unsere üblichen Alltagsaktivitäten für einen *vollständigen Gebrauch des Geistes* darstellen. Die Fixierung auf ein paar vordergründige Gedanken soll vermieden werden, um die ganze Kraft des Bewußtseins zu erwecken.

Drei Schwerter finden sich an der Wand oberhalb des Ritters; sie sind ihm bekannt. Das vierte Schwert, das unter ihm liegt, symbolisiert eine zunächst unbekannte Größe. Irgend etwas fehlt, irgend etwas müssen Sie hier ergründen, mit feinen Sinnen erspüren, wie »die Prinzessin auf der Erbse«. Die Zahl Vier ist ein Symbol der Ganzheit, so wie wir im Alltag vier Himmelsrichtungen brauchen, um eine Landkarte zu lesen, und wie wir im Tarot vier Farbreihen, vier Elemente für die Koordinaten der Innenwelt vollständig besitzen. Eine Seite des Bewußtseins liegt hier also zunächst im Verborgenen; sie zu erkennen, ist die Aufgabe, ist die Verheißung dieser Karte.

Manchmal widersetzen sich die drei Schwerter des *bekannten* Bewußtseins gegen das vierte, gegen den noch *unbekannten* Teil des Bewußtseins. Auf diesen Umstand basieren die Methoden zur Erforschung des Unbewußten – in der älteren Psychologie vor allem die Hypnose, in der neueren besonders die Traumdeutung – ; sie suchen den Zugang zu jener vierten Seite des Bewußtsein dann, wenn der Widerstand der drei Schwerter, des üblichen Wachbewußtseins, geschwächt ist. Wenn Sie diese Karte ziehen, kann darin bereits die entscheidende Botschaft für Sie liegen: *Achten Sie auf Ihre Träume, arbeiten Sie mit Ihren Fantasien, beobachten Sie Ihre inneren Bilder und Vorstellungen.*

Zusätzlich zeigt uns das Bild aber auch einen Weg, wie wir im Wachbewußtsein unseren Geist ganz aktivieren. Beachten Sie das Fensterbild im Hintergrund der Karte: Es gilt hier, viele Eindrücke und Erfahrungen soweit geistig zu verarbeiten, bis aus vielen Steinchen ein Mosaik wird, daß sich das Puzzle zusammengesetzt hat. Aus vielen Gedanken und Vorstellungen *ein* ganzes und geschlossenes Bild zusammenzusetzen, das ist die positive Seite der *Einbildungskraft*, der Gabe der Imagination.

Ob Ihre Einbildungen stimmen oder nicht, erkennen Sie daran, daß Unbewußtes wie Bewußtes Ihnen vertraut wird, daß Sie auch unter großen Drucksituationen einen klaren Kopf behalten und daß schließlich das Ergebnis der Bemühungen in einem klaren Gesamtbild liegt, welches alle Einzelheiten in sich aufzuheben vermag. In dem Fensterbild sehen Sie eine madonnenhafte Gestalt. In dem Heiligenschein über deren Kopf erkennen wir die drei Buchstaben P – A – X, das heißt pax, lateinisch für »Frieden«. Geistige Ruhe und Zufriedenheit sind Frucht eines Geistes, der in allen seinen Seiten zum Zuge kommen darf.

Die Alltagserfahrung lehrt uns: Was benutzt wird, nutzt sich ab. Beim menschlichen Geist verhält es sich jedoch gerade umgekehrt: Er stärkt und vermehrt sich an seinem Gebrauch. Nutzen Sie Ihr geistiges Potential, aktivieren Sie brachliegende geistige Möglichkeiten. Lassen Sie Ihren Geist in alle Richtungen arbeiten. Nehmen Sie sich Zeit, um in allen Aspekten eine befriedigende Lösung zu erreichen. In Ihren aktuellen Fragen schlummern große Gedanken!

Fortschritt des Geistes

Die Quintessenz des Luftelements: Wie und wozu nutzen Sie Ihre Schwerter?

Drei Figuren – groß, klein und winzig – sind zu sehen, in wachsender Nähe oder Distanz zu einem größeren Wasser. Spitze, scharfumrissene Wolken zeigen einen Himmel in blau und grau. Zwei Schwerter liegen am Boden zwischen der großen und den zwei kleinen Gestalten, während die große Figur im Vordergrund insgesamt drei Schwerter hält. Das Bild kann eine Situation des einseitigen Triumphes darstellen, worin die vordere Gestalt den beiden kleineren gegenüber »haushoch« überlegen ist. Insoweit bleibt es Ihrer Interpretation überlassen, wie Sie diese Situation beurteilen – als gerechten Sieg, als hämischen Triumph usw. Entsprechend läßt sich dann der Himmel und die gesamte Bildwirkung als frisch und aufklärend oder aber als abgeschlagen und eintrübend auffassen. In der neueren Tarot-Literatur wird das Bild oftmals als Sieg des Zynismus verstanden, aber dies ist nur ein Aspekt der Karte.

Wie bei den Nachtträumen, so können auch bei jedem Tarot-Bild alle vorkommenden Personen möglicherweise verschiedene Seiten Ihrer *eigenen Person* illustrieren. So gibt das vorliegende Bild Anlaß, über Sieg und Niederlage als unterschiedliche Seiten *Ihres* Lebens und als verschiedene *Stufen* Ihrer persönlichen Entwicklung nachzudenken.

Haben Sie Teile von sich selbst »im Regen stehen lassen«? Verspotten Sie bestimmte Schwächen an sich selber? Kehren Sie sich selbst manchmal den Rücken zu, wie die beiden kleineren Bildgestalten? Beachten Sie die beiden auf dem Boden liegenden Schwerter: Wissen Sie um die Macht Ihrer ungenutzten Gedanken, aber auch um die Freude des überwundenen und abgelegten Zweifels?

Wenn wir die einzelnen Symbole des Bildes im Zusammenhang betrachten, erzählen sie auch eine *Geschichte*, worin Sieg oder Niederlage nur die wechselnden Etappen eines geglückten geistigen Wachstumsprozesses darstellen. Ihre Ausgangsposition war zunächst nahe am Wasser, dem Symbol des Ursprungs und/oder des Gefühlslebens. Als Persönlichkeit waren Sie dort, aus heutiger Sicht, winzig klein, Ihr Gesicht nicht zu erkennen. Sie kannten die Schwerter nicht, hatten »nahe am Wasser gebaut«. Sie mußten oft genug die Hände vor dem Kopf zusammenschlagen. Dann ist Ihre Person gewachsen, größer geworden, hat Distanz zum Wasser eingelegt, sich aufgerichtet, ist näher an die Schwerter herangekommen, wiewohl die Schwerter auch an diesem mittleren Standort unbegriffen liegenbleiben. Heute ist das anders: Jetzt besitzen Sie die Schwerter und freuen sich, weil Sie wissen, was Sie wissen. Die früheren Stationen brauchen nicht verdrängt zu werden. Im Gegenteil, Sie behalten diese und auch das Wasser des Ursprungs im Blick. Aus der jetzigen Perspektive verstehen Sie *rückblickend* frühere Zweifel und Schwächen. Und wenn Sie heute noch einmal in die Situation kommen, daß Sie sich schwach und winzig fühlen, so wissen Sie dennoch, daß auch die große erhobene Gestalt einen Teil von Ihnen darstellt, daß Sie durch die Kraft der Schwerter und die Gabe des Bewußtseins, welche Sie erworben haben, sich immer auch zu helfen wissen werden. Die zwei Schwerter am Boden bedeuten schließlich auch dieses: Sie können nicht immer alles aufheben, was war und was ist. Gewisse Widersprüche bleiben liegen. Doch Sie wissen, wo Sie stehen und woran Sie sich halten.

In einer landläufigen Vorstellung ist allein das Trennende und Unterscheidende typisch für die Schwerter. Doch weit gefehlt: Die geistige Auseinandersetzung, die »Waffen des Geistes« vermögen auch zu *einen*, so wie die Luft, das Element der Schwerter, den ganzen Erdball umspannt. Die Kraft des Schwertes besitzt eine ausgesprochen heilende Wirkung, wenn Sie es verstehen, Ihre Niederlagen wie Ihre Siege als Etappen einer wachsenden Bewußtwerdung und eines Weges zu begreifen, der Sie in gleicher Weise näher an sich selbst, wie an die Quellen Ihres Ursprungs heranführt.

Seien Sie gründlich in Ihren Auseinandersetzungen! Suchen Sie nach dem Sinn Ihrer Niederlagen oder Ihrer Siege. Nutzen Sie die Waffen des Geistes als Mittel der Heilung. Erkennen Sie den Zusammenhang zwischen verschiedenen Etappen Ihres Lebens! Setzen Sie Ihre geistige Energie zur Steigerung der Lebensqualität und für einen langen, fruchtbaren Lebensweg ein.

Übersetzungsarbeiten

Dieses Bild handelt nicht nur von einem Umzug und dergleichen, sondern auch davon, wie Sie z. B. zwischen verschiedenen Welten zu dolmetschen verstehen ...

Das Boot auf dem Wasser ist ein altes Symbol für den Weg des menschlichen Geistes auf den Wassern des Unbewußten. Auf den ersten Blick erkennen wir hier drei Bootsinsassen:

Den Fährmann und die beiden anderen Gestalten, Kind und Erwachsene. Die *vierte* Kraft, die hier wirksam ist, wird erst später deutlich werden. Die sechs großen vorangestellten Schwerter besagen: Erfolg und Mißerfolg der Mission hängen von der Qualität der Schwerter und vom Durchblick der Passagiere ab. Wie untaugliche Gedanken-Vor-*Stellungen* können die Schwerter den Blick verbauen; alter Ballast, den man vor sich herschiebt. Als bewährte Leitwerte können die Schwerter den Weg weisen wie Kompaßnadeln, wie bewußtgemachte Gedanken, die den Blick schärfen.

In Gestalt des Fährmanns konfrontiert uns dieses Bild mit einem Archetyp, der von den Steuerungs- und eben Transformationsleistungen des menschlichen Geistes handelt. Der Fährmann wird in überlieferten Geschichten einesteils als unvollendet und unerlöst charakterisiert. So etwa im Märchen »Vom Teufel mit den drei goldenen Haaren«, worin der Fährmann dazu verflucht ist, hin- und herzufahren, bis er schließlich doch eine Lösung findet. – Daneben und darauf aufbauend hat Hermann Hesse in seiner Erzählung »Siddharta« eine so leuchtende Version des Fährmanns geschaffen, die Millionen von Menschen inzwischen kennen, daß der Fährmann seitdem auch zu einem Symbol der Erleuchtung, zu einem Sinnbild für die Würde des menschlichen Bewußtseins geworden ist.

Beide Aspekte der Fährmann-Symbolik können hier zutreffen. Das Bild warnt Sie vor einem unerlösten Zwischenzustand. Vermeiden Sie also »halbgare« Entscheidungen. Passen Sie auf, daß Sie sich nicht in Ihren aktuellen Angelegenheiten »zwischen den Stühlen« plazieren, ohne dadurch irgend etwas zu erreichen.

Auf der anderen Seite ermuntert das Bild Sie darin, sich in der Kunst zu üben, geeignete Übergänge zu schaffen. Es geht darum, funktionierende »Connections« herzustellen, zwischen verschiedenen Wirklichkeiten unterscheiden und vermitteln zu können, altes Wissen in neue Zeiten zu übertragen, persönliche Eindrücke allgemeinverständlich darzustellen usw. – Diese Kunst erfordert und ermöglicht das, was wir gemeinhin »Intelligenz« nennen. Intelligenz bedeutet vom Wort her, das, was dazwischen ist, lesen und verstehen zu können. Dieses Dazwischen ist nichts anderes als die Übersetzung, welche wir hier bildlich vor uns sehen.

Oft wird dabei vergessen, daß nicht nur das bewußte Wissen Verbindungen und Lösungen herstellt. Auch das unbewußte Wissen und das bewußte Nichtwissen bauen Brücken. Deshalb sitzen drei unterschiedliche Gestalten im Boot dieses Bildes! Wenn der Fährmann für das bewußte Wissen steht, so finden wir in Gestalt der zweiten erwachsenen Person und des Kindes das unbewußte Wissen und den Teil des Unwissens, der uns bekannt vorkommt.

Außer diesen drei, die zusammen im gleichen Boot sich befinden, existiert noch eine *vierte* Bewußtseinskraft – das unbewußte Unwissen oder der blinde Fleck. Diese Kraft ist durch den schwarzen Stab im Bild angedeutet. Dieser Staken stellt eine Besonderheit des vorliegenden Bildes dar; es ist nicht die Windkraft, die hier vorwärtstreibt, wie auf manchen anderen Karten, auf denen Segelschiffe zu erkennen sind. Der Staken stellt die Verbindung zum *Grund* unter der Wasseroberfläche her. Ihre Übersetzungsarbeiten werden dann glücken, wenn Sie Kontakt zu Ihren *Gründen* finden und halten. Das geistige Bewußtsein braucht die Rückkopplung zu den *persönlichen* Existenzgründen. Wenn Ihre Beweggründe Ihnen bewußtwerden, auch solche, die unter der Oberfläche verborgen sind, dann halten Sie auch in Ihren aktuellen Angelegenheiten den richtigen Ansatzpunkt in Händen.

Ihr persönliches Glück ist auch eine Frage des Bewußtseins. Machen Sie sich Ihre treibenden Motive, Ihre wesentlichen Gründe und Ziele voll bewußt. Verstehen Sie, was andere meinen, und machen Sie anderen begreiflich, was Ihnen am Herzen liegt. Setzen Sie Ihre Intelligenz, Ihre ganzen Kombinations- und Vermittlungskünste ein. Die Verheißung des Bildes ist ein geeignetes Bewußtsein; dieses ist in der Praxis daran zu erkennen, daß Sie sich »im Fluß« befinden, daß es in Ihnen und zwischen Ihnen und Ihren Mitmenschen *fließt*, daß Sie im »Strom« der Zeit und der Ereignisse einen eigenen Kurs zu steuern wissen.

Des Rätsels Lösung

Dieses Bild gibt manche Rätsel auf »Der Bedeutungsinhalt dieser Karte«, notierte A. E. Waite, »ist schwer bestimmbar, denn die Anschauungen weichen sehr voneinander ab«. Doch vielleicht ist das gerade der Inhalt der Karte: Voneinander abweichende Anschauungen, deren Bedeutung schwer bestimmbar ist ...

Im Bild sehen wir die große Bildfigur in Bewegung. Entfernt sie sich von dem Zeltdorf? Sie blickt zurück, und wir wissen nicht, ob sie dies tut, um sich des sicheren Abstands zu vergewissern, oder um zu prüfen, ob sie wieder umkehren soll. Manche Betrachter (innen) verstehen die Gangart dieser Figur auch dahin, daß sie sich im Kreise bewegt.

Oft weckt das Bild Assoziationen an einen listigen Diebstahl, an Desertion oder heimlichen Verrat. Es läßt an einen verstohlenen Abschied denken oder an eine widersprüchliche Entscheidung, die *im Grunde zwar klar*, aber im Kopf noch schiefliegt, noch zweifelhaft ist.

Das Zeltlager steht für eine Behausung, für eine Heimat, welche selber beweglich und veränderlich ist. Im Hintergrund sind ganz klein ungefähr drei weitere Zelte zu erkennen. Nahe am linken Bildrand befinden sich kleine, gestikulierende menschliche Gestalten, wovon diejenige ganz links einen großen Stab hält (der an den Staken der vorausgegangenen Karte Schwert 6 erinnern kann). – Der auffällige Blick der großen Figur nach hinten kann auf eine besondere *Rücksicht* hinweisen, zusätzlich aber auch zu verstehen geben, daß Dinge, die sich sonst eher unbemerkt und hinterrücks abspielen, hier bewußt beobachtet werden. Sören Kierkegaard bemerkte: »Leben muß man das Leben vorwärts, verstehen kann man es nur rückwärts«. Außerdem läßt die Darstellung die Deutung zu, daß die Augen der großen Figur geschlossen und ihr Kopf geneigt ist, so wie es etwa die tanzenden Derwische bei ihren Drehungen praktizieren.

Wenn Sie für sich persönlich nun das Bild in den verschiedenen Varianten durchspielen, um zu erfahren, was es für Sie bedeutet, – dann nähern wir uns dem Kern dieser Karte. Den *persönlichen* Weg aus vielen gangbaren Alternativen herauszufiltern, das ist in der Tat *etwas, das im Grunde zwar klar, aber in der bewußten Umsetzung oft zweifelhaft ist.* Auf Inhalt und Bedeutung des persönlichen Weges (Lebensweg und Lebensstil) paßt vollständig die eingangs zitierte Bemerkung von Waite, »der Bedeutungsinhalt (sei) ... schwer bestimmbar, denn die Anschauungen weichen sehr voneinander ab«! Anschauungen *müssen* voneinander abweichen, damit der Unterschied zwischen eigenem Weg und sonstigen Gepflogenheiten deutlich wird. Sie müssen Ihre Position absetzen, damit Ihr eigenes Selbstverständnis Gestalt annimmt.

Zu einem geeigneten Selbstverständnis verhilft jedoch nichts so sehr wie der Blick auf gewohnte Selbstverständlichkeiten aus einer veränderten Perspektive! Diesen Vorgang erleben wir manchmal, wenn wir nach einem Urlaub nach Hause kommen und, voll von fremdartigen Eindrücken, das vertraute Heim in anderem Lichte sehen. Das gleiche geschieht auch oft, wenn wir verliebt oder verletzt, wütend oder erleichtert sind und die Welt mit einem Male mit anderen Augen sehen. Was Sie dabei spontan erleben, macht die Karte nun zur bewußten Aufgabenstellung. »Weggehen, um anzukommen« – beides zusammen drückt die große Bildfigur aus.

Warum so, es geht auch anders?! Diese Karte fordert Sie zu einer Überprüfung Ihrer Selbstverständlichkeiten auf. Bringen Sie Bewegung in Ihre Entscheidungen, aber laufen Sie nicht vor sich selbst davon! Die Antwort auf Ihre aktuellen Fragen ist mit der Chance verknüpft, daß Sie die Lösung für einige bisherige Rätsel Ihres Lebens finden! Rätsel und Lösung finden Sie in einem geeigneten persönlichen Selbstverständnis, und dieses entscheidet sich daran, ob Sie wissen, wo Sie herkommen und wo Sie hinwollen. Wenn Sie es nicht wissen, geben Sie sich Freilauf und beobachten Sie Ihre praktischen Schritte. Sie zeigen Ihnen den Weg.

Macht der Überzeugungen

Auf den ersten Blick vermittelt dieses Bild oft unangenehme Gefühle. Man meint förmlich eine Befangenheit zu spüren. Es ist, wie wenn einem gesagt wird: »Du siehst heute aber schlecht aus!« Ebenso scheint das Bild uns einzugeben. »Verdammt, wie blind ich bin. Und gefesselt bin ich auch. Wie schrecklich!«

Lange Zeit galt diese Karte als eindeutig negativ. Allein, diese einseitige Interpretation wird der Symbolik nicht gerecht. Das ist schon daran zu erkennen, daß es im Falle einer unfreiwilligen Gefangenschaft für die Bildfigur ein Leichtes wäre, ein paar vorsichtige Schritte zur Seite zu machen und behutsam die Bänder mittels der Schwerter aufzutrennen und sämtlich zu entfernen.

Die Bedeutung dieser Bänder und Stricke ist jedoch so wie sie gezeichnet sind: Vielschichtig, verwickelt und spannend. Wie bei der Karte »Schwert 2«, so stellt die Augenbinde sowohl ein *Gefahrensignal erster Güte*, als auch den Hinweis auf eine bemerkenswerte *Unparteilichkeit und Vorurteilslosigkeit* dar. Zusätzlich sind hier aber Arme und Hände, ja sogar Bauch und Hüften gebunden.

Hände symbolisieren die Handlungen und Handlungsfähigkeit eines Menschen, ferner seine Handhabungen, das heißt, einen großen Teil seiner Gewohnheiten und Selbstverständlichkeiten. – Bauch und Hüften bezeichnen den Sitz des Gefühls (»aus dem Bauch heraus«) und der Triebenergie (»Sexzentrum« im Lendenwirbelbereich). Wenn nun Sehen/Erkennen (Augen und Kopf) und Handeln/Begreifen (Arme und Hände) sowie Gefühl und Trieb (Bauch und Hüften) gebunden sind, so ist dies ein konkretes Sinnbild dafür, daß Denken, Handeln und Wollen aneinander gebunden, miteinander verbunden sind. Kurz, die Karte verdeutlicht die Kraft unserer Überzeugungen, die uns gleichsam einen Verband, ein »Verbundsystem« vom Kopf bis zum Unterleib überstülpen. Allein der »unbewußte« Unterbau, das unwillkürliche (vegetative) Verhalten – an der Bildfigur der Körperbereich unterhalb der Bänder – ist aus dem Wirkungsbereich unserer Überzeugungen ausgenommen.

Ungeeignete Überzeugungen fesseln, taugliche befreien und bestärken. Vielleicht kennen Sie das Buch »Ich bin Viele« oder haben von Fällen von Schizophrenie bzw. der »Multiphrenie« gehört, bei denen ein

Mensch sich in viele verschiedene Teilpersönlichkeiten, die selbständig agieren, aufspaltet. Einheitliche Überzeugungen, die Denken, Wollen und Handeln miteinander verbinden, bestärken die Persönlichkeitsbildung und schützen gegen solche Spaltungstendenzen. In der Praxis fordert diese Karte zu einer besonderen Konsequenz, buchstäblich zu einer besonderen Verbindlichkeit im gesamten persönlichen Verhalten au f.

Diese Verbindlichkeit muß auf eigenen Füßen stehen und sich in letzter Instanz von Fremdeinflüssen freihalten. Oft bedeutet die Karte darum die Empfehlung, sich für eine gewisse Zeit bewußt einzuigeln, Einkehrtage einzuhalten oder sich wie eine Raupe in einen Kokon einzuspinnen, um zu sich selbst und zu neuen Gedanken zu finden. Dabei dürfen Sie dann ganz bewußt auch Ihren *unbewußten Schritten* Vertrauen schenken und, wie es manche spirituellen Schulen so schön formulieren, in »absichtsloser Absicht« handeln.

Befreien Sie sich von äußeren Abhängigkeiten! Das Schloß oder die Burg auf dem hohen Bergfelsen im Hintergrund symbolisiert mütterliche und/oder väterliche Urkräfte (die Burg als »Herrscher« – Sitz, als Ort der Geborgenheit oder aber die große Umschlossenheit). Deren Einflüsse können auch von Weitem wirken, durch eine Art »Fernsteuerung« durch das Luftelement des Geistes übertragen werden. Finden Sie Kontakt zu Ihren eigenen Grundlagen. Erde und Wasser sind die Basis, worauf sich die Bildfigur erhebt. Sie verleihen den Schwertern Halt und Standfestigkeit. Erde und Wasser ergeben zusammengenommen nicht nur bloß »Schlamm« (wie Rachel Pollack schreibt), sondern symbolisieren auch die mögliche Verbindung von Materie und Psyche, von Körper und Seele. Aufgabe der Schwerter ist es, die *persönliche* Natur mit Geist zu erfüllen und fruchtbar zu machen. So werden auch Sie zum »Herrscher« im eigenen Reich, bleiben auf Schritt und Tritt bei sich selbst zu Hause und erleben (ent-)spannende Geborgenheit in Ihrem Alltag, denn Ihren eigenen Standpunkt finden Sie in Ihrem Denken, Handeln und Wollen jeweils wieder.

Prüfen Sie Ihre Lage und bilden Sie nach vielen Seiten hin eigene Überzeugungen aus. In Ihrer aktuellen Lage hilft weder der Augenschein, noch gewohnheitsmäßiges Handeln, noch ein instinktiver Wille weiter. Berücksichtigen Sie dies alles, aber gehen Sie in sich, damit Sie aus sich herauskommen, mit Ihren Überzeugungen sich ins Geschehen einmischen können. Vertrauen Sie Ihrer eigenen Logik, trennen Sie hindernde Verpflichtungen auf, seien Sie sich selbst und anderen gegenüber konsequent!

Neue Erkenntnisse

So oder so stellt sich diese Karte als eine verblüffende und bemerkenswerte Erfahrung dar. Sie tun gut daran, sich allmählich *daran zu gewöhnen ...*

Nacht, Finsternis und neun Schwerter in der Luft – wie sehen Sie dieses Bild? Ein Arsenal von Damokles-Schwertern, Gewissensbisse, Alpträume? Ein Menetekel, das heißt böse Aussichten und Erwartungen? Doch was stellen die vielen Rosen und die astrologischen Zeichen auf der Bettdecke dar? Kämpfen die kleinen beiden Gestalten auf dem Relief in dem »Bettkasten« miteinander, streiten sie oder wie treffen sie aufeinander?

Auf der einen Seite bedeutet diese Karte eine Konfrontation mit großer Finsternis, die geistig erforscht und durchdrungen werden will. In einer anderen Betrachtung besteht das Neue an diesem Bild nicht in der Finsternis, sondern in den neun Schwertern, die wie neun Geistesblitze oder wie neun helle Scheinwerfer ihr blendendes Licht in die bisherige Dunkelheit werfen. Tatsächlich existieren Licht und Schatten in jedem Moment des Lebens. Vielleicht macht sich in Ihrer aktuellen Situation einer dieser beiden Pole besonders deutlich bemerkbar. Vielleicht geht es aber auch noch um etwas ganz Anderes:

Als Schatten gilt seit der Antike zunächst das Unsichtbare, das Unmerkliche. Wenn Sie diesen undefinierten, »grauen« Ursprungszustand nun in Licht und Finsternis verwandeln können, stellt dies einen besonderen kreativen Akt dar! In der *Genesis*, der jüdisch-christlichen Schöpfungsgeschichte, wie auch in den Mythen anderer Kulturen, ist die »Erschaffung« von Tag und Nacht, die Unterscheidung von Licht und Finsternis der erste *Tag der Schöpfung*. Der Zweck der Übung besteht insoweit darin, daß Sie selbst als Schöpfer/in Ihrem Leben neue Welten erschaffen, neue geistige Räume erschließen.

Nikos Kazantzakis, der Autor von »Alexis Sorbas«, bemerkte einmal: »Der Zweck der Erleuchtung besteht darin, mit ungetrübten Augen auf das Dunkle zu schauen.« Zu dem Dunklen dieses Bildes gehören Alpträume und Horrorvisionen, und wir wollen versuchen, einmal ungetrübt zu betrachten. In der Traumdeutung betreffen Alp und Horror u. a. eine Verarbeitung realer Ängste und Gefahren. Außerdem bringen sie die Macht der Ahnen und der Ahnungen zur Geltung – Kräfte, die im üblichen Tagesablauf leicht »vergessen« werden. Und nicht zuletzt sorgen sie für eine Art Lähmung oder Alarmierung, für einen Schock- oder Erregungszustand, der zwei Extreme erfahrbar werden läßt, die wir ebenfalls gern »vergessen«: Situationen der Ohnmacht (Schock) sowie andererseits der außergewöhnlichen Wachheit und der existentiellen Betroffenheit (Alarm). – Das Luftelement der Schwerter verfügt über eine große Reichweite. Zu allen Abgründen und allen Gipfeln der menschlichen Atmosphäre können unsere Gedanken und Vorstellungen Kontakt aufnehmen. Nicht immer, aber irgendwann ist es einfach notwendig, dies alles einmal Stück für Stück zu addieren und Konsequenzen für sich selbst herauszuziehen. So unerträglich Horror und Alp auch sein mögen, – danach, bis an die eigenen Grenzen zu gehen und sich der eigenen Existenz möglichst weitgehend bewußt zu werden, um die persönlichen Möglichkeiten fruchtbar zu machen, danach, nach diesen anderen, oftmals versteckten Seiten von Horror und Schrecken haben wir sogar ein Bedürfnis und eine Sehnsucht.

Zählen Sie also eins und eins zusammen! Setzen Sie sich mit den Widersprüchen Ihres Lebens auseinander, so wie es das Pärchen auf dem »Bettkasten« anzeigt. Sehen Sie die vielen Rosen im Bild. Es gibt so viele Menschen, so viele Menschen, die auf Ihre Liebe warten und die Ihnen Liebe schenken möchten. Ihre Seele soll blühen und wachsen können.

Die astrologischen Zeichen stellen ein Modell für Ihren geistigen Horizont in seiner Gesamtheit dar (wie auch die versammelten neun Schwerter). Als Horoskop verweisen Sie zusätzlich auf die Qualität der Zeit. Nutzen Sie also die Gunst der Stunde, erkennen Sie die Zeichen der Zeit und wenden Sie Ihren geistigen Horizont in seiner Gesamtheit – auf Ihre reale Lage an.

»Wer seine Lage erkannt hat, wie soll der aufzuhalten sein ...« Suchen Sie nach Worten für Eindrücke, bei denen Sie bislang sprachlos waren. Trauen Sie sich, jetzt einige Dinge beim Namen zu nennen, die Ihnen zuvor nicht über die Lippen kamen. Gehen Sie weiter in Ihren Gedanken, als Sie es gewohnt waren. Machen Sie sich Ereignisse bewußt, die noch auf Verarbeitung warten. Beachten Sie die Zusammenhänge zwischen Ihren verschiedenen Lebensbereichen und bringen Sie Ihre unterschiedlichen Erfahrungen in eine geistige Ordnung.

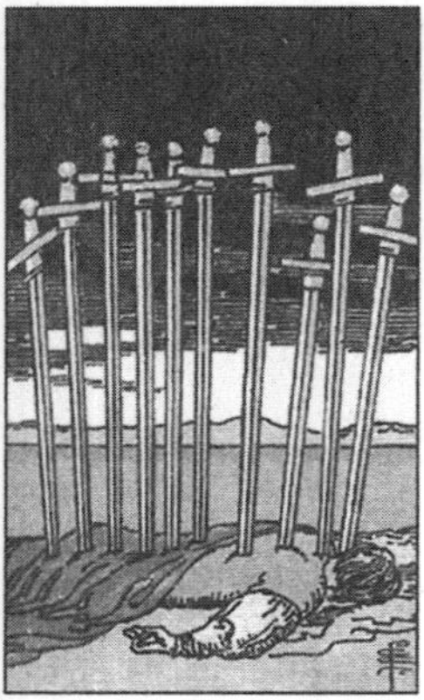

Hinter'm Horizont geht's weiter

Obwohl jedes *Tarot-Bild in sich positive und negative Seiten verkörpert, nehmen wir nicht bei jeder Karte beide Seiten gleichmäßig wahr. Die »zehn Schwerter« gehören zu der Gruppe von Bildern, bei denen* kollektive *Sichtweisen und Vor-Urteile zunächst zu einer einseitigen, in diesem Fall »negativ« gefärbten Wahrnehmung führen ...*

Kaum jemand kann sich zunächst davon freimachen, daß diese Karte an Tod, Niederlage, Verlust oder Ruin denken läßt. Tatsächlich ist die dargestellte Bildsituation drastisch.

Da erscheint es zu simpel, sich mit der Bemerkung »Die Situation ist nicht so schlimm, wie sie aussieht« (Rachel Pollack) aus der Affäre zu ziehen. Auf dem negativen Pol der Interpretation erreicht hier die Entfremdung von der Natur ihren Höhepunkt. Das Bild ist eine große Warnung vor einem mißachteten, ungeliebten Leben. Menschenverachtung und Menschenvernichtung – das gibt es doch alles noch, und insoweit gibt die Karte Anlaß, zu beschließen, was Sie jetzt gegen Menschenrechtsverletzungen und für mehr Menschlichkeit im Alltag tun werden.

Der haarsträubende Witz an diesem Bild: Es sprengt unsere Vorstellungskraft! Das Bild übt eine besonders durchschlagende Wirkung auf uns aus, und eine besondere Durchschlagskraft ist auch der *Inhalt* des Bildes. Um diesen aber praktisch zu erfassen, betrachten Sie die hohen Schwerter-Karten – Schwert 8, 9 und 10 – einmal als Stationen des berühmten Transformationsprozesses von der Raupe zum Schmetterling:

Bei den *acht* Schwertern sehen wir gleichsam, wie eine Raupe sich in ihren Kokon einspinnt. *Neun* Schwerter zeigen den Reifungsprozeß in der Abgeschiedenheit; und die zehn Schwerter führen das Ergebnis vor Augen: Das Raupendasein ist zu Ende, der Schmetterling ist entfleucht, eine neue Wirklichkeit beginnt. Die der Zahl nach höchste Schwerter-Karte zeigt als Gipfel der Erkenntnis nicht einen Philosophen oder eine weise Frau auf ihrem Thron, sondern eine Situation, worin jede Identifikation mit vorliegenden Vorbildern ihr Ende erreicht hat.

Es geht weiter in ein Neuland, »das kein Auge je geschaut«, und für den Weg in dieses Neuland brauchen wir die Summe unserer Geisteskräfte, unserer geistigen Energien, die durch die Schwerter hier dargestellt werden. Solche Grenzüberschreitung haben wir alle schon erfahren. Markante Beispiele sind etwa die Geburt des ersten Kindes oder der Auszug des letzten Kindes aus der elterlichen Wohnung: Jedesmal entsteht nicht nur für das Kind, sondern auch für jeden Elternteil eine neue Lebenslage, die *jenseits* aller persönlichen Vorerfahrungen liegt.

Ob Ihre Gedanken für Sie stimmen, erfahren Sie, wenn diese für Ihr Leben wirksam werden. Die Gedanken müssen in Fleisch und Blut übergehen, ja, sie müssen die persönliche Existenz in ihrer ganzen Bandbreite durchdringen und festlegen können, sonst bleiben sie unbedeutende Theorie. »Wie man sich bettet, so liegt man«, und was und wie Sie denken, durchdringt Ihr Dasein. Selbst wenn Sie sich weigern, sich überhaupt von irgend etwas jemals festlegen zu lassen, so sind auch das wieder bestimmte Gedanken und Vorstellungen, die Ihr Leben gleichsam auf eine bestimmte Position festklopfen.

Die Frage, die offenbleibt, ist allein: Sind es die »richtigen« Gedanken, stimmen sie und beflügeln sie das eigene Denken? Richten sie es auf – oder zugrunde? Gibt es genug Verschiedenheit und Abwechslung in geistigen Dingen, damit ein flexibles Leben möglich ist? Genug Einheit und Geschlossenheit im Denken, damit Sie sich nicht verzetteln und nicht wichtige Seiten vergessen?

Allem Anschein zum Trotz liegt das Glück dieses Bildes in der Erweiterung des Lebensradius, in einem größeren Leben! Sie kommen in Kontakt mit einer größeren Realität, erfahren etwas, das aus der eigenen Person erwächst, aber über sie hinausführt.

Erst wenn sie sich auf die Lebenswirklichkeit eines bestimmten Menschen beziehen (wenn sie in einer Existenz »drinstecken«), werden Gedanken zu Erkenntnissen und gewinnen wirkliche Bedeutung, das heißt, sie bewirken etwas. Der Weg dorthin besteht in liebevoller Auseinandersetzung und in kritischer Annäherung. Denn man muß einen Menschen oder auch einen Sachverhalt sehr lieben, um sich existentiell mit ihm auseinanderzusetzen und um ihn ganz zu erkennen. Gehen Sie deshalb bei den Fragen, zu denen Sie diese Karte ziehen, aufs Ganze! Nehmen sie alle Erfahrungen, Erinnerungen und Erwartungen zusammen, schreiben Sie sie auf oder fassen Sie sie in anderer Weise zusammen, bringen Sie sie auf einen Begriff, um aus Ihren gesammelten Erfahrungen solche Richtlinien und Prinzipien zu entwickeln, die Sie anwenden und umsetzen können. Geben Sie sich Rechenschaft, und verändern oder bestätigen Sie Ihre Erkenntnisse und Richtwerte mit der Zeit!

Münzen

»Auf die Ergebnisse kommt es an«: Münz-Karten stellen einen Anreiz dar, bestimmte Ergebnisse zu akzeptieren (passiv) oder herzustellen (aktiv). Im praktischen Resultat finden Sie die gesuchte Antwort oder Lösung. Folgen Sie Ihrer Erfahrung, und bleiben Sie auf dem Boden der Realität. Beachten Sie die Vorschläge Ihrer Mitmenschen, berücksichtigen Sie alle vorhandenen Alternativen.

- »Was fruchtbar ist, allein ist wahr.«
- »Nur wer im Wohlstand lebt, lebt angenehm«.
- »Ein Talent besitzen und es nicht gebrauchen, heißt, es mißbrauchen«.

Münzen oder das Gesicht der Erde: »Münzen« lautet die traditionelle Bezeichnung dieser Farbreihe. Zum Teil werden diese auch Scheiben, Pentakel oder Sterne genannt. – Alles, was Ihnen persönlich zu einer Münze einfällt, ist – wie bei jedem Symbol – mitgemeint und wichtig, wenn es um die Bedeutung der Münz-Karten für Sie geht. Auf einer mehr allgemeingültigen Ebene entsprechen die Münzen dem Element Erde: Die Münzen bedeuten die eigenen *Talente*. Das Talent war zu biblischen Zeiten ein Geldstück; Taler und Dollar stammen vom Wort Talent ab. Eine materiell-finanzielle Bedeutung, wie wir sie beim Wort »Münze« zuerst vermuten, steckt also auch in den »Talenten«. Zusätzlich aber die übertragene Bedeutung, unter der wir das Talent heute meist zuerst kennen: Eine besondere Begabung und Aufgabe.

Die Münzen sind geprägt. Das heißt auf der einen Seite: In den Münzen können wir die Prägungen erkennen, die wir erhalten haben, unser Erbe, unter dem wir angetreten sind. Auf der anderen Seite finden wir in den Münzen die Prägungen, die wir selbst bewirken, sowie das Erbe, das wir hinterlassen werden.

Eine Besonderheit des Waite-Tarot ist das Pentagramm, der fünfzackige Stern in den Münzen. Dieses Symbol besitzt eine überaus reichhaltige Bedeutungsgeschichte, die hier nur ansatzweise wiedergegeben werden kann. Das Pentagramm bedeutet u. a. die Verbindung der vier Elemente plus ihre Zuspitzung in einer fünften Kraft, der *Quintessenz*. Somit ist das Pentagramm eine »Chiffre des Menschen«. Stellen Sie sich die Spitzen des Sterns als Kopf, Arme und Beine vor (eine Gestalt, wie der Mensch in Leonardo da Vinci's »goldenem Schnitt«). In den Sachen, in Gegenständen (wie hier den Münzen) ist das Abbild des *lebendigen Menschen* enthalten. Das ist das große Geheimnis der Münzen!

Jede Sache, jeder Sachverhalt trägt die Handschrift von bestimmten Menschen, ist ein menschliches Spiegel- oder Ebenbild. Das gilt somit auch für einfache Münzen, wie sie auf älteren Tarot-Karten dargestellt sind. Das Waite-Tarot macht diesen lebendigen Inhalt der festen Formen und materiellen Gegebenheiten durch das Pentagramm nur besonders deutlich und auffällig.

Genaugenommen geht es bei den Münz-Karten darum, speziell solche Resultate zu erzielen, in denen Sie persönlich sich wiederfinden können. Das Interesse richtet sich nicht allein darauf, einen Lebensunterhalt zu verdienen, sondern die materiellen Verhältnisse, von der Kleidung über die Wohnung bis zur Umwelt, einschließlich Berufs- und Freizeitleben, so zu gestalten, daß sie zu einem Spiegel- oder Ebenbild der eigenen Persönlichkeit werden.

Die Erde des Menschen: Es ist noch keine hundert Jahre her, daß der letzte »weiße Fleck« auf der Landkarte der Erde verschwunden ist. Einerseits war dies mit Eroberungen und Erwerbungen verbunden, die die Erde in große Machtgruppen teilte. Auf der anderen Seite hat es erst seit dieser Zeit einen ealen Sinn, von *einer* Erde zu sprechen. Das fortschreitende Einswerden der Erdkugel ist begleitet von einer gleichzeitigen, unaufhaltsamen Tendenz sowohl der Vergesellschaftung wie auch der Individualisierung aller Lebensbezüge.

Die persönlichen Talente zu erkennen und zu gebrauchen, bedeutet unter diesen Umständen nicht (mehr), nach einem »weißen Fleck« zu suchen, eine wie auch immer geartete Sonderbegabung auszubilden. Es bedeutet vielmehr, zu verstehen und praktisch umzumünzen, worin der Unterschied der persönlichen Existenz zum sonstigen Stand der Dinge besteht, welchen Beitrag die eigene Beschaffenheit zum »Konzert der Vielen« leisten kann. Das eigene Talent zu gebrauchen, heißt somit, die eigenen Prägungen mit denen anderer zu verbinden, zu vergleichen und zu unterscheiden. Es meint nichts anderes, als den eigenen Platz und Weg in der Welt zu bestimmen und gleichzeitig zu begreifen, inwieweit die eigene Person eine Welt für sich darstellt.

Die Doppelnatur der Erde: Diese läßt sich auf die Formel bringen »Am Tag dreht sich die Erde um die Sonne und nachts der Mond um die Erde«. Die Kräfte, welche auf die Erde einwirken, und jene Kräfte, welche von ihr selber ausgeübt werden, sind nur ein anderer Ausdruck für die zwei Seiten der Medaille bzw. der Münze. Je mehr wir wirklich mit *beiden* Beinen auf dem Boden der Tatsachen stehen, spüren wir die Doppelnatur der in und auf der Erde wirksamen Kräfte: Masse und Energie, das Grobe und das Feine, Schwerkraft und Fliehkraft, Bewußtes und Unbewußtes. Jedes Ereignis, jedes Produkt oder jedes Faktum ist in sich doppeldeutig und besitzt ein eigentümliches Spannungsfeld.

»Es ist ein Universum auch im Innern«, wußten schon unsere Vorfahren. Wo deren Betrachtung von Natur und Materie jedoch auf gewisse Grenzen stieß, hat die großangelegte Wissenschaft der Moderne unseren Einblick bis in die Welt der kleinsten Teilchen und andererseits die riesigsten Ausmessungen des Weltalls verlängert. So wissen wir heute aus Erfahrung: Wie die Erde selber als winziger Punkt durch den Kosmos saust, so pulsiert ein Universum auch innerhalb der Erde und innerhalb eines jeden ihrer Teile. Begriffe wie Bodenständigkeit und Erdverbundenheit bekommen auf diesem Hintergrund einen völlig neuen Bedeutungsgehalt. Lange gepflegte Selbstverständlichkeiten wie die Unterscheidung von Subjekt und Objekt werden neu bestimmt. Jedes Ergebnis, jedes Ereignis kann zur gleichen Zeit Ursache und Wirkung sein, objektives Gegenüber und subjektives Spiegelbild, so wie es die Münzen in den Bildern des Tarot verdeutlichen.

Eine andere Art der Gestalttherapie: Auf Grund der skizzierten Entwicklungen ist heute weniger als je Selbsterfahrung durch alleinige oder vorwiegende Konzentration auf das Innenleben zu erreichen. Sicherlich wird es unterschiedliche Lebensphasen geben, in denen wir uns einmal mehr nach außen, ein andermal mehr nach innen orientieren. Aber eine Selbsterfahrung, die auf ihren Anteil an der Welt, auf ihr Talent und dessen praktische Nutzung verzichtet, bleibt eine halbe Sache und verfehlt ihr Ziel genauso, wie eine Weltveränderung ohne Persönlichkeitsentwicklung. Wer und was wir selber sind, erfahren wir, wenn wir in uns und um uns Prägungen untersuchen, Spuren lesen, die sich wandelnde Bedeutung unserer Talente auffinden, das berühmte »Gold auf der Straße«, das zunächst aussieht, wie eine unscheinbare Münze.

Zusammenfassung: Wir selber gleichen der Münze als Inhalt und Ausdruck des Reichtums der Erde.

Münzen stellen *Talente*, materielle und persönliche Werte, Prägungen und Prägekräfte dar. Sie entsprechen dem Element Erde.

Erde bedeutet Materie, Stoff, körperliches Leben und insgesamt die materiellen Lebensverhältnisse. Unser Körper im ganzen (und dabei der Stoffwechsel im besonderen) sowie selbstredend die Erde, auf der und von der wir alle leben, sind Ausdruck und Inhalt der Erdkräfte. Gemeint ist dabei sowohl die Erdkugel als Ganzes wie auch die Erde als Stoff im Sinne von »Muttererde«, Sand, Stein usw. Im menschlichen Verhalten drücken sich die Kräfte des Elements Erde vor allem in *praktischen Fähigkeiten und angewandten Talenten, in sinnlichen Wahrnehmungen und körperlichen Empfindungen sowie in materiellem und persönlichem Reichtum* aus. – Weitere Merkmale des Elements Erde: Lebensunterhalt, Lebenserhaltung, Fruchtbarkeit und Natürlichkeit, Bodenständigkeit und Praxisbezogenheit. Charakteristisch für das Element Erde sind Produkte – Ergebnisse, Fakten und Definitionen. Schwierige Situationen (»Belastungstests«) werden gemeistert, indem man für etwas eine feste Form schafft: »Auf die Ergebnisse kommt es an«.

Blick für das Wesentliche

Eine sorgsame und zaubermächtige Persönlichkeit mit einem reichen Hintergrund ...

Die Körperhaltung der Königin drückt Ruhe und Zuneigung aus. Eine Hinwendung zur eigenen Mitte, und zu der Münze, die sie auf dem Schoße hält. Die »Münze« ist ihr Lebensstern, ihre Prägung – Schicksal und Geschick – ihr Talent. Und gleichzeitig lebt sie mitten in der Natur der Pflanzen und der Tiere. Ein Hase läuft vor ihrem Thron (im Bild vorne rechts). Ein oder zwei Steinbock-Köpfe sind am Thron zu erkennen. Blumen und Früchte umgeben sie. Über ihr, am rankenden Zweig, rote Blüten und/oder Äpfel. Oben am Thron ein Kindergesicht.

Die »Königin der Münzen« bezeichnet eine Kraft in uns, die uns zu Gipfelerlebnissen trägt! Deshalb taucht hier der Steinbock als eines ihrer Wahrzeichen auf. Die Heimat des Steinbocks, die Höhe der Berge, ist der symbolische Ort, wo Himmel und Erde einander berühren. Die Nahtstelle von Materie und Geist, Mensch und Kosmos sowie von harter Realität und luftiger Freiheit ist das eigentliche Reich sowohl des Steinbocks wie auch der Königin der Münzen.

Doch dieses Reich (ihr Machtbereich, ihr Wirkungskreis und ihr *Reichtum*) ist für die Königin zunächst eine Option, eine im Bild enthaltene *Möglichkeit* – nicht mehr und nicht weniger. Denn die blauen Berge liegen durchaus *weit* von ihr entfernt (ebenfalls die angedeutete Siedlung im linken Bildteil), sie befinden sich hinter ihrem Rücken, möglicherweise im schattenhaften Unbewußten (ebenso, wie ihr grüner Umhang und die Thronwand). Vom Bild her läßt sich damit auf eine beträchtliche Spannung zwischen Möglichkeit und Wirklichkeit schließen. Nicht nur der Hinweis auf eine besondere Selbständigkeit und Fruchtbarkeit ist im Bild enthalten, sondern auch die Gefahr der Vereinsamung. So drückt die Körperhaltung nicht allein Ruhe und Zuneigung aus, sondern gleichfalls einen – wie unter einer Last – gebeugten Rücken und/oder einen schwer-mütigen Kopf. – Vom Steinbock als Symboltier der Königin läßt sich sagen: Auch seine Position in großer Höhe ist von manchen Schwierigkeiten begleitet. Das Gipfelleben kann sich verselbständigen, so daß er entweder an nichts anderem als am nächsten Karriereziel arbeitet, oder umgekehrt jede Höherentwicklung von sich weist, weil er zutiefst davon überzeugt ist, daß er selbst schon den Gipfel des Möglichen darstellt.

Zum springenden Punkt kristallisiert sich in dieser Situation die »Münze«. Die Frage ist, ob die Königin ihre »Münze« nur in der Hand hält oder ob sie sie auch – im übertragenen Sinne – *begreift*. Alles um sie herum ist Natur. Die Lebenskraft, die sich in allem regt, was existiert – gleich ob Stein, Pflanze, Tier oder Mensch –, dieses »Feuer« in der Materie finden wir im Rot ihres Kleides und der Spitzen ihrer Krone wieder. Ihre gesamte Gestalt wird dadurch gefärbt. Die Königin besitzt von daher ein außerordentliches *Gespür*, ein körperliches, ganzheitliches und unmittelbares Empfinden für die existentiellen Vorgänge in allem, was lebt. Sie spricht und versteht die Sprache des Körpers, der Tiere, Pflanzen und Sachen. – Den einzigen Unterschied in diesem »natürlichen« Milieu ist sie, die Königin, selber – als Mensch und als Person. Bewußtsein und Persönlichkeit besitzen nur der Mensch und das menschliche Individuum.

Die »Münze« im Schoß der Königin wird damit zum Spiegel ihrer menschlichen und persönlichen Einzigartigkeit. Das Material der Münze ist ein Naturerzeugnis. Aber was aus diesem Material gemacht wurde und weiter werden soll, ist *auch* ein Ergebnis von und eine Anfrage an Geist und Willen. Es kommt also darauf an, daß sie dieses ihr *Talent* begreifen lernt, indem sie die blauen Berge berücksichtigt (den Unterschied zwischen ihr als Mensch und anderen Lebewesen) wie auch den grünen Umhang (das, was an ihr »grün«, frisch, verheißungsvoll, neu und anders als bei anderen ist; der Unterschied zwischen ihr als Person und anderen Menschen). Dann verwandelt die Königin die weiße Farbe ihres Hemdes, die »Unschuld« ihrer Handlungen aus der Ahnungslosigkeit eines untalentierten Geschicks in die Geschicklichkeit eines reifen Talents, das alle Farben des (Lebens-) Spektrums in der persönlichen Mitte wie in einem Prisma bündelt.

Für Ihre aktuellen Fragen bedeutet diese Karte, daß Sie über die Kraft verfügen, Ihr Glück zu finden und zu verwirklichen. Die Liebe zu dem, was in Ihnen und Ihren Mitmenschen lebendig ist, und die Zuneigung zu den gegebenen Möglichkeiten im ganzen Umfange werden Ihnen erlauben, dem Dasein das abzugewinnen, was für Sie als wesentlich zählt, und diesem eine bleibende Dauer zu verleihen.

Sinn und Genuß

Eine verdienstvolle, produktive Persönlichkeit, die mitten im Schwarzen sitzt ...

Trauben und Wein sind sprichwörtlich für die Süße des Lebens, für den Genuß des Daseins in der Erhebung von Sinn und Sinnen. Die Gestalt des Königs drückt Sinnlichkeit und Besonnenheit aus. Aber er kann auch müde und schläfrig dasitzen. Der Wein kann einen Rausch bewirken, der die Augen vor der Wirklichkeit verschließt.

Vor allem aber ist der Weinberg in der Geschichte ein Symbol der harten, anstrengenden Arbeit gewesen, die dazu erforderlich ist, die Erde umzugestalten und fruchtbar zu machen. Die abgebildeten Stierköpfe bringen auch den astrologischen Stier ins Spiel, dessen Hauptmonat der Mai ist. »Alles neu macht der Mai«, die Verheißung klingt verlockend, doch nur der Stier in uns weiß, welch lastende Verpflichtung in diesen Worten enthalten sein kann: Alles (!) neu – was für eine Aufgabe! Wie die äußere Natur sich in der Mitte des Frühlings regeneriert und neu bildet, so findet der Stier in uns sein Glück erst dann, wenn er seine Lebenswelt nach eigener Notwendigkeit und im eigenen Sinne umbildet und neugestaltet. Das Bild zeigt, wieviel harte Arbeit dazu vonnöten ist, welch schwere Steine zu bewegen und aufzurichten sind, bis der »König der Münzen« seinen Thron aufschlagen und seine Burg errichten kann. Andererseits: Wenn er sein Werk vollbringt, genießt keiner so ruhig und (aus-) gelassen das Leben wie er!

Aber der Stier ist kein Ochse! Nicht das Joch und nicht die Ochsentour zeichnen den Stier aus, er verkörpert vielmehr die bewegte Masse, deren Energie die Erde zittern macht. Wenn der Stier in uns sein ganzes Gewicht zur Geltung bringt, kann er – in jedem Sinne des Worte – Massen bewegen! Er muß nur wissen, daß es seine eigenen Kräfte sind, wenn die Erde unter seinen Füßen vibriert. Gerade wenn er mit beiden Beinen auf dem Boden steht, besitzt und braucht er ein besonderes Verständnis für die unterschwelligen, die verborgenen Kräfte der Erde.

Diese Kräfte zeigen sich in dem schwarzen Thron des Königs. Die Macht der dunklen Erde mit all ihren noch unbekannten, unsortierten und unkultivierten Bedeutungen ist sein Halt, sein Unterbau und sein Hintergrund. Sein linkes Bein ist erhöht; es steht auf etwas, das als solches nicht eindeutig zu identifizieren ist. Das kann anzeigen, daß das Unbewußte hier erhöht, d. h. besonders wirksam ist. Das würde bedeuten, daß der König von den Widersprüchen der Praxis, den unbekannten Seiten der (eigenen) Natur gleichsam umzingelt ist und daß ihm daher die »Augen des Geistes und der Liebe« verschlossen sind. Er muß sich selber kennen, in den Früchten wie den Abgründen des Daseins sich selbst wiederfinden, damit die Erhöhung des Unbewußten zu dessen Aufhebung, zu einem bewußten Umgang mit dem Unbewußten sich entwickelt.

Der König muß die Kräfte der Erde annehmen und seinerseits bewegen, um den eigenen Anteil in der Welt zu erkennen. Dies hat er mit dem astrologischen Stier gemeinsam; dessen Definition lautet »Ich habe«. Die sicherste Habe, zugleich unveräußerlicher Besitz und entscheidender Unterschied des persönlichen Daseins in der Welt, aber ist die »Individualität«. In diesem Eigenen kann der König sitzen wie im Eingemachten und bleibt sich selbst und anderen doch fremd. Er muß das Unbekannte in sich selbst und in der Welt erforschen, Schwarz und Gelb, Bekanntes und Unbekanntes in einer Münze zusammenfassen und als sein Talent – als Begabung und Aufgabe – begreifen.

In Ihren aktuellen Fragen geht es darum, daß Sie zeigen, was in Ihnen steckt. Scheuen Sie sich nicht vor bisher unbekannten Anforderungen und Einsichten. Ihr Talent ist Ihre Lebenskunst, und wenn Sie weiter wachsen, weiter lernen und offen bleiben für neue Entwicklungen, dann entfaltet sich auch Ihr Talent weiter, und Ihre persönliche Eigenart trägt reiche Früchte. Lassen Sie sich nicht »einmachen«! Seien Sie sich als Frau besonders des Werts Ihrer Individualität bewußt. Äußern Sie Ihre Bedürfnisse und setzen Sie sich für deren Verwirklichung ein. Achten Sie als Mann besonders darauf, daß Sie einen persönlichen Maßstab besitzen, der Ihre eigenen Bedürfnisse und die Bedürfnisse anderer miteinander verbinden kann. Machen Sie Ihren Selbstwert nicht allein abhängig von Ihrem Geld oder Ihrer Geltung in der Welt.

Reifeprüfung

Eine kraftvoll, »kantige« Persönlichkeit mit einem ernsthaften Problem ...

Der Ritter steht vor gepflügtem Ackerland. Seine Münze verkörpert die eingefahrene Ernte und zugleich die neue Saat. Der Gegensatz von Schwarz und Gelb ist in jeder Münze enthalten; hier aber prägt er das gesamte Bild in einen starken Kontrast, der mitunter einen grellen, schroffen, schreienden Eindruck hervorruft. Gelb ist die Farbe der Sonne, des Bewußtseins, aber auch des Goldes und des Neides; Schwarz die »Farbe« der Tiefe, der »dunklen«, unbekannten Schichten der Erde, sichtbarer Schatten. Höhen und Tiefen einer Münze können kaum krasser einander gegenübertreten.

Die »Münze« symbolisiert die Mitgift des Ritters, seinen Besitz, seine materiellen Möglichkeiten mit Vor- und Nachteilen, mit persönlichen Talenten und Handicaps. Es kommt darauf an, daß er diese »Münze« – und das heißt schließlich: sich selbst mit Stärken und Schwächen – auf den Acker des Lebens und das Feld der Erfahrung trägt und fruchtbar macht:

»Das Pferd macht den Mist im Stall, und obgleich der Mist Unsauberkeit und üblen Geruch an sich hat, so zieht doch das selbe Pferd den selben Mist mit großer Mühe auf das Feld; und daraus wächst der edle schöne Weizen und der edle süße Wein, die niemals so wüchsen, wäre der Mist nicht da. Nun, der Mist, das sind deine Mängel, die du nicht beseitigen, nicht überwinden, noch ablegen kannst. Die trage mit Mühe und Fleiß auf den Acker des liebreichen Willen Gottes in rechter Gelassenheit deiner Selbst. Streue deinen Mist auf dieses edel Feld, daraus sprießt ohne allen Zweifel in demütiger Gelassenheit edle, wonnigliche Frucht auf« (Johannes Tauler, mittelalterlicher deutscher Mystiker).

Die eigenen Talente zu erfassen, heißt zugleich, den eigenen Mist zu erkennen. Dabei können Talent und Mist jeweils im schwarzen Pferd wie in dem gelben Himmel zum Ausdruck kommen. Der gelbe Himmel spiegelt den Horizont des bestehenden Bewußtseins, auch das geltende kollektive Bewußtsein. In dessen Licht werden unsere persönlichen Fähigkeiten einer Prüfung unterzogen, und umgekehrt untersuchen wir den Wert und die Gültigkeit des Bestehenden auf der Basis und vor dem Hintergrund unserer eigenen Lebenserfahrung.

Wenn wir unsere Talente, ja auch unsere Mängel nutzen und fruchtbar machen, tragen wir zur Erneuerung der Erde bei, weil wir im positiven Sinne die Erde nicht so verlassen, wie wir sie angetroffen haben. Diese Erneuerung des Lebens bedeutet in der praktischen Anwendung, daß wir in unseren alltäglichen Gegebenheiten lernen, das Leben neu zu entdecken. Bemerkenswert ist, daß dabei das schwarze Unbekannte am meisten hilft, wenn es weder verdrängt noch übermächtig gehalten, sondern wenn es als Pferd, als »Fahrzeug« genutzt wird, das uns weiterträgt.

Für Ihre aktuellen Fragen bedeutet dieses Bild: Machen Sie Widersprüche und Gegensätze dingfest. So kann sich die Spreu vom Weizen trennen, und es wird deutlich, was Mist ist und was nicht. Haben Sie keine Angst vor unbequemen Widersprüchen! Wenn selbst der eigene und anderer Leute Mist noch nützlich ist, um wieviel mehr die wahren Talente! Weder Ihre bisherige Erfahrung allein noch kollektive Wertmaßstäbe allein führen Sie in Ihren aktuellen Fragen weiter. Wenn Sie alle Alternativen aufnehmen, nichts unter den Tisch fallenlassen und alle Aspekte geltend machen, zeigt sich, was in der aktuellen Situation förderlich ist und was nicht.

Als Frau sollten Sie besonders darauf achten, sich selbst und anderen zu verzeihen, nicht perfekt zu sein. Stehen Sie zu sich selbst, zu Ihren Stärken und Schwächen, mit Würde, Nachdruck und Gelassenheit. Als Mann beherzigen Sie: Die bestehenden Gegensätze sollen so gelassen, behandelt und genutzt werden, wie sie sind, ohne Fehler oder Vorzüge bei sich oder bei anderen einseitig hervorzuheben.

Talentprobe

Eine findige, praxisbezogene Persönlichkeit mit einer Neuentdeckung ...

Der »Page der Münzen« hat mit dem Ritter die erhobene Münze gemeinsam, auch den gepflügten Acker. Wie beim König und besonders bei der Königin findet sich hier das Symbol der blauen Berge wieder. Das grüne Gewand des Pagen erinnert ebenfalls an den König, dessen produktive Errungenschaften und dunklen Tiefen beim Pagen jedoch kein Thema sind.

Als einziger der Hofleute der Münzen trägt der Page sein Talent auf Fingerspitzen. Er faßt es entweder vorsichtig an, oder er scheut sich, es anzufassen und zu begreifen. Zugleich ist seine Münze vor dem großen gelben Hintergrund und ohne deutlichen Zugriff ungleich schwerer auszumachen und zu unterscheiden.

Die eigenen Talente sind für uns oft schwer zu erkennen, weil sie uns unscheinbar erscheinen. Entweder aus mangelnder Wertschätzung der eigenen Person, oder – wie der Page ebenfalls verdeutlicht – weil kein Zugriff, kein Begriff dafür besteht.

Tatsächlich erweist sich unser Talent nicht in einer hochgezüchteten Spezialbegabung oder einer absonderlichen Extraleistung, die zum Eintrag in ein Buch der Rekorde führt. Unser Talent ist vielmehr das, was wir immer schon besitzen, das Stück unverwechselbarer Eigenart, das wir in unserer Person mit auf die Welt bringen, das Eigen- und Einzigartige an der Weise, wie wir jeweils die Welt sehen und das Leben auffassen.

Unser Talent gleicht oft dem sprichwörtlichen Gold, das auf der Straße liegt. Es sieht zunächst ebenso unscheinbar aus wie hier die gelbe Münze vor dem großen gelben Hintergrund. Doch im Unscheinbaren steckt auch das Unscheinbare, das Wesentliche und Typische, im Bild erkennbar durch den schwarzen Kreis und das Pentagramm. Diese Unterscheidungsmerkmale herauszufinden, bedeutet, das Unscheinbare, das auf der Straße, also vor den eigenen Füßen liegt, aufzuheben, das bedeutungslose Unscheinbare zu verwerfen und das bedeutungsreiche Unscheinbare emporzuheben und mit Hochachtung zu würdigen. Eben dieses symbolisiert der »Page der Münzen« in seiner schönsten Bedeutung.

In Ihren aktuellen Fragen finden Sie die richtige Antwort, wenn Sie Ihre Werte und Wertschätzungen überprüfen. Was hat an Bedeutung verloren, und was ist für Sie in neuer Weise wichtig geworden? Nutzen Sie Ihre gegenwärtigen Fragen, um neuzuentdecken und neuzubestimmen, wie schwer bestimmte Ergebnisse für Sie wiegen und worin aktuell Ihre Aufgabe und Begabung liegen. Dabei ist es nützlich, auch scheinbare Selbstverständlichkeiten einmal näher zu betrachten. Erwägen Sie Alternativen und berücksichtigen Sie die andere Seite der Medaille. Alles an Ihnen hat seinen Wert, wenn Sie es sich nur bewußt zu eigen machen. Ihre Münze ist ein Geschenk des Lebens, sie spiegelt wider, daß Sie selber ein Geschenk für sich und Ihre Umgebung sind, wenn Sie Ihr Talent schätzen und achten.

Der Geist in der Münze

Alles, was das Element Erde beinhaltet, finden Sie hier möglicherweise in konzentrierter, dichter Form. Im praktischen Verhalten geht es darum, geeignete Ergebnisse zu erzielen und das Gesicht der Erde zu gestalten …

Schon eine Münze besitzt die sprichwörtlichen »zwei Seiten der Medaille«. Jedes Stück Materie – jeder »Stoff«, jede Sachfrage – ist damit an sich doppeldeutig! *Alles*, auch und gerade jedes Stück »harter Realität«, ist in sich widersprüchlich. Es kommt nur darauf an, diese materiellen Widersprüche in die Hand zu nehmen, und die Spannung, die potentielle Energie, die jedem Sachverhalt eigen ist, zu erkennen und zu nutzen.

Die Doppelnatur der Erde zeigt sich im Bild in den verschiedenen Welten vor und hinter dem Tor: Blumenreicher Garten und »rauhe« Berge. Viele Religionen sprechen vom Doppelcharakter des Menschen als »Bürger zweier Welten«, und diese doppelte Heimat – im Himmel wie auf Erden – wird in der *erhobenen* Münze ebenfalls angedeutet. Die *blauen Berge* schließlich sind ein altes Symbol der *Hochzeit von Himmel und Erde:* Die Erde nimmt das Blau, die Farbe des Himmels an, während die Berge zugleich die Erhöhung der Erde, die Berührung von Oben und Unten darstellen. – Diese Doppelwelten werden zusammengefaßt in der Darstellung der Münze, die *nur hier einen doppelten Randkreis* aufweist.

Als Galileo Galilei ausrief: »Und sie bewegt sich doch«, ging es darum, daß die Erde sich um die Sonne dreht. Heute wissen wir, daß auch *in* der Erde, in der Materie es sich dreht, kreist und tanzt. »Und sie bewegt sich doch!« – dieser Ausruf hat damit eine zweite Bedeutung gefunden: Sie, die Erde, unsere Welt des Stofflichen und Körperlichen, bewegt sich, wie im Großen so im Kleinen, wie nach außen, so nach innen.

Wenn wir die konkreten Widersprüche einer Sachlage *nicht* kennen, ist die Beliebigkeit (im Sinne von unterschiedsloser Willkür) am größten. Diese schlechte Beliebigkeit verliert an Gewicht, sobald wir die zwei Seiten der Medaille in ihren Bedeutungen erwägen. Dabei ereignet sich aber etwas höchst Bemerkenswertes: Je mehr wir aus Erfahrung und aus Kenntnis des Sachverhaltes um die konkreten Widersprüche wissen, um so mehr wissen wir auch für jede Frage verschiedene Alternativen abzuschätzen. *Wir werden damit dem vermeintlichen Sachzwang enthoben. Es gibt immer eine (mindestens eine) Alternative!* Während also jene willkürliche Beliebigkeit schwindet, wächst zur gleichen Zeit eine völlig andere Art der »Beliebigkeit« heran, nämlich die Freiheit, auf Basis der Fakten nach eigenem Belieben eine gewünschte Alternative auszuwählen oder eine notwendige Alternative zu akzeptieren.

So bedeutet dieses Bild, daß wir die Doppelnatur der Erde erkennen mit Vor- und Nachteilen erfassen und begreifen. Wir finden damit unser Zuhause in der Welt des Persönlich-Privaten wie der Welt des Kollektiv-Öffentlichen, auf der Erde wie im Himmel, im Mikro- wie im Makrokosmos. Die Münze zeigt uns das Gesicht der Erde und unser eigenes Antlitz. Wenn beide sich ins Auge schauen, dann wird jeder Augenblick von besonderer Bedeutung: Alles lebt, bewegt und verändert sich. Jeder Augenblick ist als solcher einmalig. Einmalig aber ist nur das Momentane (Vorübergehende) sowie das Ewige (Immerwährende). Die ganze Spanne zwischen Moment und Ewigkeit ist in der zweiseitigen, doppelt-umrandeten Münze enthalten, und das Pentagramm – unsere persönliche Quintessenz, der goldene »Schnitt«, den wir in unserem Leben machen können – steht in dieser Spanne mittendrin.

In der Praxis ist es immer wieder und oft aufs Neue verblüffend, daß Erfahrungen von Augenblick und Ewigkeit, von Himmel und Erde, von Sonnen- und Schattenseiten nicht etwa nur der Wissenschaft, der Religion oder der psychologischen Selbsterfahrung vorbehalten sind. Wie oft sind wir überrascht, wenn wir in den praktischen Fragen des Alltags, auf Probleme oder Chancen stoßen, deren Ausmaß den unmittelbaren Anlaß weit übersteigt. Ein Umzug oder eine Terminverschiebung, eine neue oder eine alte Liebe, ein Erfolg oder eine Enttäuschung, eine Erkrankung, eine Kur oder was auch immer bringt plötzlich oder allmählich Dinge ins Rollen, auf die wir zuvor nicht eingestellt waren, von denen wir vorher vielleicht nicht einmal gewußt haben. Nehmen Sie sich der Dinge an, die da in Bewegung kommen! Das Bild weist auf die Chancen und die Aufgaben, Ihre Lebensumstände selbst zu definieren, Ihren Talenten einen zusätzlichen Spielraum zu verschaffen und vor allem das Gewicht, die Bedeutung Ihres Daseins neu zu wägen – zu wiegen und zu wagen.

Lebens-Wandel

Das Bild zeigt eine Persönlichkeit, deren Schwung sie Jung oder deren ungelöste Probleme sie unreif halten ...

Grün ist die Farbe des Frischen (auch des Natürlichen sowie der Hoffnung). Insofern ist die menschliche Gestalt erst frisch in ihren Schuhen, grün in ihrem Standpunkt, und auch ihr »unendliches« Band ist noch ganz jung. Der hohe, rote Hut und der fransige Saum am kurzen Rock tauchen nur in diesem einzigen Bild auf. Der Hut ist in der psychoanalytischen Traumdeutung ein Penissymbol; andere psychologische Schulen sehen im Hut ein Symbol des Ego bzw. des Ich. Beide Interpretationen sind hier nützlich. Als Penissymbol bedeutet der hohe rote Hut, daß einer/m »der Kamm schwillt«. Der kurze Rock mit dem schabrackenartigen Saum mag ebenfalls für eine betonte, bewegte oder bewegende Sexualität stehen. Als Ego- oder Ich-Symbol bringt der rote Hut uns einem Verständnis davon näher, was es mit den zwei Münzen hier auf sich hat.

Einerseits sind wir durch die materiellen Verhältnisse geprägt, andererseits prägen wir sie. Zugleich sind wir selber ein Stück Materie, prägend und geprägt. Auf der persönlichen Ebene bedeuten die »zwei Seiten der Medaille« zum Beispiel Sonnen- und Schattenseiten der eigenen Person, Standbein und Spielbein, Pflicht und Kür, ererbte und selbstgewählte Lebensumstände usw.

Wenn Sie nun diese Widersprüchlichkeiten Ihres Lebens selber in die Hand nehmen, dann gelangen Sie in die glückliche Lage, daß Ihnen nichts Wesentliches mehr fehlt – *soweit* Sie ein bewegliches Ich besitzen, daß die jeweiligen Gegensätze zu integrieren versteht. Dann haben Sie die wesentlichen Seiten des Daseins geborgen und aufgehoben (daher die grüne, kosmische Schleife). In Ihrem Leben werden Sie dann *nichts* Wesentliches versäumen (und das ist eine weitere Bedeutung des *offenen Saumes* am Kleid der Bildfigur).

Während ein bewegliches Ich die Widersprüche zufammenfaßt, zeichnet sich ein schiefliegendes(!) Ego durch seine Einseitigkeit aus. Zuwenig oder zuviel Ego wirkt wie ein Störfaktor in den Widersprüchen des Lebens und löst eine beträchtliche Unruhe aus.

Wenn wir hier Unruhe verspüren, ist das aber auch ein Zeichen dafür, daß uns eine der beiden Münzen nicht wichtig ist oder daß zusätzlich zu den Seiten des Lebens, die wir bereits kennen, *neue Seiten* zum Vorschein kommen. Oft spiegelt eine solche Unruhe auch die Vorahnung einer kommenden Veränderung. Ob es sich um eine neue Liebe handelt, um ein bevorstehendes Examen oder um einen fälligen Abschied, jedesmal ist hier eine *Lebenswende* angezeigt. Je besser wir es verstehen, in diesen und anderen Wechselfällen des Lebens jeweils mit *beiden Seiten* zu arbeiten und unser Ich-Bewußtsein dadurch zu wandeln, desto besser werden wir auch in der Lage sein, die großen Wandlungsphasen des Lebens – wie Pubertät, »Midlife crisis«, Wechseljahre, Ende des Berufslebens usw. – zu einer bewegten und motivierenden Erfahrung zu gestalten.

»Es ist doch sonderbar, wie auch der vortrefflichste Mensch schlechte Eigenschaften haben muß, gleich einem stolz segelnden Schiffe, welches Ballast braucht, um zu seiner guten Fahrt gehörig schwer zu sein« (Gottfried Keller).

Erwägen Sie alle Vor- und Nachteile. Seien Sie kritisch und fragen Sie nach bisherigen Versäumnissen, aber auch nach vorhandenen Werten und Errungenschaften. Akzeptieren Sie es, wenn Ihr Selbstbild und Ihr Selbstbewußtsein vorübergehend in Schieflage geraten. Wie sonst sollten Sie einen alten Hut ablegen und einen neues Ichverständnis gewinnen können? Nehmen Sie jedoch andauernde Unruhe oder einen dauerhaften Geistes- und Gemütszustand, worin Ihnen all zu vieles »schief« oder ver-rückt vorkommt, als dringenden Hinweis darauf, daß es wichtige Erfahrungsbereiche gibt, welche noch viel mehr Gewicht in Ihrem Leben bekommen müssen, bis die Balance wieder stimmt. Ein starkes Standbein in einem Bereich geht oft einher mit einem schwachen Spielbein in einem anderen Gebiet. Manchmal ist diese neue Seite des Lebens noch so »grün« und unerfahren, wie ein Bein, dem nach längerer Ruhigstellung gerade der Gips abgenommen wurde. Gehen Sie also behutsam vor, aber *gehen* Sie! Sie werden mit beiden Beinen im Leben stehen. Wenn Sie Ihre wesentlichen Widersprüche erfassen und aufheben, kann Ihnen nichts Wesentliches mehr verloren gehen.

Verborgene Talente

Bei diesem Bild geht es um Arbeit und Aufträge, nicht zuletzt an sich selbst ...

Hier scheint es sich um eine Situation unter Tage zu handeln. Der Ort der Handlung wirkt wie ein Kellergewölbe, wie eine Krypta. Die Person links im Bild, auf einer Bank erhöht, stellt nach gängiger Auffassung einen Steinmetz mit Meißel und Klöpfel dar. Etwas abseits und gegenüber befinden sich zwei Figuren, von denen eine wie ein Mönch und die andere wie eine Nonne oder wie ein Schalk aussehen. Vielleicht handelt es sich bei der letzteren auch um einen Baumeister oder Architekten. Als einen Plan, eine Zeichnung, ein Muster oder ein Rezept kann jedenfalls gelten, was diese Gestalt in dem rotgefleckten Gewand vorzeigt. Verschiedene Bedeutungen von Arbeit, Beruf und Berufung sind hier Thema: Die ausdauernde, genaue Arbeit am harten Material, die Verwandlung der harten Materie in lebendige Form, Kontakt oder Auseinandersetzung mit Auftraggebern und Publikum, die Überwindung der Widerstände, welche der Gegenstand der Arbeit wie auch die »Kollegen« bewirken können, die Gewinnung von Unterstützung für die eigenen Arbeitsmethoden und Berufsziele usw. Dann die Fragen: Wozu leistet die eigene Arbeit einen Beitrag? Wem nutzt sie? Was baut sich auf dem Gewölbe auf?

Obwohl dieses bedeutungsvolle Fragen sind, beinhaltet die Symbolik noch eine andere, weitgehend unbekannte Bedeutungsebene. Dieses Bild ist das einzige, worin die »Münzen« nicht goldgelb, sondern schwarz gehalten sind. Sonne und Geist fehlen ihnen hier, und das hat eine doppelte Bedeutung (so wie auch der Plan oder die Zeichnung in der Hand der Bildfigur mit dem rotgefleckten Gewand in doppelter *Ausfertigung* vorliegt).

Das Schwarz der Münzen signalisiert *entweder*, daß hier das persönliche Licht und das eigene Ich fehlen. Es wird viel gearbeitet; Beruf und/oder Berufung bestimmen die gesamte Situation, aber eher wie eine Droge, ein Betäubungsmittel. Aus falschem Ehrgeiz oder unpassender Passivität fristen das eigene Ich und der persönliche »Funke der Begeisterung« ein Schattendasein.

Oder das Schwarz der Münzen weist auf bisher unbekannte Seiten der eigenen Person. Darin begegnen wir dem »Kellerkind« in uns: Persönliche Bedürfnisse und Verhaltensweisen, die wir bisher stiefmütterlich oder stiefväterlich behandelt haben, obwohl sie zu uns gehören und wir manchmal mit Wehmut oder Sehnsucht daran denken. Dieses Kellerkind gilt es insoweit zu befreien. Auch darin liegt eine symbolische Bedeutung der Arbeit des Steinmetzes. Dem großen Michelangelo wird die Bemerkung zugeschrieben, der Bildhauer bringe nichts in den Stein hinein, er befreie vielmehr die im Stein eingeschlossene Gestalt nur von ihrem Ballast, aus ihrem Gefängnis.

Die unbekannten, unbelichteten und daher schwarzen Seiten weisen jedoch nicht nur in Richtung Vergangenheit und auf Wiederentdeckung des Verdrängten oder Verlorenen. Sie zeigen auch in Richtung Zukunft, auf kommende Möglichkeiten, auf »latente Talente« – auf Entwicklungschancen, die immerhin schon absehbar sind, aber noch komplett herausgearbeitet werden müssen.

So gesehen, stellt das Bild eine große Ermunterung dar, versunkene Fähigkeiten, ungenutzte oder bisher unbekannte Talente zu entdecken. Die Karte bietet in diesem Sinne »ein Gefühl wie Weihnachten«: Das Leben hält Geschenke und Neuigkeiten für Sie bereit, sogar die gute Nachricht, daß Sie selbst ein Geschenk des Himmels und der Erde an sich und Ihre Mitmenschen sind. Arbeit, Beruf und Berufung sind nötig, um dieses Talent freizulegen und darzustellen. Doch das Wesentliche, das in Ihnen steckt, brauchen Sie *nicht* erarbeiten: Ihr unverwechselbares Ich, Ihr eigenes Sein *können Sie nicht schaffen*, es ist da, Sie können nur daran arbeiten, es in ein bewußtes Sein, ein persönliches Bewußtsein verwandeln.

Sie können und müssen hart (an sich) arbeiten. Aber in welche Richtung, zu welchem Zweck? Kennen Sie das Gefühl, so in Arbeit zu versinken, daß Sonne und Natur für Sie bedeutungslos werden? – Wenn ja, dann üben Sie einmal das »Lob der Faulheit«! Bringen Sie mehr Licht und Farbe in Ihren Alltag. – Wenn nein, dann sollten Sie jenes Gefühl einmal kennenlernen! Sie sitzen auf einer Goldmine. Steigen Sie hinein und bergen Sie Ihren Reichtum. – So oder so: Seien Sie zu sich selbst wie eine gute Mutter oder wie ein guter Vater. Unterstützen Sie Ihre Talente, folgen Sie Ihrer Sehnsucht, auch gegen Widerstände und Zweifel, und vor allem fördern Sie zutage, was und wer Sie wirklich sind. Spielen Sie nicht den »Grufti«. Nehmen Sie Ihr Dasein mit Liebe und Leidenschaft in Besitz. Sie können es anpacken, wenn Sie anfangen, es auszupacken.

Eine Welt für sich

Ein Bild, dessen Bedeutung im guten wie im schlechten kaum zu unterschätzen ist ...

Vier Münzen markieren die menschliche Gestalt. Die Münzen halten Sie gleichsam »im Griff«, so wie die Person ihrerseits die Münzen trägt und festhält. Wenn wir die vier Münzen von unten nach oben betrachten, so ergibt sich: Zwei Münzen, d. h. die Widersprüche der eigenen materiellen Verhältnisse (s. »Münz 2«) bilden die Basis für alles andere. »Wie bin ich geprägt worden? Was will ich selber prägen und an bleibenden Eindrücken schaffen?« Die persönliche Mitgift in ihren Bedeutungen von Belastung und Begabung (Fluch und Verheißung) kann hier angesprochen sein. – Die dritte Münze in Brusthöhe zeigt an, daß die Bildfigur sich jene grundlegenden Widersprüche zu Herzen nimmt, daß sie ihre praktischen Aufgaben anpackt. Sie löst die Hypotheken ihres Erbes ab und löst ihre ererbte Chancen und Talente ein (s. »Münz 3«). – Die vierte Münze symbolisiert, daß die Person dies alles in ihr Bewußtsein aufnimmt und daß sie die Früchte ihrer Bemühungen erntet (Krone). – In dieser Reihenfolge betrachtet, bietet die Karte eine Illustration des Satzes: »Das Sein bestimmt das Bewußtsein«.

Umgekehrt, von oben nach unten, besagen die vier Münzen: Die abgebildete Person hat sich zunächst eine bestimmte Sache auferlegt oder in den Kopf gesetzt. In der Mitte dreht und wendet sie dieses nach verschiedenen Seiten hin. Dann bringt sie es auf den Boden der Tatsachen, indem sie die Widersprüche dieser Materie offenlegt und erdet: »Das Bewußtsein bestimmt das Sein.«

Die vier Münzen auf drei Etagen geben auch eine Stufenfolge unserer Entwicklungsgeschichte in und mit dem Erdelement der Münzen an. Wer *nur* die unteren zwei Münzen kennt, der oder die führt ein »plattes« Leben. (Man steht in und auf den Widersprüchlichkeiten der Praxis, und dabei bleibt es.) – Wer sich die Münzen zu Herzen nimmt, erhöht das Lebensniveau soweit, wie er oder sie es selbst erfassen und begreifen kann. – Wer die Münzen sich bewußtmacht und als Aufgabe auferlegt, der oder die erreicht ein Spitzenniveau, einen Gipfel der Lebensqualität. Diese dritte Stufe (die Münze auf der Krone) ist zugleich die erste, die *größer* als die betroffene Person selber ist.

Damit erklärt sich auch die *geduckte Haltung* der Bildfigur. Daß sie offenbar so geduckt dasitzt, hat schon viele Betrachter(innen) des Bildes »gestört«. Die Antwort lautet: Inklusive der vierten, krönenden Münze besitzt die Bildfigur eine ähnliche Größe wie die Gestalten auf den sonstigen Karten. Nur ohne diese Spitze und Krone ist die menschliche Gestalt hier tatsächlich kleiner als sonst üblich. – Sie kann also eine »Duckmaus« sein, aber auch jemand, der oder die sich körperlich konzentriert, die Dinge des Lebens und auch sich selbst *verdichtet* und die volle Größe eben dadurch erreicht, daß er oder sie sich in den Ergebnissen selbst übersteigt.

Entscheidend ist dabei das Verhältnis der Person zur Stadt im Hintergrund. Wie immer, ist die Plazierung im Rücken ein kritisches Symbol; denn der Rücken ist auch ein Ort des Unbemerkten und Unbewußten. *Die eigenen Talente zu begreifen und zu krönen, verlangt sowohl, sich von der Allgemeinheit abzusetzen, wie auch, sich auf dieselbe zu beziehen.* Wenn wir weder als Eigenbrötler uns absondern, noch mit unserer realen Besonderheit in der Masse untergehen wollen, dann beginnt ein überaus lohnender, jedoch anspruchsvoller Weg: Wir müssen herausfinden, worin und wieweit wir über persönliche Talente verfügen, die für andere nützlich oder wichtig sind und die zugleich den Abstand, die Besonderheit oder die Einzigartigkeit der eigenen Person verdeutlichen.

Diesen Klärungsprozeß stellt die Karte in ihrer schönsten Bedeutung dar. Wir müssen mit unserer Materie, mit unserem Metier gleichsam *verwachsen* und sie mit uns. Die Sache, der wir uns widmen wollen, ist unsere Grundlage und unsere Krone; wir schleusen sie quasi durch den Körper, durch die gesamte Existenz hindurch, »filtern« und verarbeiten sie, bis sie von den Füßen bis zum Kopf (oder in umgekehrter Reihenfolge) vordringt.

Das Wort »Sünde« hängt mit »sondern« (sich absondern) zusammen. Und so kann es Ihnen als Sünde oder Tabu erscheinen, Ihre Besonderheit und Ihre Einzigartigkeit herauszustellen. Jedoch »ein Talent besitzen und es nicht gebrauchen, heißt, es mißbrauchen«. Duckmäusertum oder Angeberei, sowie das Gefühl, allen anderen ausgeliefert zu sein oder aber allen anderen überlegen zu sein, wären schlechte Alternativen. – Hüten Sie sich vor falscher Scham genauso wie vor unverschämten Zumutungen, sei es von Ihnen oder anderen! – Finden Sie Ihre Aufgabe, Ihr Metier und Ihr Thema, dem Sie sich voll und ganz widmen können! Danach sollten Sie sich auch in Ihren aktuellen Fragen entscheiden.

Hilfe in der Not

Seien Sie mutig und verschließen Sie nicht die Augen vor den Schwierigkeiten, auf die dieses Bild aufmerksam machen kann. Aber vielleicht brauchen Sie einen größeren Mut, um die glücklichen Möglichkeiten der dargestellten Situation zu erkennen und anzunehmen ...

Zwei arme, verletzte Gestalten irren durch Kälte und Not. Sie haben keine Heimat, sind Aussätzige (das Halsglöckchen der linken Figur als Pestglöckchen betrachtet), Verstoßene »draußen vor der Tür«. Krankheit, Armut, aber auch seelische Kälte und geistige Not können sich hier darstellen. Der Alltag kann wie ein einziger Alptraum wirken, der Lebensweg wie ein großes Labyrinth.

Wie gehen Sie damit um, wenn Sie sich ausgestoßen oder verlassen fühlen? Wie reagieren Sie auf Notlagen und Momente der Hilflosigkeit bei sich und bei anderen? – Grenzen Sie sich von anderen ab, so wie das Bild eine starke, im Extremfall sogar »bunkermäßige« Abgrenzung in Gestalt der großen Mauer anzeigt? Oder grenzen Sie sich zuwenig ab, lassen Sie sich durch die Not anderer zu sehr mitreißen, sowie die beiden Bildfiguren eine loyale, im Extrem aber »hörige« Gefolgschaft demonstrieren können? Kennen Sie das »Helfersyndrom«, diese einseitige Hilfsbereitschaft, diese Mischung aus zu starker und zu schwacher Abgrenzung? Wissen Sie, daß Not auch ein Machtmittel sein kann, daß Sie selber oder andere mit bestehenden Schwierigkeiten Druck ausüben, ja »nötigen« können?

Die größten Tücken sind wohl auf der einen Seite die völlige Teilnahmslosigkeit und auf der anderen Seite die vollkommene Hilflosigkeit, die hier durch die Trennung von Drinnen und Draußen, von Kälte und Wärme dargestellt sind. Solange Ihnen Ihr Lebensglück *und* die Existenz gewisser Notlagen und Schwierigkeiten als *unvereinbar* miteinander gelten, solange besteht immer auch die Gefahr einer dramatischen Übertreibung oder grandiosen Bagatellisierung der realen Begebenheiten.

Tatsächlich gibt es Übergänge zwischen Schwarz und Weiß, was die gemischte Farbe der Mauern verdeutlicht. Auch und gerade angesichts elender Schwierigkeiten ist es *notwendig*, die richtigen Entscheidungen zu treffen. Auf der einen Seite geht es darum, Hilflosigkeit *auch* zu akzeptieren: Sich geschlagen geben zu können; ein Ende anzunehmen; einen Mangel zu ertragen – *ohne* nach weiterer Abhilfe oder Milderung zu suchen. Das Leid ist ein Teil der Existenz, kein »Betriebsunfall«. Zum anderen gilt aber ebenso nachhaltig und unabweisbar: Es gibt *unnötige* Not und *zuviel* Elend auf der Welt – und im eigenen Haus. Es lohnt sich und macht Sinn, dagegen anzugehen.

Eine bekannte Legende erzählt vom Blinden und vom Lahmen, die sich zusammen auf den Weg machen. Der Blinde stützt den Lahmen und der Lahme führt den Blinden. *Indem sie ihre Nöte teilen, werden sie von der Hilflosigkeit ihrer Lage erlöst.* Die individuellen Kräfte vervielfachen sich durch die Zusammenarbeit.

Die weiße Farbe des Bodens weist nicht nur auf »kalte Füße« hin. Das Weiß ist wie ein unbeschriebenes Blatt, ein »jungfräuliches« Neuland unbezeichnet und spurenlos wie ein Weg im Neuschnee. Solange der eigene Weg in der Welt nicht klar ist, das eigene Dasein auf der Erde keine Spuren hinterläßt, solange ist das eigene Tun und Handeln *bodenlos*, und diese Bodenlosigkeit ist die Grundlage vielfacher Nöte und Ängste. Wenn Sie aber den Weg in Ihr persönliches Dasein erschließen, dann gibt es in Glück und Unglück nur *eine* Notwendigkeit, nämlich die, den persönlichen Weg immer wieder neu zu finden und zu verfolgen. Wo verschiedene Menschen oder verschiedene Seiten der eigenen Person, inklusive Stärken und Schwächen, zusammenwirken können, da erwächst Heimat. Wo verschiedene Personen mit ihren ganz eigenen Seiten sich in ihrer Art anerkennen und zusammen auf dem Weg sind, da *entsteht* ein Tempel aus dem scheinbaren Nichts.

Welche Nöte bewegen Sie? Und Ihre Familie und Ihre Freunde, Mitmenschen? Was *benötigen* Sie? Haben Sie darüber nachgedacht, worin die Grundlage Ihrer Sorgen und Ängste besteht? Gibt es etwas, das Sie suchen? Etwas, vor dem Sie davonlaufen? Könnten Ihre aktuellen Fragen Sie nicht auf ein »Grundproblem« aufmerksam machen? Wenn Sie sich wieder und wieder von Not und Elend verfolgt fühlen, ist das ein Hinweis darauf, daß Sie Ihrem eigenen Weg und Ihrer Lebenstüchtigkeit entweder zuviel oder zuwenig zutrauen. Es ist nie zu spät und immer notwendig, zu sich selbst zu finden! Entweder machen Sie es sich jetzt bequem, Sie vermeiden jeden Streß, Sie verwöhnen sich und/oder holen sich Hilfe. Oder Sie geben jetzt Ihre Bequemlichkeit auf, sagen sich: »Was man nicht vermeiden kann, muß man betonen« und machen aus der Not eine Tugend. Wo Finsternis ist, wird Ihr Licht am meisten gebraucht. Wo Ihre Talente aufleuchten, da werden Mauern durchlässig, und Sie gewinnen in jeder Beziehung festen Boden unter den Füßen.

Produktive Bedürfnisse

Ein faszinierendes Bild, dessen Beherzigung in Ihrem Alltag vieles in Bewegung setzen, für Ihre aktuellen Fragen vieles in die richtigen Bahnen lenken kann ...

Wenn Sie das Wechselspiel der drei Bildfiguren betrachten, denken Sie daran, daß eine Mehrzahl von Personen sowohl für verschiedene Menschen in Ihrem Leben, als auch für verschiedenen Seiten in Ihnen selber stehen können. Vielleicht ist Ihnen auch schon aufgefallen, daß andere kleine Arkana mit der Zahl sechs eine komplexe Situation darstellen, worin neben drei sichtbaren Gestalten jedesmal eine vierte, zunächst verborgene Kraft wirksam wird; so können Sie sich fragen, worin bei diesem Bild die schwer erkennbare vierte Kraft bestehen mag!

In dem Zusammenspiel, welches die drei menschlichen Gestalten vorführen, gilt es für die große, reich ausgestattete, erwachsene Seite, den kleinen bedürftigen, noch jungen Seiten Unterstützung zu geben. Und umgekehrt, durch die Ansprüche der kleinen Figuren kann die große weiter wachsen. Die große Gestalt muß lernen, Anforderungen zu stellen und die richtige Förderung abzuwägen. Die eine der kleinen Figuren (in der Betrachtung die linke Gestalt in Gelb) muß üben, geeignete Bitten und ihrerseits Forderungen zu stellen, während die andere knieende Gestalt (in Blau) sich daran gewöhnen wird, daß Bedürfnisse leer ausgehen. Es hat auch seinen Wert zu erfahren, was wir *nicht* haben wollen bzw. was wir nicht haben können. Alle drei Figuren zusammen zeigen als Fähigkeit und Aufgabe, *Bedürfnisse zur Geltung* zu bringen und festzustellen: Welche Wünsche sollen erfüllt werden und welche nicht? Welche Ängste und Nöte können beseitigt werden und welche nicht?

Die Waage symbolisiert, in welcher Weise die Antworten auf diese Frage ausfallen können. Es herrscht Gleichgewicht, sagt die Waage, und das Gleichgewicht soll auch erhalten bleiben. Entweder darf nichts Wesentliches weggegeben werden; dann bleibt alles beim alten, ein bestehendes Gleichgewicht wird festgeschrieben und auf unbestimmte Zeit verewigt. Die Münzen, die hier den Besitzer wechseln, bleiben unscheinbar, äußere Kosmetik, ohne große Bedeutung.

Eine ganz andere Möglichkeit ist diese: Wenn wir unsere wirklichen Wünsche und Ängste in feste Fakten und Formen (Münzen) kleiden, wenn wir unsere persönlichen Talente und Notwendigkeiten dingfest machen, so bewegt sich etwas Wesentliches. Innenwelt und Außenwelt kommen in Übereinstimmung; zwischen dem/der Gebenden und dem/der Nehmenden bewegt sich *wirklich* etwas. Beide Seiten bringen ihre innere Betroffenheit nach außen, sie äußern und veräußern sich. Hier werden Energien *ausgetauscht*, die für ein stabiles Gleichgewicht im Zusammenleben (mit sich selbst oder mit anderen) sorgen. Wenn *Geld* wirkliche Bedürfnisse zur *Geltung* bringt, dann gewinnt sowohl derjenige, der es ausgibt, wie auch derjenige, der es einnimmt.

Wenn »Münzen« in der Weise in Bewegung sind, daß sie innere Bedürfnisse und persönliche Werte gerade dadurch zum Ausdruck und zur Erfüllung bringen, daß Ergebnisse und Fakten geschaffen werden, – dann ist das ein *Segen*. Dies bringt die rechte Hand der großen Bildfigur zum Ausdruck, deren Fingerhaltung genau der des »Hierophant« entspricht. Die vier kleinen, unscheinbaren Münzen aber, die sich zwischen den beiden Gestalten auf der linken Bildseite im Flug, im Fluß befinden, sind hier der Dreh- und Angelpunkt. Wenn beide Seiten dazugewinnen, weil sie sich ein persönliches Bedürfnis erfüllen, dann wird hier weder genommen noch gegeben, sondern es *entsteht etwas Neues*. So wie die menschliche Arbeit neue Werte schafft, wie die Zusammenarbeit einen Energiezuwachs (Synergie) produzieren kann, stellen die vier kleinen Münzen einen *Zugewinn* dar. Dieser Zugewinn ist die vierte, zunächst verborgene Kraft in diesem Bild.

Im Bildhintergrund sind Natur und Stadt (oder auch Burg) angedeutet, Zeichen der Zivilisation und der Kultur. Wo tatsächliche Bedürfnisse und wirkliche Talente kultiviert werden, da ist Geben und Nehmen nur der äußere Anschein eines produktiven Miteinanders, worin der gemeinsame Zugewinn das Entscheidende wird. Diesen Zuwachs an menschlichem Potential müssen Sie suchen oder finden, um mit Ihren aktuellen Fragen unbeschwert weiterzukommen.

Persönliche Bedeutung

Wie jede andere Karte auch, so hält uns dieses Bild einen Spiegel vor. Zusätzlich ist dasselbe aber auch der Inhalt dieses Bildes: Aufgaben und Ergebnisse, Fakten und Produkte als Spiegel der eigenen Person ...

»Ich weiß nicht, was soll es bedeuten ...« Gleichgültig, ob getane oder künftige Arbeit, das Problem besteht hier darin, einen *persönlichen Maßstab* auszubilden, auf den Sie sich *stützen* können, um mit den »Münzen« zurechtzukommen. Die Münzen sehen scheinbar klar und eindeutig aus. Tatsächlich haben sie »es« in sich. Wunsch und Wirklichkeit, Wille und Notwendigkeit sind oft genug »zwei verschiedene Paar Schuh'« (vergleiche die unterschiedliche Farbe der Stiefel), und nicht selten fühlen wir uns bei dieser Karte eher wie der »Ochs' vorm Berg« und wissen nicht, ob und wo wir anpacken sollen.

Gerade aber das Paradoxe, die Widersprüche, in welchen wir fest verwurzelt sind, bieten eine besondere Chance der Selbstbesinnung und der Betrachtung. Wir können unsere bisherigen Ergebnisse immer wieder bestätigen oder über den Haufen werfen. – So oder so gewinnen wir jedoch nur aus der Erfahrung einen eigenen, einen geeigneten Maßstab und erkennen in den bisherigen Lebensprägungen unsere wirklichen Talente.

Über besondere Talente verfügt ein/e jede/r von uns. »Talent« ist nicht die exotische Sonderbegabung, sondern der nächste Schritt, die konkrete Tagesaufgabe, die in eigenem Stil und eigenem Ermessen getan wird. Das persönliche Talent ist der Unterschied, den das eigene Dasein in der Welt macht. Das Bild zeigt es deutlich: Zu dem Berg des Bestehenden tritt eine neue »Münze« hinzu. Sie ist das, was einem am nächsten vor den Füßen liegt. Es ist der eigene Betrachtungsstandpunkt, der einen Unterschied allem anderen gegenüber ausmacht. Um Ihren eigenen Standpunkt auszuloten, müssen Sie den Stand der Dinge *wieder und wieder betrachten.*

Diese aufmerksame, »andächtige« Betrachtung aber ist ein Sinn des Wortes »Religion«. Das lateinische religere bedeutet u. a. freisetzen (lösen, erlösen), zurückverbinden (»Rückbindung an den Ursprung«) und: Wiederholt lesen. Religion in diesem Sinne ist weder an Kirchgang noch an einen förmlichen Glauben gebunden. Sie besteht vielmehr darin, das, *was ist*, anzunehmen, zu betrachten und wieder und wieder auf die Bedeutung für die eigene Person hin zu untersuchen!

Man muß einen Sachverhalt ganz annehmen, ja, in gewisser Weise lieben, um ihn in seinen einzelnen Bestandteilen zu erkennen. Eine zugleich meditative und analytische Betrachtung erlaubt es Ihnen, die Sachverhalte Ihres Lebens in ihren Bedeutungen zu unterscheiden. Was bedeuten bestimmte Dinge für andere und was für die eigene Person? Wie ist es bisher gemacht worden und wie könnte man es anders machen? Aus der Betrachtung der Bedeutung der Dinge erwächst damit ein Verständnis Ihrer eigenen Bedeutung, der Bedeutung Ihres Daseins und Ihres spezifischen Standpunktes. Wie zum Beispiel jede Tarot-Karte, so erzählt jedes Stück Materie, jedes Ding des Alltags eine Geschichte: Gefahren und Chancen, Erbe und Auftrag, Talent und Lebensaufgabe werden daran ablesbar. Sie finden damit zu Ihrer persönlichen »Religion«, die nicht auf bloßem Glauben, sondern auf Erfahrung und Intuition beruht.

In Ihren aktuellen Fragen kommen Sie am besten voran, wenn Sie eigene und fremde Maßstäbe prüfen und behutsam zu einem selbständigen Urteil finden. Was auf den ersten Blick nach einem Stolperstein aussehen mag, was Ihnen vielleicht einen Knüppel zwischen die Beine wirft, kann bei genauerer Betrachtung sich als nützlich erweisen. Halten Sie sich weniger daran, was Sie oder andere glauben, sondern an die wirklichen Erfahrungen. Finden Sie den Unterschied heraus, wo Sie die Dinge tatsächlich anders sehen als andere. Ihre aktuellen Fragen bergen eine besondere Chance in sich, daß Sie Ihre Talente neu begreifen und damit große Aufgaben zu lösen vermögen.

In Ordnung bringen

Hier sehen wir einen Menschen in seiner Kreativitätswerkstatt, in der Schule des Lebens. Entweder zeichnet er vorgefertigte Linien nach, oder er bezeichnet ein zuvor unbeschriebenes Material mit seiner eigenen Handschrift ...

Die Münzen stellen die materiellen Verhältnisse dar, die uns prägen und die wir prägen. Oft wird dabei jedoch übersehen, daß wir auch selber eine »Münze« sind – selber Teil der materiellen Wirklichkeit, prägend und geprägt. Alle Sachaufgaben, die wir bewältigen, sind ein Spiegel der Arbeit an uns selbst. Und jeder Fortschritt, den wir in unserer inneren Entwicklung machen, schlägt sich in veränderten äußeren Formen nieder. Die Karte wird damit zum Spiegel unseres Lebensplanes, unseres Lebenswerkes und unserer Lebensgestaltung.

Ihre Bedeutung ist damit alles andere als so harmlos wie es in manchen Kommentaren anklingt: »Das Bild zeigt uns einen jungen Mann, der frohen Mutes Münzen meißelt und sie stolz an seiner Wand aufhängt.« Könnte sich hier nicht auch ein *Meister* seines Faches, ein Meister in eigener Sache zeigen, der viel üben und probieren mußte, bis er seinen Weg, seinen persönlichen »Zuschnitt« gefunden hat? Er könnte um seine Eigenart wissen, um seine Verbindung zu dem zurückliegenden Dorf (welche durch den gelben kleinen Weg dargestellt ist), aber auch um seinen Abstand, seine Besonderheit und um seine spezifische Aufgabe!

Der Anfänger mag denken: »Jeder ist seines Glückes Schmied«. Der Meister dagegen weiß aus Erfahrung: »Mein Glück ist mir schon vorbezeichnet; es kommt nur darauf an, daß ich es wirken lasse und ihm Gestalt gebe.« Alle anderen Münz-Karten (mit Ausnahme der »Münz 3«) stellen uns die »Münzen« bereits als fertige Ergebnisse dar. Hier aber sehen wir, daß wir die Münzen selbst bearbeiten müssen! Was auf den ersten Blick wie eine bloße Wiederholung vieler, sich selbst gleicher Münzen aussieht, das kann umgekehrt auch bedeuten: Sie können schon so viele Erfahrungen gesammelt haben, wie Sie wollen, viele Münzen Ihr eigen nennen, und dennoch ist jede neue Aufgabe eine neue Herausforderung, muß sich Ihr bisheriges Können in Ihren aktuellen Fragen aufs Neue und in neuer Form bewähren. Der Meister ist der wahre Anfänger, gerade weil er sein Metier kennt, weiß er, daß alle bisherige Erfahrung Geschichte ist, und daß jede Aufgabe ein Neuland ist, das sich von Vorerfahrungen unterscheidet. Die Produktivität des Individuums besteht darin, sich selbst zu erschaffen und die Dinge der Welt in Ordnung zu bringen.

Übung macht den Meister. – Bilden Sie Ihr Geschick aus, indem Sie sich Ihr Terrain, Ihr Umfeld schaffen, worin Ihre Talente erblühen können! Indem Sie sich auf Ihre Aufgaben, auf Ihr Lebenswerk konzentrieren, wachsen Sie über sich hinaus, wie es das Bild in Gestalt der Säule oder des Baumstammes am rechten Bildrand anzeigt! Hüten Sie sich vor der Penetranz der Wiederholung. Ihre aktuellen Fragen verlangen nach mehr. Gleichwohl sind Ihre bisherigen Erfahrungen das Rüstzeug. Befreien Sie sich von ungeeigneten Vorgaben und folgen Sie Ihren eigenen Notwendigkeiten! Geben Sie anderen die Chance, ein gleiches zu tun.

Fruchtbare Notwendigkeiten

»Nur wer im Wohlstand lebt, lebt angenehm.« Dieses Bild stellt für viele Tarot-Spieler/innen eine Wunschkarte dar. Die Frage ist nur, wie wir unsere Wünsche erreichen, falls sie noch nicht verwirklicht sind ...

Diese Frage aber mag nicht nur das Problem der Betrachterin oder des Betrachters dieser Karte, sondern auch das der Bildfigur selber sein. Jedenfalls gehört zum *Inhalt* des Bildes der Widerspruch zwischen der Jagd nach dem Glück (Jagdvogel) und den vorsichtigen Bewegungen der Schnecke andererseits.

Die vielen Trauben im Bild lassen an einen Weinberg denken. Dieser stellt seit biblischen Zeiten ein Symbol zunächst der harten Arbeit dar (Tagelöhner im Weinberg). Im weiteren bezeichnet der Weinberg den Lohn dieser Arbeit – Früchte und Wein – und wird damit zum Sinnbild für die Verwandlung eines »trockenen« Lebens in ein berauschendes und beglückendes Dasein. »Im Wein liegt Wahrheit«, und nach alter Tradition bedeutet Wein sowohl den dionysischen Genuß der Sinne wie auch die apollinische Freude des (Lebens-)Sinns. Sinnlichkeit und Sinnhaftigkeit sind damit als Lohn der Arbeit, als *Ziele* im Bild erkennbar. Wie wäre es aber, wenn damit auch der Weg zur Erfüllung unserer Wünsche nach einem angenehmen Leben angegeben wäre?

Die geneigte Kopfhaltung der Bildfigur bedeutet im guten eine *bewußte Zuneigung* zu sich selbst, zur gesamten Lebenslage und speziell auch zu dem Vogel zu ihrer Linken, d. h. zu den Höhenflügen des Geistes und den Ekstasen der Sinne, die durch jeden Vogel symbolisiert werden. Daß es sich hier um einen Jagdvogel handelt, der nach gängiger Auffassung eine Haube trägt (Zeichen der Jagdpause), zeigt an, daß hier eine Jagdleidenschaft gefragt ist, die wir sowohl zu zügeln wie auch gezielt einzusetzen vermögen. Allerdings ist der Jagdvogel im Gegensatz etwa zur Taube auch ein Symbol der mangelnden Friedfertigkeit, und so kann sich hier eine gewisse Besessenheit oder Aggressivität auf der Suche nach dem »Wohlstand« kundtun, ganz im Gegensatz zu dem zunächst so gedeihlichen Eindruck des Bildes. In diesem Falle bedeutet die Kopfhaltung, daß im Bewußtsein etwas *schiefliegt*. Die Sinne und/oder der Sinn kommen zu kurz, Rausch und Realität werden verwechselt, zuviel oder zuwenig Selbstgenügsamkeit herrscht vor. Entweder ist die Person zu bescheiden (sie läßt sich zur »Schnecke« machen). Oder nichts kann ihren hochfliegenden Ansprüchen genügen.

Das weit auf den Boden reichende Gewand kündet nicht nur von vornehmer Würde, sondern auch von »schleppenden« Problemen, möglicherweise von Herablassung oder Verschlossenheit im Sexuellen. Das Geschlecht der Bildfigur ist im übrigen nicht eindeutig zu bestimmen (auch wenn manche Tarot-Autor/innen hier nur von einer Frauengestalt schreiben). Dieser Umstand kann bedeuten, daß die dargestellte Person möglicherweise weibliche *und* männliche Seiten verwirklicht, vielleicht aber auch noch keinen deutlichen Zugang zu ihrer Geschlechtlichkeit gefunden hat.

Es ist *notwendig*, allen persönlichen Lebensumständen einen eigenen Zuschnitt, ein persönliches Gepräge zu geben. Von besonderer Bedeutung ist dabei die Anordnung der Münzen im Bild: Sechs Münzen zur Rechten weisen auf die Karte »Münz 6« *(Bedürfnisse äußern)*, drei Münzen zur Linken auf die Karte »Münz 3 » *(das unbekannte Ich zu Tage fördern)*. – Wir finden zunächst Lebensgewohnheiten vor, die auch ohne uns existieren würden. Alle relevanten *Gepflogenheiten* so umzugestalten, daß unser persönlicher Geschmack und unsere eigene Logik darin wiederzufinden sind, – das ist buchstäblich notwendig, das ist unser Weinberg – harte Arbeit und hoher Genuß.

Meisterschaft

Kaum ein anderes Bild ist so bunt, reich und vielgestaltig an Farben, Formen und Symbolen ...

Die zehn gelben Pentakel (Münzen) stellen die zehn Stationen des kabbalistischen Lebensbaumes dar. Vergleichbar dem Tierkreis in der Astrologie, symbolisiert der Lebensbaum in der Kabbala ein Modell der Ganzheit, der Geschlossenheit und der Vollendung. Allerdings fehlen im vorliegenden Bild die Verbindungswege, welche die einzelnen Stationen erst zum »Baum« strukturieren. *Vollzählig, aber unverbunden* – das gilt für diesen Baum des Lebens und zugleich für das ganze Bild. Kind, Erwachsene und Greis, Mensch und Tier, Kultur und Zivilisation, Heimat und Fremde und vieles andere mehr: Alles ist da, die Frage ist nur, ob die verschiedenen Kräfte miteinander kommunizieren können, ob sie in Verbindung stehen, so wie es der große Spannungsbogen im Bild anzeigt, oder ob sie eben *unverbunden*, unverbindlich und beziehungslos nebeneinander stehen und nebeneinander leben?!

Das obere Wappen auf dem Torbogen zeigt ein Schloß oder eine Burg. Geborgenheit oder Abschottung werden damit als Alternativen des Zusammenlebens deutlich. Das gilt auch für das Zeichen auf dem unteren Wappen, die Waage, welche an die Karte »Münz 6« erinnert. Geben und Nehmen bleiben entweder in der Waage, wenn nur Sachen geteilt und getauscht werden, die ohne Gewicht sind. Oder wenn Geben und Nehmen sich gegenseitig aufheben.

Der weißhaarige Alte, die beiden Hunde und der Hintergrund von Meer und Sturm (am linken Bildrand) geben eine Episode aus der griechischen Mythologie wieder, die Geschichte, wie Odysseus am Ende seiner langjährigen Irrfahrt wieder auf seine Burg nach Theben zurückkehrt. Er ist als Bettler verkleidet, und als er sich nähert, kennt ihn keiner, außer seinen Hunden. Odysseus zieht in seine Burg ein, in welcher eitles Chaos herrscht. Er gibt sich zu erkennen, als er der einzige ist, welcher seinen alten Bogen spannen kann. Danach räumt er fürchterlich auf! – Die Verwirklichung des persönlichen Glücks setzt (auch heute) Selbsterfahrung voraus. Der eigene Weg führt durch ein Meer von Wegen und Abwegen. Und doch ist die eigene Erfahrung die einzige

Möglichkeit, einen *persönlichen Lebensbogen* zu spannen. Glückverwirklichung erfordert sodann, *alle* Dinge des persönlichen Lebens in Ordnung zu bringen.

Die »Münzen« beinhalten jedesmal ein Symbol des Menschen (die fünf Zacken des Pentagramms als Kopf, Hände und Füße verstanden). Das bedeutet praktisch: Sorgen Sie dafür, daß Sie in Ihren materiellen Verhältnissen auch Ihr eigenes Ebenbild wiederfinden! Aufzuräumen und eine eigene Ordnung einzurichten, heißt: Beruf und Freizeit; Familie und Freundschaft; Kindheit, Erwachsenenleben und hohes Alter; Körper und Kleidung; Wohnung und Umwelt – all Ihre Lebensumstände müssen *auch* von Ihnen geprägt, miterlebt, mitgestaltet und beeinflußt werden.

Indem Sie somit Ihrer Person nachhaltigen, d. h. materiellen Ausdruck verleihen, *veräußern und verewigen* Sie sich gleichzeitig. Ihr Dasein schafft und hinterläßt Spuren, in denen Sie jetzt und auch dann noch weiterleben, wenn die Spanne des jetzigen Lebensbogens einmal abgelaufen ist. Diese Gewißheit drücken auch die Schlußworte aus, welche Goethes *Faust* am Ende »der Tragödie zweiter Teil« ausspricht. Diese folgenden Worte lesen sich wie eine Deutung des vorliegenden Bildes. Die »Gefahr«, von welcher dabei die Rede ist, meint die bedrohliche Gewalt des Meeres, an dessen Eindeichung Faust in seinen letzten Lebenstagen arbeitete, im Kartenbild am linken Rand nachzuvollziehen. »Kindheit, Mann und Greis«, das »Gewimmel« eines bunten, vollendeten Lebens und alle weiteren Äußerungen lassen sich ohne weiteres im Bild wiedererkennen: »Ja! diesem Sinne bin ich ganz ergeben, /Das ist der Weisheit letzter Schluß: /Nur der verdient sich Freiheit wie das Leben, /Der täglich sie erobern muß. /Und so verbringt, umrungen von Gefahr, /Hier Kindheit, Mann und Greis sein tüchtig Jahr. / Solch ein Gewimmel möcht' ich sehn, /Auf freiem Grund mit freiem Volke stehn. /Zum Augenblicke dürft' ich sagen;/Verweile doch, du bist so schön!/Es kann die Spur von meinen Erdentagen/Nicht in Äonen untergehen.«

In Ihren aktuellen Fragen werden Sie zu einer glücklichen Lösung kommen, wenn Sie sie als Teil Ihres großen Lebensbogens begreifen und wenn Sie dafür sorgen, daß Ihre *»persönliche Handschrift«* gut erkennbar wird. Äußern Sie Ihre wirklichen Ziele und Bedürfnisse. Achten Sie (auf) die Erfordernisse und die Wünsche Ihrer Mitmenschen. Nutzen Sie den Zauberstab Ihrer Individualität und tragen Sie zu einem Zusammenleben bei, worin jede/r den eigenen Weg mit vielen Freuden verwirklichen kann.

Anhang

TAROT – Eine kurze Einführung

Tarot, das ist ein Päckchen mit jeweils 78 Bild- und Symbolkarten. Die ersten Tarot-Karten stammen aus der Renaissance-Zeit. Sie entstanden um 1430-1460 in Oberitalien und etwas später in Südfrankreich. Die Bilder und Symbole, also der Inhalt der Karten, sind wesentlich älter. Mittelalterliche, antike (z. B. klassisch-griechische) und frühgeschichtlich (z. B. babylonische) Motive finden sich im Tarot vereint. Eine inhaltliche oder weltanschauliche Interpretation der Tarot-Karten beginnt jedoch im wesentlichen erst im 19. Jahrhundert. 1781 erscheint in Paris das erste »Deutungsbuch« zur Tarot-Symbolik (von A. Court de Gebelin).

Innerhalb der Symbolik des Tarot unterscheiden sich vor allem zwei Gruppen von Karten: Große und kleine *Arkana* (»Geheimnisse«). Wir begegnen *großen Stationen* des Lebens – wie »Liebe, Tod und Teufel«, dem »Gericht« sowie dem »Narr«, dem »Eremit«, dem »Magier« und vielem mehr. Daneben zahlreichen *kleinen Stationen* des Alltags, die in Gestalt der Symbolreihen der Stäbe, Kelche, Schwerter und Münzen (oder Scheiben) auftreten, welche einerseits den vier Farbreihen der bekannten Kartenspiele und andererseits den vier Elementen entsprechen.

Im Gebrauch des Tarot herrschen verschiedene Anwendungsbereiche vor. Bildmeditationen und Anwendungen zu psychologisch-therapeutischen Zwecken gehören ebenso dazu wie die illustrative Nutzung des Tarot in Romanen, Erzählungen, in Kunst und Gebrauchsgrafik. Eine sinnbildliche Funktion besitzt das Tarot, wenn etwa jedem Tierkreiszeichen oder einem Geburtsdatum nach einem bestimmten Verfahren gewisse Tarot-Karten zugeordnet werden.

Geheimnisvolle Bilder

Im Mittelpunkt des großen aktuellen Interesses steht jedoch das eigentliche Kartenlegen. Dabei wird auf eine selbstgewählte Frage hin »blind« eine Anzahl von Karten gezogen und nach einem der vielen Legemuster ausgelegt. Die ausliegenden Bilder zusammen beantworten die gestellte Frage. Dabei sind sowohl die Bedeutungsgeschichte, also die in Büchern nachzulesenden Kartenerklärungen, wie auch die ganz spontane und persönliche Sichtweise der Karten im gegebenen Augenblick am Zustandekommen der gesuchten Antwort beteiligt.

Das Faszinierende ist, daß das Tarot-Kartenlegen *funktioniert*, daß es zu Antworten und Einsichten führt, welche genauso zu bedenken und zu prüfen sind, wie alle sonstigen persönlichen Erkenntnisse auch – nur daß sich hier oftmals eine völlig überraschende und unbekannte Logik offenbart, die so fremd und doch so vertraut erscheint, wie es auch bei Träumen oft der Fall ist. Nicht selten gewinnt man sogar den Eindruck, als würde diese Logik, die scheinbar aus den Karten spricht, einem besser kennen als man selbst.

Diese häufig so verblüffende Wirkungsweise des Tarot-Kartenlegens muß man selbst ausprobiert haben. Sie ist auf der einen Seite völlig real; man hat buchstäblich die Karten selbst in der Hand. Zugleich ist es eben oftmals auf eine wunderbare und zauberhafte Weise den vertrauten Begriffen enthoben, was man dabei erlebt.

In das Tarot-Kartenlegen ist deshalb viel hineingeheimnist worden. Diverse anonyme Wesenheiten oder »kosmische Mächte« wurden bemüht, um das Abenteuer des Tarot einerseits rasch wieder in griffige Kategorien und andererseits ins Unerfindliche zu drängen. Besser ist es, den Widerspruch zwischen gewohnter Realität und der »Anderswelt« der Tarot-Erfahrung zunächst einmal bestehen zu lassen, ihn auch als einen (inner-)persönlichen Widerspruch zu begreifen und sich sodann, aus der eigenen Erfahrung heraus, einem persönlichen Verständnis des Tarot-Kartenlegens anzunähern.

An dieser Stelle sollen drei Faktoren hervorgehoben werden, die zu diesem Verständnis beitragen können.

1. Der schöpferische Zufall

Den »Zufall« als schöpferischen Faktor oder einfach als bedeutungsvollen Teil der Lebenswirklichkeit anzusehen und sich deshalb mit ihm auseinanderzusetzen, dies hat das Tarot-Kartenlegen nicht erfunden; es betreibt die Arbeit mit dem Zufall in spielerischem Ernst nur mit Methode und Absicht. Als Orakel verstanden, leben im Tarot-Kartenlegen uralte Traditionen wieder auf und weiter. Gleichzeitig ist es eine Spezialität der Kunst und der Wissenschaften des 20. Jahrhunderts, daß sie auf eine neue Art die Rolle des Zufalls in ihr Kalkül oder in ihre Produktion mit einschließen. Auch hier gilt: Was lange Zeit Thema für wenige war, wird nunmehr zum Erfahrungsgut für viele. Tarot trägt dazu bei, den schöpferischen Umgang mit dem Zufall zu popularisieren.

Den *Augenblick* in seiner Bedeutung zu verstehen, heißt, anstelle der früheren Pauschalurteile (entweder »Alles ist Zufall« oder »Es gibt keinen Zufall«) zu einer beweglicheren und adäquateren Auffassung überzugehen, die da lautet: *»Ich sehe einen Zusammenhang«*.

2. Bewußtes Erbe

Im Tarot begegnen uns – wie in anderen Symbolsprachen auch – traditionelle Leitbilder. Eine Fülle von Charakteren, von typischen Situationen und Stationen des Lebens, von Begriffen und Bewertungen künden von einer generationenlangen Welt- und Selbsterfahrung, die sich in bestimmten Bildern und Symbolen verdichtet hat. Wenn man an Lebenskunst, an Selbstverwirklichung sowie an kreativer Bildung interessiert ist, ist die Begegnung mit dem kulturellen Erbe lohnend und letztlich unverzichtbar. Je mehr man nach individuellen Ausdrucksformen, nach einem persönlichen Lebensweg sucht, um so mehr braucht man gewisse festgesetzte Erfahrungswerte, welche außerhalb der eigenen Person bestehen und an welchen man sich spiegeln und unterscheiden kann.

Dieser Aspekt der Selbstbegegnung stand eindeutig im Vordergrund, als der beispiellose Tarot-Boom seinen Anfang nahm. Heute ist der Selbsterfahrungsansatz für manche Einsteiger/innen weitaus weniger selbstverständlich, als dies für die Tarot-Spieler/innen vor 10-15 Jahren der Fall war. Allerdings war oder ist auch vielen »alten Hasen« wenig bewußt, daß die Tarot-Karten gerade deshalb funktionieren, weil sie das Eigene *im Spiegel des Anderen* zeigen.

3. Die eigene Sichtweise erkennen

Erst im Laufe dieses Jahrhunderts hat sich die *bildhafte* Betrachtung der Tarot-Karten durchgesetzt. 1909 wurde das erste Tarot-Spiel – das Waite-Tarot – veröffentlicht, das nicht nur die 22 »großen« oder Trumpfkarten, sondern durchgängig alle 78 Tarot-Karten mit symbolischen Bildern ausstattete. Für die neue Tarot-Begeisterung in den letzten Jahren und Jahrzehnten war die bildhafte Wahrnehmung der Karten bereits eine Selbstverständlichkeit.

Insofern wir *Bildern* begegnen, unterscheidet sich das Tarot grundsätzlich von Wahrsagerei und schulmäßiger Esoterik, welche jeweils mit engumrissenen, festgelegten Bedeutungen pro Karte arbeiten. Ein Bild läßt sich nicht einfach durch Definitionen ausschöpfen; die Begegnung mit einem Bild ist jeweils auch eine subjektive, persönliche und situationsbezogene Angelegenheit. Dieses mehr oder weniger *unmittelbare Erlebnis* der eigenen Anschauungen und Betroffenheiten – jenseits und im Vorfeld festgelegter Begriffe und Bewertungen – hat unzählige Menschen am Tarot fasziniert und beflügelt sie auch weiterhin.

Anmerkungen

S. 7: Elias Canetti: Die Fackel im Ohr. München-Wien 1980, S. 130; Taschenbuchausgabe Frankfurt/M. 1982, S. 109 f.

S. 11: J. W. v. Goethe, zit. n. Ulf Diederichs: Bildnachweis, in: F. C. Endres/ A. Schimmel: Das Mysterium der Zahl. Köln 1984, S. 318.

S. 11: Sigmund Freud: zit. n. Marianne Oesterreicher-Mollwo: Surrealismus und Dadaismus. Freiburg-Basel-Wien 1978, S. 5.

S. 11: Wim Wenders, zit. n. Kölner Stadtanzeiger v. 14./15.3.1987.

S. 12: Erich Fromm: Märchen, Mythen, Träume – Eine Einführung in das Verständnis einer vergessenen Sprache. Reinbek 1981, S. 15.

S. 12: Mesmer und Paris um 1781: vgl. Peter Sloterdijk: Der Zauberbaum – Die Entstehung der Psychoanalyse im Jahr 1785. Frankfurt/M. 1985.

S. 13: »Die Entwicklung des Individuums beginnt im 15. und 16. Jahrhundert«: Sicherlich lassen sich einzelne Stimmen als Wegbereiter und Vorbereitet des Individuums auch schon aus dem Spätmittelalter nennen. Aber Renaissance, Reformation und Bauernkriege bedeuten die Zeugung des Individuums, dessen Geburt rund 300 Jahre später erfolgte. – Viele wichtige Schriften der Alchemie stammen aus dem 15. und 16. Jahrhundert. Die Laboratorien der Alchemisten verlieren unter dem Aspekt der Zeugung des Individuums manches von ihrer Unerklärlichkeit, die sie sonst für das heutige Verständnis oft besitzen. – Vgl. Anm. zu S. 53.

S. 13: Antoine Court de Gebelin: Le Monde Primirif, analysé et comparé avec le monde moderne. Bd. 1, Paris 1781, S. 363 ff.

S. 13: »Gesellschaftliche Fragen«: Nicht zufällig sind die gesellschaftlichen Fragen in den angesprochenen Werken von Jung und Freud zugleich auch religiöse Fragen.

S. 14: Alexander Mitscherlich: Auf dem Weg zur vaterlosen Gesellschaft – Ideen zur Sozialpsychologie. München 1963.

S. 17: »Wolf und Pluto«: Zu den Parallelen zwischen dem Märchen Rotkäppchen und dem Mythos von Kore und Demeter, vgl. Joh. Fiebig: Die Jungfrau in uns – Erfahrung und Ernte. Königsförde 1991, S. 143 ff., S. 13 ff. – Auf S. 129 f. desselben Titels finden sich auch weitere Angaben zu den im Text angesprochenen Sirenen.

S. 17:«Seit alters vorhandenen ...« aus: C. G. Jung: Über die Archetypen des kollektiven Unbewußten, in: ders., Archetypen. München 1990, S. 8.

S. 19: »Ein bekannter Tarot-Autor ...«: Hans-Dieter Leuenberger, Interview, in: Weltwoche Zürich v. 2.1.1986.

S. 25: »Der Stern«: Weiterentwicklung eines Legemusters, das wir zuerst über Mara Algethi kennengelernt haben.

S. 26: »Das Pentagramm«: Erstveröffentlichung.

S. 26: »Gipfel des Glücks«: basiert auf einer Auslage, die zuerst publiziert wurde in: Joh. Fiebig: Tarot – Andere Wege im Alltag. Bonn 1987, S. 121.

S. 27: »Traumziel«: Erstveröffentlichung.

S. 28: »Entscheidungsfragen«: Ergänzte Version eines weithin verbreiteten Legemusters.

S. 28: »Auch so bin ich«: Zuerst in: Joh. Fiebig: Tierkreiszeichen Krebs – Chaos und Geborgenheit. Königsförde 1991, S. 88. Vgl. dazu die Aussage von C. G. Jung: Das Selbst ist »eine dem bewußten Ich übergeordnete Größe. Es umfaßt nicht nur den bewußten, sondern auch den unbewußten Psycheteil und ist daher sozusagen eine Persönlichkeit, die wir auch sind« (in: Die Beziehungen zwischen dem Ich und dem Unbewußten. Ges. Werke, Bd. 7. Olten 1964, S. 195).

S. 28: »Das Schwert«: Zuerst in: Joh. Fiebig: Die Waage in uns – Liebe und Gerechtigkeit. Königsförde 1991, S. 86.

S. 29: »Lösungsweg« aus: Joh. Fiebig: Tarot – Andere Wege im Alltag. Bonn 1987, S. 122.

S. 29: »Bestandsaufnahme ...«: Verbreitetes Legemuster, existiert in einigen Varianten.

S. 30: »Mut zur Lücke«: vgl. Anmerkung zu S. 29 »Lösungsweg« (a.a.O., S. 119).

S. 31: »Überraschungsspiel«: Die Legeform ist mit vielen Textvarianten verbreitet. Die Idee zu den hier vorliegenden Bezeichnungen stammt von Peter Meygen.

S. 32 f: »Keltisches oder Sonnenkreuz«: Heute allgemein verbreitet. – Das gilt im übrigen auch für die Legemuster ohne Titel auf S. 23.

S. 34: »Beziehungstarot« aus: Gerd Ziegler (Bodhigyan): Tarot – Spiegel der Seele. Sauerlach 1984, S. 135.

S. 35: »Weg der Wünsche«: vgl. Anmerkung zu S. 29 »Lösungsweg« (a.a.O., S. 55).

S. 37:Arthur E. Waite: Der Bilderschlüssel zum Tarot. Waakirchen 1978, S. 97.

S. 37: Kataloge: Ansichtsmuster der verschiedensten Sorten von Tarot-Karten bieten viele Buchhandlungen, speziell die esoterischen Fachbuchhandlungen. Einen interessanten Überblick gewährt der Aussrellungskaralog des Deutschen Spielkartenmuseums: Tarot – Tarock – Tarocchi. Bearbeitet v. Detlef Hoffmann und Margot Dietrich. Leinfelden-Echterdingen 1988. (Erhältlich beim Dt. Spielkartenmuseum, Schönbuchstr. 32, Leinfelden-Echterdingen.) Zahlreiche Abbildungen enthält auch: Ralph Tegrmeier: Tarot – Geschichte eines Schicksalspiels. Köln 1986.

S. 40: Rachel Pollack: Tarot-78 Stufen der Weisheit. München 1985, S. 43.

S. 42: Mario Montano (Prembodhi): Poker mit dem Unbewußten. Praxis des Intuitiven Tarot. Freiburg 1990, S. 305.

S. 49: »Addition, Quersumme, Parallelkarten«: vgl. Johannes Fiebig: Tarot – Andere Wege im Alltag. 3. Aufl. 1993, Kapitel »Die Karten als Wegführer«, S. 56 ff.

S. 53: Stufen des alchemistischen Wandlungsprozesses: Vgl. C. G. Jung, Gesammelte Werke, Bd. 12, 13 und 14/I-III. – Zur Stufenfolge, s. z. B. Bd. 12, S. 267 ff.

S. 54: »Tora« kann auf die Thora (englische Schreibweise Torah) und/oder auf das Taro (Tarot) verweisen. Vgl. S. 70.

S. 55: J. W. v. Goethe: Vermächtnis, in: Wilhelm von Scholz (Hg.): Das deutsche Gedicht. Stuttgart 1954. S. 103.

S. 56: Autorinnen und Autoren: Rachel Pollack, a.a.O., bes. S. 55. – Mary Steiner-Geringer:Tarot als Selbsterfahrung. Köln 1985, S. 38 ff. – Hans-Dieter Leuenberger: Das Rad des Lebens. Freiburg 1981, bes. S. 84. – Hajo Banzhaf: Das Tarot-Handbuch. München 1985, S. 39 ff. – Luisa Francia: Hexentarot. Traktat gegen Macht und Ohnmacht. München 1981, S. 12. – Anna Dinkelmann: Tarot – in den Bildern von der anderen Seite des Spiegels lesen. o. O. 2. Aufl. 1982. – Phoenix/B. Messmer: Venus ist noch fern. 4. Aufl. München 1981.

Zur Bedeutung der Zahl Drei, vgl. Klausbernd Vollmar, Handbuch der Traum-Symbole. Königsförde 1992, S. 74 f. – J. W. v. Goethe: Faust: Der Tragödie zweiter

Teil. Vers 12103, 12110 f. – Vgl. zum Thema Weiblichkeit auch: Barbara Sichtermann: Weiblichkeit. Zur Politik des Privaten. Berlin 1983.

Wilhelm Unger: »Wofür ist das ein Zeichen?« Auswahl aus den Werken. Köln 1984, S. 300.

S. 58: Die Wüste zum Garten: Vgl. auch den bezeichnenden Titel des Gedichts von T. S. Eliot, das in der Tarot-Literatur des öfteren zitiert wird, weil darin Tarot-Motive auftauchen: Der Titel lautet The wasteland (Die Wüste oder das Ödland).

S. 59:«Archetyp«: Vgl. S. 17 f.

S. 71: »Person heißt ... ›durchtönend‹«: Vgl. dazu Joachim-Ernst Berendt: Nada Brahma – Die Welt ist Klang. Reinbek 1985, S. 221.

S. 72: Bertolt Brecht, zit. n. Schulungsmaterial IG Druck und Papier, Springen/Ts. 1982.

S. 75: Hajo Banzhaf, a.a.O., S. 98 f. – Sheldon B. Kopp: Kopfunter hängend sehe ich alles anders. Köln 1982.

S. 77: »Bleibende Einmaligkeit«: Vgl. den programmatischen Titel des Gedichtbands von Peter Rühmkorf: Einmalig wie wir alle. Reinbek 1989.

S. 78: »Mysterium coniunctionis«: Vgl. C. G. Jung, Ges. Werke, Bd. 14/1. und II. Vgl. auch Anmerkung zu S. 53. – »Der Stein der Weisheit ist die Weisheit des Steins«: Zuerst in Joh. Fiebig: Der Schütze in uns – Einsicht und Begeisterung. Königsförde 1990, S. 65.

S. 80: »Lichttest«: Das Pentagramm mit der Spitze nach unten bedeutet: Das Bewußtsein richtet sich nach unten. Das kann meinen, mit dem Bewußtsein geht es abwärts, aber auch, das Bewußtsein richtet seine Hauptkraft auf und in die »schwarze Materie«, d. h. es trägt sein Licht ins Dunkle hinein oder holt das Licht aus der Dunkelheit zum Vorschein. – Vgl. a. S. 77.

S. 83: »Revolution«: Vgl. Robert Wang: Der Tarot des Golden Dawn. Sauerlach 1985, S. 111. – Luisa Francia, a.a.O., S. 7.

S. 84: »Narzißmus«: Vgl. Sigmund Freud: Zur Einführung des Narzißmus, in: ders., Psychologie des Unbewußten, Studienausgabe Bd. 3, Frankfurt/M. 1982, S. 39 ff. – Quer durch die verschiedenen Richtungen der Psychologie existiert eine große Zahl von Schriften zum Thema Narzißmus. Um einen Titel anzugeben: Vgl. z. B. Bärbel Wardetzki: Weiblicher Narzißmus. Der Hunger nach Anerkennung. München 1991.

S. 124: Francis Picabia: Aphorismen. Hamburg 3. Aufl. 1988.

S. 127: »Ankunft heißt Abenteuer«: Abenteuer (adventure/aventure) leitet sich u. a. von Ankunft (adventus, Advent) ab.

S. 136: Goethe: Wie Anmerkung zu S. 55.

S. 140: »Weiße Taube«: Vgl. auch S. 16 f.

S. 144: J. W. v. Goethe: Faust. Der Tragödie zweiter Teil. Vers 12104 bis 12111.

S. 145: Novalis, zit. n. Klausbernd Vollmar, a.a.O., S. 8.

S. 147: Hermann Hesse: Eigensinn. Autobiographische Schriften. Frankfurt/M. 1972, S. 102.

S. 149: Arthur Schnitzler, zit. n. einer Postkarte, ohne weitere Quellenangabe.

S. 152: »Königsweg zur Kenntnis des Unbewußten«: Sigmund Freud, Die Traumdeutung. Frankfurt/M. 1982, S. 577: »Die Traumdeutung aber ist die Via regia (der Königsweg, Anm. d. Ver f.) zur Kenntnis des Unbewußten im Seelenleben.

S. 166: Blau, violett u. a.: Zur Interpretation der Farben, s. Klausbernd Vollmar, a.a.O. (mit weiterführenden Lirerarurangaben).

S. 169: Wolfgang Neuss, Leserbrief, in: Die ZEIT 31/84, S. 13.

S. 175: »Schranken des Intellekts«: Hajo Banzhaf, Schlüsselworte zum Tarot. München 1990, S. 130.

S. 175: »Alles Sichtbare ist nur ein Gleichnis«: Thorwald Dethlefsen: Schicksal als Chance. München 1980, S. 253. – Th. Dethlefsen verändert bei dieser Formulierung das bekannte Goethe-Zitat an einem wesentlichen Punkt. Bei Goethe heißt es: »Alles Vergängliche ist nur ein Gleichnis«. Vgl. S. 144.

S. 176: Der kleine Prinz und Shakespeare, ohne weitere Quellenangabe.

S. 184: Arthur E. Waite, a.a.O., S. 133.

S. 187: Rachel Pollack, a.a.O., S. 248.

S. 188: Nikos Kazantzakis, zit. n. Marilyn Ferguson: Die sanfte Verschwörung. Basel 2. Aufl. 1982, S. 121.

S. 190: Rachel Pollack, a.a.O., S. 245.

S. 198: Wein und Weinberg: Vgl. dazu im weiteren S. 220.

S. 200: Johannes Tauler, zit. n. Ulli Olvedi: Wir sind alle ganz normale Mystiker. München 1984, S. 183.

S. 85: »Tragfähigkeit der Seele«: So lassen sich z. B. die biblischen Wunder, bei denen Menschen über Wasser gehen, auch auf eine einleuchtende Art verstehen. – Das Wunderbare an den Wundern wird dadurch nicht geringer, aber menschlicher. – Vgl. zum selben Thema S. 134.

S. 86: »Die Mondkarte bringt Unglück ...« aus: Edwin J. Nigg: Wahrsagen mit Tarot-Karten. Niedernhausen 1979, S. 66. – Luisa Francia, a.a.O., S. 19.

S. 87:«Lebensmitte«: Der Begriff Lebensmitte als altersunabhängige Seinsmitte, bereits in: Joh. Fiebig: Der Widder in uns. Macht und Abenteuer. Königsförde 1991, S. 30. – Die altersbezogene Lebensmitte mit Wechseljahren, midlife crisis usw. ist demnach nicht mehr und nicht weniger als ein Anlaß neben vielen anderen, zur persönlichen Mitte zu finden. Vgl. S. 207. – Zur altersmäßigen Lebensmitte, vgl. C. G. Jung: Die Lebenswende, in: ders., Ges. Werke, Bd. 8. Olten 1982.

»Puer aeternus«, vgl. z. B. Jolande Jacobi: Die Psychologie von C. G. Jung. Frankfurt/M. 1978, S. 31.

»Der kleine Tyrann«, vgl. das gleichnamige Buch von Jirina Prekop (München 1988).

S. 91: Sigmund Freud: Erinnern, Wiederholen, Durcharbeiten, in: ders., Studienausgabe Ergänzungsband. Frankfurt/M. 1982, S. 205 ff.

S. 92 f.: »Die Welt«: Der Text folgt der Darstellung in: E. Bürger & J. Fiebig (Hrsg.): Tarot-Calender 1992, S. 8 ff. – Zu den »mittelalterlichen Heiligenbildern«, vgl. Marion Hollenstein: Zur psychologischen Deutung des Tarot-Spiels. Zürich 1981, S. 230.

S. 94 f.: »Der Narr«: Der Text folgt der Deutung in: Joh. Fiebig: Der Wassermann in uns. Wissen und Weite. Königsförde 1989, S. 55 ff. Sowie in: E. Bürger & J. Fiebig (Hrsg.): Tarot-Calender 1993, S. 9 ff., 207 ff. – »Freedom is just another word ...« aus dem Lied »Bobby McGee«, gesungen von Kris Kristoffersen und Janis Joplin.

S. 113: Moshé Feldenkrais: Die Entdeckung des Selbstverständlichen. Frankfurt/M. 1985.

S. 114: Peter Schöber-Paweska: Das Rider-Waire-Tarot Handbuch. Aitrang 1992, S. 112.

S. 116: Friedrich Schiller: Briefe über die ästhetische Erziehung des Menschen. Div. Ausgaben. – Vgl. a. Johan Huizinga: Homo Ludens. Vom Ursprung der Kultur im Spiel. Hamburg 1956.

S. 121 f.: C. G. Jung: Die Zitate von C. G. Jung und J. Jacobi/C. G. Jung stammen aus: Jolande Jacobi, a.a.O., S. 128, 134.

S. 207: Gottfried Keller, zit. n. einem Kalenderblatt, ohne Quellenangabe.

S. 212: »Übergänge zwischen Schwarz und Weiß«, vgl. dazu die Bemerkungen über die Verwandlung von Schwarz in Weiß und über die Weißheit des Steins auf S. 78 f.

S. 223: Fausts letzte Worte, in: Der Tragödie zweiter Teil, Vers 11574 bis 11584.